길 잃은 사피엔스를 위한 뇌과학

길 잃은 사피엔스를 위한 뇌과학

인간은 어떻게 미지의 세상을 탐색하고 방랑하는가

마이클 본드 지음
홍경탁 옮김

어크로스

추천의 말

타고난 사냥꾼이었던 호모사피엔스들에게 길 찾기 능력은 가장 중요한 생존수단이었다. 먹잇감의 위치를 파악하고, 지형지물을 파악해 전략적으로 사냥하고, 떠나온 길을 따라 되돌아가며, 탐색한 공간정보를 집단과 공유하기 위해서는 길 찾기 능력이 필수적이었다. 더 나아가, 우리를 둘러싼 세상을 파악하고 미지의 세계로의 탐험이 가능했던 것도 바로 이 길 찾기 능력 덕분이었다. 호모사피엔스 문명의 출발점이기도 했던 길 찾기 능력은 도대체 어떻게 사피엔스의 뇌에서 발현된 것일까?

《타인의 영향력》으로 영국심리학회 저술상을 수상하며 심리학 분야의 가장 주목받는 스토리텔러로 떠오른 마이클 본드가 이번에는 호모사피엔스의 놀라운 길 찾기 능력을 심리학과 뇌과학, 인류학을 넘나들며 종횡무진 탐색한다. 공간을 지각하고 길을 찾는 능력이 어떻게 실종자를 추적하는 수색과학에 적용되며, 안전한 도시를 설계하는 데 이용될 수 있는지 설명하는 대목에선 입이 딱 벌어지기까지 한다.

독자들은 이 책을 통해 우리 뇌의 생체적 GPS를 켜고 심리적 내비게이션을 활용하는 법을 배우게 될 것이다. 그리하여 결국 낯선 세상에서 길을 잃지 않는 법을 터득하고 우리 뇌 속에 꿈틀거리는 타고난 탐험가의 본능을 되찾게 될지 모른다. 그 과정에서 자연스레 깨닫게 되는 가장 소중한 선물은 우리 모두가 가진 인간 뇌의 경이로움을 만끽하는 순간이다. 자, 이제 호모사피엔스의 타고난 탐험가의 눈으로 다시 세상을 보자.

● 정재승(뇌과학자, 《정재승의 과학 콘서트》《열두 발자국》 저자)

마이클 본드는 구불구불한 뇌의 틈새 곳곳을 누비는 용감한 탐험가다. 이 새로운 책에서 그는 인간이 어떻게 길을 찾는지 설명하기 위해 우리의 두뇌 곳곳을 살펴본다. … 이 세상에서 우리가 어디에 있는지 상상하는 기술을 연마한다면, 우리 모두는 정신적으로 훨씬 더 좋아질 것이다.

● 〈데일리 텔레그래프〉

마이클 본드는 신경과학적 연구와 일화들을 통해 인간이 길 찾기 기술을 연마하는 데 필요한 장비를 뇌가 어떻게 공급하는지 보여준다. 그는 우리가 GPS 장치를 제쳐두고, 도시와 놀이의 일부를 재설계하고, 때로는 우리 자신이 길을 잃도록 버려두는 것만으로도 길을 찾는 우리의 능력을 다시 살릴 수 있다고 말한다.

● 〈사이언스〉

'우리가 어떻게 길을 찾고 잃어버리는가'에 대한 이 풍요로운 사색은 마이클 본드의 할머니가 치매에 걸린 후 끊임없이 되뇌던 말인 '내가 여기 있니?'로 불려야 할지도 모르겠다. … 방황하는 쥐의 두뇌 회로부터 위성 항법의 부정적인 영향까지, 다루고 있는 온갖 다양한 주제들에 놀라움을 금치 못한다.

● 〈네이처〉

인간의 두뇌가 어떻게 진화하여 방향을 맞추게 되었는가에 대한 마이클 본드의 매혹적이고 날카로운 설명은 오늘날 우리가 어떻게 살고 있는지에 대한 호기심을 자극하는 질문들을 던져준다.

● 이사벨라 트리, 《와일딩 Wilding》 저자

인버겔디산과
그곳을 걸었던 모든 사람들에게

머리말

길을 잃으면 어떤 기분이 드는지 궁금한 사람이 있다면, 나는 모르는 편이 나을 거라고 충고하고 싶다. 사람들은 길을 잃으면 겁에 질리고 큰 충격을 받는다. 또 대부분은 판단력까지 잃어, 자신은 곧 죽을 것이라 생각하기도 한다. 길을 잃은 데다 정신까지 잃는 것이다.

그나마 길을 더 자주 잃지 않는 것만 해도 기적 같은 일이다. 헤아릴 수 없을 정도로 복잡한 세상에서 우리는 대부분 가고자 하는 길을 잘 찾아낸다. 내가 어디에 있는지 잊지 않으면서 낯선 거리를 활보하거나, 한 번도 가보지 않은 지름길로 가거나, 아주 오래전에 왔던 장소를 기억해낸다. 이러한 능력은 꽤 놀랍다.

이 책의 목적 중 하나는 우리가 어떤 식으로 이러한 일들을 해내는지 설명하는 것이다. 심지어 모르는 장소에 있을 때도 뇌는 어떻게 우리가 어디에 있는지 알려주는 '인지 지도cognitive maps'를 만들어내는지

길 잃은 사피엔스를 위한 뇌과학

설명하는 것이다. 무엇보다 중요한 것은 우리가 장소와 맺은 관계, 그리고 우리를 둘러싼 세상을 이해하는 방식에 따라 우리의 심리와 행동이 어떻게 달라지는가 하는 것이다. 물리적 공간에 관한 우리의 사고방식은 인간의 진화에 결정적이었다. 1장에서 보겠지만, 선사시대에 멀리 떨어진 곳까지 가는 길을 찾아내는 능력 덕분에 호모사피엔스는 다른 인류보다 지구라는 행성의 구석구석까지 탐험할 수 있었다. 그러한 능력 덕분에 우리는 길잡이wayfinder라는 정체성을 획득했을 뿐 아니라 추상적 사고, 상상력, 기억의 여러 측면, 그리고 언어까지 포함한 필수적인 인지 기능이 생겼다. 우리의 몸은 물론 마음도 공간과 관련이 있다.

우리가 길을 잃었을 때 나타나는 반응은 우리가 어디에 있는지 아는 것이 얼마나 중요한지 설명해준다. 알츠하이머병이 그토록 고통스러운 한 가지 이유는 알츠하이머병이 공격하는 뇌의 부위가 인지 지도가 형성되는 곳과 같은 곳이어서, 알츠하이머병에 걸리면 집에 있어도 길을 잃어버리는 증상이 나타난다는 점이다. 같은 부위에서 외상후스트레스 장애(PTSD), 우울증 및 정신이상에 의한 변화가 일어나기 때문에, 알츠하이머병에 걸린 사람들은 흔히 '정신적으로 길을 잃은' 기분이라고 이야기한다. 심리학자들은 길 찾기가 그러한 환자들의 병든 부위에 있는 뉴런의 성장을 촉진하여 증상을 완화할 것이라 믿고 있다. 길 찾기와 공간 인지 능력은 우리가 길을 찾고 주변 환경을 파악하게 도와줄 뿐 아니라, 정신을 건강하게 해줄 수 있다.

이러한 고려 사항은 대부분의 사람들이 늘 가지고 있는 공간 능력을 사용하지 않을 때 특히 중요하다. GPS 기기들 덕분에 우리는 목적지가 어디에 있는지 신경 쓰지 않아도, 수천 년 동안 우리를 인도해주었던 인지 능력을 발휘하지 않아도 돌아다닐 수 있게 되었다. 이 책은 스마트폰에 대한 불평은 아니지만, 건강한 인지 능력을 손상시키지 않고 위성항법 기술을 사용하는 방법에 대한 수많은 조언을 담고 있다.

이 책은 인간의 길 찾기에 대한 초기 역사와, 우리의 선조가 풍경과 상호작용하기 위해 사용했던 시스템에서 시작한다. 2장에서는 이러한 능력이 어떻게 발달하는지 조사한다. 아이들에게는 탐험가의 본능이 있다. 하지만 요즘에는 그러한 본능을 허락하지 않는 경우가 많다. 이 말은 일반적으로 아이들의 '행동 범위home range'가 할아버지 때보다 훨씬 줄어들었다는 뜻이다. 3장에서는 뇌의 공간 체계가 내부에서 어떻게 작동하는지, 그리고 인지 지도를 형성하는 특화된 세포에 대해 탐구하고, 최신 공간 신경과학의 기초 내용을 소개한다. 그리고 4장에서는 공간과 기억 사이의 밀접한 관계와 거기에 의존하는 수많은 인지 기능에 대해 고찰한다.

그다음 두 장에서는 사람들이 길을 찾을 때 사용하는 다양한 전략과, 왜 어떤 사람들은 다른 사람보다 길을 훨씬 잘 찾는지에 대해 알아본다. 7장에서는 역사상 가장 위대한 탐험가들 이야기와 함께, 그들이 그처럼 길을 잘 찾았던 이유를 밝히려는 시도를 할 것이다. 그런 다음에는 심리학적 연구이자 최근에 있었던 한 비극에 관한 이야기라 할 수 있는데, 인간이 길을 잃는 이유와 길을 잃었을 때 인간에게 어떤 일이 벌어지는지에 관한 질문으로 되돌아갈 것이다.

길 잃은 사피엔스를 위한 뇌과학

길을 잃는다는 것은 울창한 숲과 가보지 못한 길을 떠올리게 하지만, 9장에서 볼 수 있듯이 도시에서도, 특히 혼란스럽게 배치된 도시에서는 쉽게 길을 잃는다. 10장에서는 우리의 삶이 끝나갈 무렵 치매 때문에 장소에 관한 감각이 사라지는 사람들에게 어떤 일이 벌어지는지 설명한다. 마지막으로 GPS 기기가 우리의 공간 능력에 미치는 영향과, 우리의 선천적인 탐험 능력을 발휘하여 인지력 저하를 막을 방법에 대해 깊이 생각해볼 것이다.

이 책은 수색 및 구조 자원봉사자, 심리학자, 인류학자, 신경과학자, 동물행동심리학자, 심리지리학자, 폴리네시아 선원, 미국 육군 특공대, 영국 국립지리원 지도 제작자, 오리엔티어링orienteering(지도와 나침반만 가지고 정해진 길을 걸어서 찾아가는 스포츠 - 옮긴이) 우승자, 지도 제작자, 건축가, 도시계획자, 웨이파인딩(물리적 공간에서 사람 그리고 동물이 자신의 위치를 파악하고 한 장소에서 다른 장소로 이동하는 모든 방법을 아우른다. 과거에는 여행자가 길을 찾아가는 기법을 가리키는 말이었으나, 현대에는 주로 건축 환경에서 위치를 파악하고 경로를 선택하는 사용자 경험을 일컫는다 - 옮긴이) 설계자, 알츠하이머병 환자, 20세기 초 비행사, 현대판 모험가 등과 함께했던, 여러 짧은 여행의 결실이다. 이 사람들은 모두 자신만의 방법으로 우리가 세상과 교류하는 방법에 관한 지식을 넓혀주고 있다.

할머니는 돌아가시기 전 몇 주 동안 '내가 여기에 있니?'라는 말을 되뇌곤 했다. 이 말에는 몇 가지 의미가 있을 수 있다. 이러한 질문은 손가락으로 지도를 가리키면서, 혹은 마음속에 어떤 장소를 떠올린 채

물을 수 있는 가장 직설적인 방법이다. 그러나 어떤 장소에 관한 경험은 좌표나 공간 뉴런spatial neuron의 발화 패턴firing pattern으로는 절대 설명되지 않는다. 그 장소에 관해 이야기할 수 있거나 어떻게 해서 그곳에 가게 되었는지 기억할 수 있어야만 내가 어디에 있는지 진정으로 알 수 있는 것이다. 나는 할머니가 자신이 있었던 방과 할머니와의 관계의 역사에 대해, 그리고 어쩌면 할머니가 정말 존재했었는지에 대한 질문을 하고 있었다고 믿는다. 여러 모로 그것은 궁극적인 질문이며, 우리 모두가 인생의 어느 지점에서 묻게 될지도 모를 질문이다. 내가 여기에 있니? 우리는 그러길 바란다. 무엇이 그보다 더 중요할까?

contents

1장

호모사피엔스가
길을 떠난 까닭

우리는 뼛속까지 탐험가이며,
공간 능력은 근본적인 인간의 조건이다.

7만 5000여 년 전, 호모사피엔스 한 무리가 그들이 진화해왔던 아프리카 대륙을 떠나, 홍해의 남쪽 끝에 있는 말라붙은 바브엘만데브Bab el Mandeb해협을 건너, 아라비아반도의 남쪽 해안을 따라 동쪽으로 향했다. 이들이 왜 이런 여정을 시작했는지, 혹은 왜 다른 무리처럼 도중에 멈춰 정착하려 하지 않았는지 우리는 알 수 없다. 어쨌든 그들은 자신들의 여정이 어디서 끝날지 생각하지 못했을지도 모른다. 다음 6만 년 동안 그들의 후손은 산을 넘고 바다를 건너 동쪽에 있는 동남아시아의 섬들로, 그리고 아라푸라해를 건너 오스트레일리아로, 북쪽으로는 중동 지역을 관통하여 중국과 중앙아시아의 스텝 지대로, 보스포루스해협 서쪽으로 다뉴브 계곡을 지나 유럽에 이르렀고, 마침내 시베리아에서 육지로 이어진 다리를 통하여 북아메리카 대륙과 세찬 바람에 꺾인 듯한 발가락 모양의 남아메리카 대륙에 다다른다. 그 후 그들은 그들의 선조가 아프리카에서 마주했던 그 무엇보다 힘겨운 곳에서 참고 견디며 번영하게 된다. 또한 우리가 사는 행성의 오지에 가는 것으로도 모자라 40만 킬로미터 떨어진 달과, 달보다 먼 곳을 탐험하기에 이르렀다. 지금부터 수십 년 뒤에는 그 후손이 지구에서 수천만 킬로미터 떨어진 다른 행성의 먼지 속에서 휴식을 취하고 있을지도 모를 일이다. 아프리카에서 시작된 작은 발걸음이 기나긴 여정이 되었고, 아직도 진행 중이다.*

방랑하는 호모사피엔스에게서 모든 비非아프리카계 인류가 파생되긴 했지만, 그들이 최초의 탐험가는 아니다. 호모사피엔스가 홍해를 건넜을 때, 유럽과 아시아의 많은 곳에 이미 네안데르탈인과 데니소바인 같은 인류가 살고 있었으며, 그들의 선조는 약 200만 년 전에 이미 아프리카를 떠났다.[1] 네안데르탈인이 살던 영역은 카자흐스탄에서 웨일스, 그리고 지중해 동부에서 스페인까지 이르렀다. 그러나 그들에게는 산악지역이나 넓게 펼쳐진 물가를 만나면 정착하는 대신 계속 걸어가거나 배를 만들었던 호모사피엔스의 지칠 줄 모르는 방랑벽은 없었다.

호모사피엔스는 35만 년 전에서 15만 년 전 사이에 진화를 거치면서 탐험 욕구와 길 찾기 기질이 발달하여 다른 인류와 차별화되었다. 그것이 우리의 미래에 어마어마한 영향을 미쳤다. 최근 인류학에서 가

---

* 여기에 나온 호모사피엔스의 확장 시기는 추정치이다. 정확한 시기에 대해서는 논란이 지속되고 있다.

길 잃은 사피엔스를 위한 뇌과학

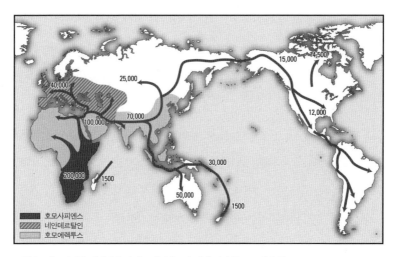

그림 1 아프리카를 벗어난 초기 호모사피엔스가 세계 여러 곳으로 퍼진 경로.

장 흥미로운 개념 중 한 가지는 우리의 길 찾기 능력이 인간이라는 종이 성공하는 데 필수였다는 것이다. 왜냐하면 그러한 능력이 폭넓은 인간관계를 구축할 수 있게 해주기 때문이다. 소규모 가족 단위로 살며 먹을 것과 잘 곳을 찾는 데 대부분의 시간을 쏟았던 선사시대에, 자원이 있는 곳과 포식자의 동향에 관하여 다른 집단과 정보를 공유할 수 있는 능력이 있었다면 진화적으로 유리했을 것이다. 친구는 생존을 위한 자산이었다. 식량이 바닥났을 때, 함께 사냥할 사람이 필요할 때 그들에겐 친구가 있었다.

진화생물학자들은 이러한 사회성이 우리의 복잡한 뇌가 진화하는 데 큰 힘이 되었을 것이라 믿는다. 초기 인류는 모두 사교적이어서 대부분의 다른 포유동물처럼 혼자 다니는 것보다 한데 모여 교류하는 것을 좋아했다. 호모사피엔스는 멀리 떨어진 곳에 사는 집단과 교류하면서 사교적인 성격의 덕을 톡톡히 보았다. 화석 증거에 따르면, 13만 년 전 우리의 선조들이 240킬로미터 이상 떨어진 곳까지 이동하여 교류하고(아마도 떠도는 소문이나 고된 세상살이에 대해 이야기를 나누지 않았을까) 음식을 나누는 것은 드문 일이 아니었다. 네안데르탈인과 달리 호모사피엔스의 사회적인 집단은 가족 이상으로 크게 확장되었다.[2] 그러한 관계, 즉 그들이 어디에서 우리와 어울리게 되었는지, 누가 누구와 관계가 있는지, 사는 곳은 어디인지 등을 모두 기억하려면 상당한 처리 능력이 필요했다.[3]

또한 길 찾기에 관한 요령도 필요했다. 구석기시대에 수십에서 수백 제곱미터 넓이의 황무지에서 사회관계망을 관리한다고 해보자. 친구가 어디 있는지 알아내기 위해 메신저 앱을 사용할 수도 없으니, 밖으로 나가 그들을 찾아가거나, 지난번에 어디서 보았는지 기억해내거나, 지금은 어디에 있을지 상상해야 했을 것이다. 그러기 위해서는 길 찾는 능력, 즉 공간 지각 능력, 뛰어난 방향감각, 풍경을 보고 지도로 바꾸어 머릿속에 저장하는 능력, 밖에 나가 돌아다니려는 동기가 있어야 했다. 캐나다의 인류학자 아리안 버크Ariane Burke는 우리의 선조가 이웃과 연락하며 지내려고 노력하는 과정에서 이러한 특징이 발달하게 되었을 것이라 믿는다. 결국 우리의 뇌는 길 찾기에 대한 만반의 준비를 마쳤다. 한편 네안데르탈인들은 멀리 돌아다니지 않았기에 공간과 관련한 능력이 발달하지 않았다.[4] 정교한 사냥술이 있었고, 추위에 잘 적응했고, 어둠 속에서도 볼 수 있었지만, 그들은 호모사피엔스가 유럽

길 잃은 사피엔스를 위한 뇌과학

에 살기 시작한 지 수만 년 만에 (다른 모든 인류와 함께) 멸종했다. 선사시대의 황무지에서 친구들보다 쓸모 있는 것은 없었다.

버크는 초기 현생 인류가 광범위한 사회관계망을 가지고 있었다는 인류학적 증거가 있다고 말한다. "그처럼 폭넓은 관계망은 우리의 문화에 필수였습니다."라고 그녀가 몬트리올 대학교에 있는 사무실에서 전화로 설명했다. "구석기시대에는 주변에 사람이 그다지 많지 않았다는 사실을 떠올려보세요. 이러한 사실 때문에 더 넓은 영토에 대한 정보를 수집할 수 있는 능력의 중요성은 커지게 됩니다. 공간적으로 확장된 관계망을 유지하는 것은 지속적인 생존을 보장하는 한 가지 방법이었습니다. 우리에겐 연락처에 대한 정보와 연락처의 정보가 말하는 풍경에 대한 정보를 끊임없이 업데이트해줄 매우 역동적인 인지 지도가 필요해질 겁니다. 고고학적 기록에 네안데르탈인 또한 이러한 능력이 발달하기 시작했다는 몇 가지 징후가 있습니다. 인류와의 경쟁에서 더해진 스트레스에 대한 반응일 수도 있지만, 그러기에는 그 반응이 너무 보잘것없고, 너무 늦었던 것 같습니다."[5]

선사시대 인류의 길 찾기 방법

그러한 초기의 생활이 어떠했는지 알아내기 위해 인류학자들은 파라과이 동부 지역의 아체Ache족과 남아프리카 칼라하리사막의 !쿵!Kung족 등 여전히 우리 선조들처럼 수렵과 채집 생활을 하고 있는 몇몇 집단을 연구했다. 여전히 마음대로 돌아다닐 수 있는 지역에 사는 이들의 생활 패턴은 수만 년이 지난 뒤에도 거의 바뀌지 않았다. 어느 평범한 날 우림 지역에서 아체족은 아르마딜로나 사슴을 사냥하고, 과일과 꿀을 수확하고, 캠프를 옮기고, 새로운 길을 내거나 이웃 캠프를 방문하는 데 하루에 7~8시간씩 쓸지도 모른다. !쿵족 역시 마찬가지로 물을 찾아다니거나 산딸기 등의 열매와 덩이줄기 채소를 수확하거나, 사슴이 지칠 때까지 쫓아다니며 사냥을 하거나, 부상당한 동물을 추적하면서 거의 늘 움직인다. 이는 며칠씩 시간이 들 수 있으면서도 상당한 기술을 요하는 활동이다. !쿵족과 아체족 모두 다른 부족과 이야기를 나누고 소식을 전하기 위해 수십 킬로미터씩 걷는 것을 아무렇지도 않게 생각하지만, 베네수엘라의 히위Hiwi족에는 비할 바가 아니다. 히위족은 이웃 마을을 방문하기 위해 100킬로미터를 밤낮으로 걸어가, 두어 시간 머물다 돌아온다고 한다.[6]

이처럼 이곳저곳 떠돌아다니는 구석기시대의 생활에서 살아남기 위해서는 내 위치와 목적지의 위치를 알아야 했다. 초원을 가로지르며 숲을 헤치고 산을 넘어, 처음 가보는 곳을 며칠씩 걸어 다니면서 식량을 구하고, 사냥을 하거나, 먼 곳에 사는 이웃과 모닥불 주위에 모여 앉아 이야기를 나눌 수 있어야 했다. 그리고 이러한 여정의 어느 지점에서나 집으로 돌아가는 길을 알아야만 했다. 집으로 돌아가지 못하면 대부분 살아남지 못하기 때문이었다. 공간과 관련된 인간의 다른 속성 역시 도움이 되었을 것이다. 이를테면 식량과 약초가 있는 곳이나 곰이 사는 동굴, 하천, 피신처 등의 주요 지형을 기억하기 위한 심적 지도mental map가 그 예가 될 것이다. 길을 잃게 되면 비참한 최후를 맞을 수도 있었다. 구석기시대 유럽의 변두리 지역은 오늘날보다 훨씬 이국적이었다. 덤불 속에는 동굴 사자와 불곰, 표범, 점박이하이에나, 늑대, 검치호 등이 숨어 있었고, 길을 가르쳐줄 우리와 같은 부류의 인간은 많지 않았다.[7]

우리의 선조들은 분명히 이러한 능력이 있었을 것이다. 그렇지 않았다면 오랫동안 살아남지도 못했을 것이고, 아주 먼 곳까지 이동하지도 못했을 테니까 말이다. 인간은 처음부터 길잡이였다. 길을 찾고 공간을 인지하는 능력이 말 그대로 유전자에 각인되어 있었다. "선사시대의 인류는 길 찾기 전문가였을 겁니다. 기동성이 매우 뛰어났거든요." 버크는 말한다. 우리의 선조들은 모든 수단을 동원하여 그러한 재능을 키웠을 것이다. 아프리카와 서아시아의 수많은 석기시대 유적에서 볼 수 있는 장식용 구슬 목걸이는 오늘날 산악인과 군인들이 걸음을 세기 위해 사용하는 산악 구조대 목걸이처럼 거리 측정 기구로도 사용되었을 수 있다.[8] 일부 수렵채집인은 주요 지형과 특징을 기억하기 위해 막대기에 일련의 표시를 하면서 긴 여정에 대비했다. 19세기 북미 원주민의 풍습을 세세하게 기록했던 미국 육군 대령 리처드 도지Richard Dodge는, 말을 훔치기 위해 아무도 가본 적 없었던 멕시코까지 "이러한 막대기를 이용하여 제시한 정보에 대한 기억만으로" 텍사스에서부터 600킬로미터가 넘는 거리를 이동했던, 청년과 소년으로 구성된 코만치족 기습 부대 이야기를 들었던 일을 회고했다.[9]

길을 잃지 않으려 할 때 심상mental imagery은 기술만큼이나 도움을 준다. 그리고 초기 인류 역시 그러한 심상을 습득하는 데 능통했던 것으로 보인다. 20세기 비행사이자 항법사로 다양한 문화권의 길 찾기에 관한 전문가였던 해럴드 개티Harold Gatty는, 그가 조사했던 모든 원주민이 낯선 곳을 탐험할 때 동일한 접근법을 사용한다는 것을 알아냈다. 그들은 실을 이용하여 미로 안에 있던 미노타우로스를 찾아낸 테세우스처럼 자신들이 기지와 하나의 실로 연결되어 있다고 상상하면서 미지의 세계를 탐험했다. 어느 오스트레일리아 원주민은 그에게 다음과 같이 설명했다.

처음에는 멀리 가지 않아요. 어느 정도 갔다가 다시 돌아옵니다. 그리고 다른 방향으로 갔다가 돌아오고, 다시 다른 방향으로 가지요. 점점 더 많은 곳의 상황을 알게 됩니다. 그러면 저는 길을 잃지 않고 더 멀리까지 갈 수 있습니다.[10]

저러한 체계에서는 문제가 생기기 어려웠다.

이누이트족의 지명 사전

1960년 내 조부모는 영국제도의 그 어느 곳보다 거칠고 원시적인 지역인 스코틀랜드 하일랜드 남쪽 끝 그램피언산맥에 있는 양 목장을 매입했다. 북쪽, 동쪽, 서쪽에는 늪지대가 있어 헤더가 광활하게 피어

　　　　　　　　　　　　　길 잃은 사피엔스를 위한 뇌과학

있는 황야로 이어져 있고, 이 모습을 바람 잘 날 없는 봉우리가 내려다
보고 있다. 겨울에 이 봉우리에는 산토끼와 산토끼를 사냥하는 매 외
에는 아무런 기척이 없다. 우중충한 날에 이 봉우리에 오르면 내가 최
초로 이 봉우리에 발자국을 남긴 것 같은 기분이 들 수도 있지만, 그램
피언산맥에는 수천 년 동안 소작을 하면서 사는 사람들이 있다. 지도
에서 그들의 흔적을 찾아보기 어려운 만큼, 실제 풍경에서도 그들이
존재한다는 표시를 찾기가 어렵다.

우뚝 솟은 산의 정상을 비롯해서 보잘것없는 작은 언덕까지, 조부
모의 농장 주변에 있는 거의 모든 지형에는 이름이 붙었다. 그 이름은
지난 두 세기 동안 이곳에서 널리 사용되지 않았던 게일어Gaelic로 지
어졌다. 그리고 그러한 이름 중 일부에는 후기 철기시대*부터 10세기
사이에 스코틀랜드 동부와 북부 지역에 살았던 사람들의 언어인 픽트
어Pictish의 흔적도 남아 있다(그럼에도 불구하고 그들은 결코 그곳에 최초
로 정착한 사람들이 아니다). 그 이름들은 매우 설명적이고 장소에 잘 어
울린다. 이와 같은 길잡이들의 용어는 길을 잃기 쉬운 지역에서 길을
잃지 않도록 도와주기 위해서 고안된 것이었다.

예를 들어 농장(게일어로 '밝고 빛나는 하천이 합류하는 곳'이라는 의미
의 인버겔디Invergeldie라고 불린다)에서 북서쪽을 향해, 늪지대로 올라가
는 오래된 길을 따라가면 '크리그 난 이언Creag nan Eun(새들의 바위)'이
라는 곳에 이르게 된다. 이곳은 지금도 말똥가리, 큰까마귀, 쇠황조

---

* 기원전 100년경.

롱이 등에게 사랑받는 서식지이다. 몇 킬로미터를 더 걸어가면 '미야우 두 모르Meall Dubh Mor(커다란 검은 산)'의 그늘을 지나, '아우트 루어 Allt Ruadh'(붉은 강 – 이 이름은 강에 있는 폭포의 붉은 바위를 가리키는 말이다)를 건너게 된다. 전방에는 바로 보이는 것이 '톰 에 촘스트리Tom a' Chomhstri'(전투의 언덕 – 당대에 있었던 문화적 사건 역시 자연적인 특징만큼이나 이름 짓는 데 유용하게 이용되었을 것이다)이다. 지나치게 높이 올라가지만 않는다면, 미야우 난 오이락Meall nan Oighreag이라는 이름의 '클라우드베리(여전히 그곳에서 자라고 있다) 언덕'을 볼 수 있다. 길은 가장 높은 벼랑 끝까지 이어지는데, 이곳에서 신의 언덕이라는 뜻을 가진 '톰 에 모레르Tom a' Mhoraire'라는 곳과 맞닥뜨리게 될 것이다. 이곳의 외관은, 북서쪽으로 흘러가는 강 로크 테이로 합류하여 사라지는 밝은 잔디 계곡(핀 글렌Fin Glen)을 압도한다.

역사가들은 지형에 붙인 이름(지리학적 용어로는 지명toponym)이 위도와 경도가 등장하기에 앞서 초기 정착민들에게 하나의 지리학적인 기준 체계를 제공했다고 믿는다. 설명적인 이름은 심상을 형성하게 해준다. '잔디가 덮인 언덕(게일어로는 Funtulich)'이라는 이름만 봐도 어떤 모습인지 인지할 수 있을 것이다. 지명을 순서대로 늘어놓으면 일련의 방향을 나타내기 때문에, 지명을 알면 길을 떠날 수 있다.

지명을 짓는 것은 오래된 관습이다. 영국에서 사용되는 많은 지명은 5세기에 유래한 것이다.[11] 현대 이라크의 남부 메소포타미아에 있는 일부 강의 이름은 기원전 3100년 수메르인들이 문자를 발명하기 이전에 지어진 것으로 여겨진다.[12] 아마도 인간은 언어가 존재하는 한 그처

길 잃은 사피엔스를 위한 뇌과학

럼 풍경을 정의하고 표현해왔을 것이다. 이 책의 뒷부분에서 보겠지만 일부 과학자들은 언어가 진화한 이유가 바로 먹을거리를 얻을 수 있는 곳의 위치 같은 주변 환경에 관한 정보를 나누기 위해서였을 것이라고 믿는다. 대단한 발상이다. 우리가 처음 내뱉었던 말이 대략적인 방향을 표현한 것이거나, 멀리 떨어진 계곡에 대한 불평 섞인 묘사일 수도 있다는 뜻이다.

도시화로 인해 수많은 고대 지명이 사라졌지만, 아직도 시골 내륙 지방이나 원주민 유목 문화, 과거 수렵채집인과 가장 밀접한 관계가 있는 사람들 사이에는 남아 있다. 그러한 지역에서는 특별한 육지나 물에는 다 이름이 붙어 있다. 장소의 언어에 관한 지침서 《랜드마크 _landmarks_》에서 저자인 로버트 맥팔레인Robert Macfarlane은 언어학자 리처드 콕스Richard Cox의 연구를 설명한다. 리처드 콕스는 게일어 지명을 기록하기 위해서 아우터헤브리디스Outer Hebrides제도 루이스섬의 서해안에 있는, 농장과 여기저기 흩어져 있는 마을로 구성된 지역인 칼로웨이로 이주했다. 콕스는 면적 160제곱킬로미터 이하의 지역에서 3000가지 이상의 지명을 수집했다. 독특한 지명이 많았다. 예를 들어 맥팔레인은 콕스의 저서들에서 언덕과 절벽을 나타내는 이름이 정상의 특징과 기울기에 따라 스무 가지가 넘는다는 것을 알아냈다.[13]

이누이트족은 캐나다 북부, 알래스카, 그린란드 등지에서 반유목민 생활을 하고 있는 원주민으로, 헤브리디스 사람들만큼이나 그들이 사는 곳을 묘사하는 데 열심이었다. 1822년 탐험가 조지 프랜시스 라이언George Francis Lyon은 북서항로를 찾는 과정에서 캐나다 북극 지역의 이

글루릭Iglaolik이라는 작은 마을을 지나게 되었다. 그때 그는 "모든 개천과 호수, 만, 곶, 섬은 물론이고, 심지어 돌무더기에도 이름이 있었다."는 사실을 알게 되었다.[14] 《누나빅(사람들이 거의 살지 않는 퀘벡 북부의 방대한 툰드라 지역)의 이누이트 지명 사전Gazetteer of Inuit Place Names in Nanavik》에는 거의 8000개에 이르는 항목이 수록되어 있다.[15]

외부인에게 북극지방은 특징이 없고 단조롭게 보인다. 하지만 이누이트족의 지명은 대체로 수백 년 전에 지어진 것임에도, 묘사가 풍부하고 정확하여 길을 찾는 데 더할 나위 없는 도움이 된다. 그러한 지명은 노두(광맥, 암석 등의 노출부-옮긴이)나 강의 유형, 국지풍 등을 나타낼 수도 있다. 또는 여러 세대를 거치는 동안 사람들이 그곳에서 했던 일에 대해 말하고 있는 것일 수도 있다. 예를 들어 배핀섬의 남쪽 끄트머리에는 눌루야크Nuluujaak가 있다. 엉덩이처럼 생긴 두 섬이라는 뜻을 담고 있다. 잊기 어려운 이름이다. 해안을 따라 올라가면서 "어깨를 으쓱하는 언덕(목은 없음)"이라는 뜻의 쿠만쿠아크Qumanguaq를 만나게 된다면 내가 어디에 있는지 정확히 알 수 있을 것이다. 이곳에서 동쪽으로 몇 킬로미터 떨어진 곳에는 "바닥이 밝은색이어서 빛나는 것처럼 보이는 호수"라는 뜻의 카우마쥬알루크Qaumajualuk 호수가 있다. 이런 이름을 가진 호수는 이곳 외에는 없다. 이런 식으로 지명을 짓는 것은 최초로 아메리카 대륙을 탐험했던 유럽인들이 사용한 방법과는 매우 다르다. 그들은 현지의 지형이나 문화보다는 자기 나라에 있는 친구나 후원자, 유명인사 등의 이름을 기리는 경우가 많았다. 프랜시스 라이언의 1823년 해도海圖에는 체스터 인렛Chester Inlet(이누이트족에게는 이

글루이가아르주크Igluligaarjuk-사람 사는 집이 거의 없는 곳이라는 뜻이다), 제임스 랭카스터 사운드 경Sir James Lancaster Sound(탈룰루티웁 이망가Tallurutiup Imanga-"육지를 둘러싼 물이 얼굴에 새긴 문신을 닮았다."라는 의미이다) 같은 제국주의의 잔재가 가득하다. 이러한 명칭은 도구 없이 길을 찾아가려는 사람에게는 거의 쓸모가 없을지도 모른다.[16]

거미줄처럼 얽힌 지명은 방향성이라는 놀라운 성과를 이끌어낸다. 아르헨티나의 인류학자 클라우디오 아포르타Claudio Aporta는 지난 20년 동안 캐나다의 북극지방에서 이누이트족의 지리학적인 지식을 기록했다. 아포르타는 한 사냥꾼과 함께 이글릭Igloolik 근방에 갔던 기억을 떠올린다. 그 사냥꾼은 25년 전 삼촌과 놓았던 일곱 개의 여우 덫을 수거하러 가는 길이었다. 덫을 놓은 곳은 20제곱킬로미터의 넓이에 눈이 수북이 쌓여 있었지만, 그 사냥꾼은 두 시간 만에 지도도 없이 덫을 찾아냈다.[17] 아포르타는 그 지역이 '평지에다 특성이 없어' 보인다고 생각했다(이때는 프로젝트 초기여서 북극에서 보낸 시간이 그다지 길지 않았다). 경험 많은 이누이트족 여행가에게 그러한 설경은 수많은 의미 있는 장소로 가득하고, 그러한 장소의 이름은 세대에서 세대로 구전된다. 그들이 그 이름을 기억에 남기면 지형에 대한 심적 지도를 그릴 수 있어, 봄에 눈이 녹거나 겨울에 눈보라가 썰매가 지나간 자취를 뒤덮어 사라져버린 길의 흔적을 따라 여행할 수 있다.

아포르타는 이러한 길과 이누이트족이 그 길을 기억하는 방법에 매혹되어 있다. 최근 연구에서는 GPS 기술과 구글 어스를 이용하여 지명은 물론이고 동부 및 중부 캐나다 북극지방에서 바다, 얼음, 개빙구역 등을 가로지르는 길에 관한 자료를 수집하고 있다. 그는 래브라도와 그린란드까지 연구의 범위를 넓히려 하고 있다. 노바스코샤 댈하우지 대학교에 있는 사무실로 그를 방문했을 때, 지도책 한 권이 테이블에 펼쳐져 있었다. 그것은 미술 작품(풍경 위에 흐름을 나타내는 선들이 어지러이 널린 모습)처럼 보였고, 몬트리올 갤러리에서 전시된 적이 있었다. 그는 그것이 '공간의 서사'를 나타낸다고 말한다. 그 지도가 기록하는 길들은 이누이트족을 이웃 부족과, 그리고 사냥 및 수렵 지역에 연결해준다.[18] 그 길은 이동 체계이자 사회관계망으로, 이누이트족을 비롯하여 다른 원주민 문화에서 이동이 얼마나 중요한지 상기시켜준다. 아포르타는 이렇게 썼다.

첫 번째 여행을 떠나는 것은 어찌 보면 인생을 시작하는 것이었다. 마치 사는 것과 떠나는 것이 모두 동일한 여행의 일부였던 것처럼 말이다. 길은 인생이 펼쳐지는 곳이었다. 사람들이 실제 여행이나 비유적인 여행을 통해 세상을 경험하는 것처럼, 길 위의 인생에는 어린 시절의 깨달음이 깃들어 있다. 그러한 과정을 통하여 공동체 의식 또한 발전했다.[19]

아포르타가 이누이트족의 지명을 조사하기 시작한 이유 가운데 하나는 이누이트족의 구전 전통에 문제가 생겨 더 이상 지식이 전해지지 않고 있기 때문이다. 1950년대 말과 1960년대 영구 정착을 시작한 이후, 이누이트족의 여행은 점점 짧아졌고 일상이 아닌 특별한 일이 되었다. 스노모빌snowmobile이 개썰매를 대체했고, 이로 인해 대화하고

길 잃은 사피엔스를 위한 뇌과학

관찰하는 시간은 줄어들었다. GPS 덕분에 여행자들은 전통적인 경로를 따르기보다는 직통으로 이어진 경로를 선택한다. 오래된 길은 사라지고 있다. 이따금 자연은 오래된 길이 여전히 쓸모가 있는 이유를 일깨워준다. 이누이트족 문화 전문가 존 맥도널드는《북극의 하늘*The Arctic Sky*》에서 1990년대 이누이트족 출신의 젊은 사냥꾼 무리가 눈보라 속에서 길을 잃은 이야기를 자세히 소개한다. 그들은 연료가 바닥나자 날씨가 갤 때까지 해빙 위에서 야영을 해야 했다. 단파 라디오로 도움을 청했지만, 주변에 몇몇 랜드마크가 있다는 것을 알았음에도 구조대에게 그 이름을 말해줄 수가 없었다. 결국 그들은 발견되었지만, 많은 고난을 겪고 난 뒤였고, 집에 돌아와 마을 어르신들의 엄중한 훈계를 들어야만 했다.[20]

낯선 장소를 길들이기

스코틀랜드의 황야와 북극의 툰드라 등 원시적인 지역에 사는 주민에게 지명은 생존 전략이었다. 지명은 식량이나 물이나 친구를 찾는데, 그리고 다시 집에 돌아오는 데 도움을 주었다. 한 공동체의 지명은 그들에게 무엇이 중요한지 반영했다. 아포르타가 이글루릭에서 기록한 지명 550개 중 65퍼센트가 이누이트족 식단의 주요 원천인 바다나 해변의 특징을 지칭한다.[21] 북극에 사는 또 다른 에스키모인 알류트*Aleut*족은 알래스카반도에서 북태평양까지 호를 그리며 뻗어나간 제도에 사는데, 이들은 시내, 개울, 하천, 연못, 호수, 실개천 등 해안 근방에서 수렵을 하는 곳에 유형별로 수백 가지의 이름을 붙였지만,* 접근할 수 없는 봉우리와 내륙의 화산 등에는 거의 이름을 붙이지 않았다.[22] 어디에서 물을 구할 수 있는지가 주요 관심사인 사막에 사는 사람들이 수원水源을 묘사하는 데 풍부한 어휘를 사용하는 것도 놀랄 일은 아니다. 인류학자 이사벨 켈리Isabel Kelly는 1930년대 초 모하비사막의 서던 파이우트Southern Paiute 인디언을 조사하면서 그들의 지명이 대부분 샘을 묘사하고 있다는 사실(그녀가 수집한 지명은 약 1500가지였다)을 알아냈다. 그리고 그 지명들은 샘을 식별하는 방법에 대해 매우 자세히 설명하고 있었다. 자줏빛 버드나무 작은 샘물Purple Willow Small Water, 줄지어 선 버드나무에서 나오는 샘물Willow Standing in a Row Water Comes Out, 미루나무가 둘러싼 곳에서 나오는 샘물Cottonwoods Surround it Water Comes Out, 용암수가 끝나는 곳에서 나오는 토끼길 샘물 같은 이름들이다.[23]

지명은 설명적인 표지나 길을 찾는 데 도움을 주는 것 이상의 역할을 한다. 지명에는 땅에 대한 애착심과 그곳에 사는 사람의 흔적이 담겨 있다. 아포르타는 이누이트 지명이 기억하기 쉬운 까닭은 단지 알아들을 수 있는 지명을 사용하기 때문이 아니라, "그러한 지명이 특정 지역에 소속감을 불러일으키는 다수의 서사와 연관되어 있기" 때문이라고 했다.[24] 배핀섬에는 피가아르비트Pigaarvitt라는 곳이 있는데, '(긴 봄날을 즐기기 위해) 늦게까지 깨어 있어야 하는 곳'이라는 뜻을 지니고

---

* 오늘날 알류트족의 언어를 사용하는 이는 수십 명의 섬 주민들뿐이다.

길 잃은 사피엔스를 위한 뇌과학

있다. 또한 푸캄말루탈릭Puukammaluttalik이라는 곳에는 '누군가가 주머니를 놓고 간 곳'이라는 의미가 있다. 이런 식으로 특성이 부여되면 밋밋하고 특징 없던 얼음 지역이 불현듯 집처럼 익숙해질 수 있다.

우리의 선조가 정착했던 수많은 풍경도 처음에는 생활하기에 불편하고 무서웠을 것이다. 그들은 그러한 장소를 친근하게 느껴야 하고, 상징적으로 체계화하려는 강력한 동기가 있었다. 이것이 의미 있는 장소에 이름을 붙여서 보상하려는 열정을 불러일으켰는지도 모른다. 그리하여 이누이트식 표현을 따르자면, 그들의 "주변에 자신의 냄새가 가득"했을 수도 있다.[25] 우리가 지명에 부여하는 의미는 우리가 주변 공간을 알고, 접근하고, 만지고 싶은 우리의 필요를 반영한다. 지명은 우리가 현재를 탐험하는 데 도움이 될 수 있다. 그리고 아마 미래에 무슨 일이 일어날지 상상하게 할 수 있을지도 모른다.

또한 중요한 것은 지명이 우리를 과거와 이어줄 수도 있다는 점이다. 인류학자인 키스 바소Keith Basso는 애리조나 중부에 사는 서부 아파치족의 문화 전통을 이해하는 데 전념했다. 그는 아파치족의 생생한 지명 덕분에 아파치족이 그 이름을 지었던 선조가 남긴 발자국 위에 서 있는 상상을 할 수 있었음을 알았다. 서부 아파치족이 지형을 이해하는 방식에 관한 바소의 주목할 만한 저작 《지혜는 어디에나 있다Wisdom Sits in Places》에서 바소는 "눈과 귀가 모두 매혹당한 상태로" 어떻게 Goshtl'ish Tú Bil Siláné('뚜껑이 없는 용기에 물을 담으면 진흙이 들어간다'), T'iis Ts'ósé Bil Naagolgaiyé('가는 미루나무가 있는 둥근 빈터'), Kailbáyé Bil Naagozwodé('큰산버들이 굽이를 따라 휘어 있다') 같은 곳에

그림 2 퍼스셔 그램피언산맥에 있는 고대의 랜드마크인 크리그 난 이안 Creag nan Eun(새들의 바위).

서 있었는지 묘사하고 있다. 이처럼 "공들여 만든 이름들(대담한, 시각적인, 좋은 것을 연상시키는)은 선조의 목소리에 시적인 힘을 실어준다"고 그는 썼다.[26] 야생의 장소를 길들이는 데 내가 살기 전에 그곳에 있었던 사람들의 영혼을 부르는 것보다 더 좋은 방법이 있을까?

우리는 길 찾는 능력이 있었던 선조와, 우리가 세상을 헤치고 나가 뿌리를 내리게 해주었던 공간 관련 지식에 큰 빚을 지고 있다. 이러한 사실은 쉽게 잊힌다. 우리는 우리가 가는 곳이 어디인지 제대로 알지 못해도 세계 어느 곳에나 갈 수 있는 시대에 살고 있다. 우리는 대부분 정착해서 산다. 맹수의 공포에 두려워 떨거나 식량과 물을 찾아 끊임없이 길을 떠나지 않아도 된다. 우리는 선조가 사용한 방법과 똑같은

길 잃은 사피엔스를 위한 뇌과학

식으로 지명을 사용할 필요는 없다.

하지만 내면 깊은 곳에서 우리는 여전히 길을 찾아다닌다. 그리고 우리는 모두 우리의 주변 세상을 발견하는 데 필요한 인지 장비를 갖추고 있다. 우리를 둘러싼 물리적인 환경은 우리의 행동과 감정에 영향을 미친다. 우리의 마음은 집과 가장 잘 아는 동네를 향하고, 저항을 위한 상징적인 장소(타흐리르 광장, 천안문 광장, 트라팔가 광장)를 선택하고, 나무와 바위, 건물 등에 우리의 이름을 새긴다. 인간이 지구 표면의 많은 부분을 극적으로 바꾸어놓았을지도 모르지만, 우리의 기본적인 정착 모델(도로와 철도로 연결된 도심지)은 신석기시대(길로 연결된 정착지)나 구석기시대(오솔길로 연결된 야영지)와 그리 다르지 않다. 인간과 지구와의 상호작용 중 일부는 거의 변하지 않았다. 오늘날까지 사람들은 오솔길 옆에 돌무덤을 쌓아 황야를 여행하는 다른 여행자들에게 도움을 준다. 아마도 수천 년 동안 지속되어왔을 관습이다.

우리는 뼛속까지 탐험가이며, 공간 능력(현대에 접어들어 GPS에 의존하게 되었지만 우리에겐 여전히 공간 능력이 있다, 믿거나 말거나)은 근본적인 인간의 조건이다. 다음 장에서 우리는 우리가 성장하면서 어떻게 그러한 능력이 발전하게 되었는지 알아볼 것이다. 아이들은 모험가로 태어나지만 그들에게 그러한 성향을 따를 자유가 늘 주어지는 것은 아니다. 앞으로 보게 되겠지만, 어린 시절 우리가 어느 정도까지 돌아다니고 우리의 한계를 넓힐 수 있는지는 우리가 어떤 부류의 어른이 되는지에 크나큰 영향을 미친다.

2장

아이들은 왜
쉽게 길을 잃는가

우리는 모두 처음에는 자유롭게 돌아다니지만,

결국 대부분 직선이면서 좁은 길을 걷게 된다.

인생은 우리의 날개를 잘라버리는 방법을 알고 있다.

30여 년 전 캐나다 에드먼턴에 있는 앨버타 대학교의 심리학자 에드 코넬Ed Cornell은 실종된 아홉 살 소년의 수색을 지휘하던 어느 경찰관에게 전화를 받았다. 며칠 전 시골 야영지에서 한 소년이 실종됐는데, 소년의 발자국은 몇 킬로미터 떨어진 늪 쪽을 향하고 있었다. 전화상으로 경찰관은 한 가지 질문을 했다. 아홉 살 소년은 얼마나 멀리까지 가나요?

몇 년 동안 길 찾기 행동을 연구하고 있었던 코넬과 그의 동료 도널드 헤스는 분명히 질문에 답을 할 만한 전문가였다. 하지만 질문에 대해 곰곰이 생각해본 결과, 그들은 실종된 아이들에 대해 아는 것이 거의 없다는 사실을 깨달았다. 실종된 아이들이 어떻게 행동하고, 어떤 길을 따라가는지, 무엇을 랜드마크로 사용하는지, 얼마나 멀리까지 가는지 등 아는 것이 거의 없었다. 그들은 관련된 주제를 다룬 문헌을 서

둘러 살펴본 다음 경찰관에게 최대한 많은 정보를 전해주었다. "경찰관의 반응에 우리는 부끄러워졌다." 훗날 그들은 책에 이렇게 썼다. "글쎄요, 그리 많지는 않네요. 걱정 마세요, 박사님. 심령술사를 부르면 됩니다."[1]

얼마 지나지 않아 코넬과 헤스는 실험을 실시했다. 전에 없던 유형의 실험이었다. 그들은 대학 근처 대평원 변두리에 사는 3~13세 아동 100명의 부모에게 연락하여 관련된 모든 사람의 허락을 받은 다음, 아이들에게 혼자 집에서 가장 멀리까지 가본 곳이 어디인지 데려다달라고 부탁했다. 연구원들은 아이들의 행동을 관찰하면서, 경로를 표시하고 거리를 측정하며 뒤를 따라갔다. 모든 결정은 아이들이 내렸고, 원한다면 언제든 쉬거나 집으로 가거나 부모에게 전화를 할 수 있었다. 아이들이 어떻게 길을 찾는지에 대해 과학적인 관심을 기울인 것은 그때가 처음이었다. 그 결과 실종된 아이들을 찾을 확률이 높아졌을 뿐 아니라, 아이들이 어떻게 공간과 상호작용을 하고 세상을 학습하는지에 대한 우리의 이해를 바꾸어놓았다. 코넬이 발견한 것처럼, 아이들은 다르게 행동한다.

배회하는 아이들

에드 코넬을 찾는 데는 시간이 필요했다. 그는 학계에서 은퇴한 뒤 워싱턴주 캐스케이드산맥 끝자락을 흐르는 컬럼비아강 상류의 작은 마을 화이트 새먼White Salmon으로 이주했다. 그곳에서 그는 지역 수색 및 구조대 자원봉사자로 일하며 실종자를 찾는 일에 전념하고 있었다. 어느 늦은 9월의 아침 중심가에 있는 카페에서 코넬을 만났다. 그는 나를 데리고 특이한 나무의 조합(향나무, 떡갈나무, 전나무, 솔송나무), 목장과 포도밭의 공존, 온대림에서 대초원을 향해 동쪽으로 서서히 열리는 장관 등 그 지역의 볼거리를 보여주었다. 그는 자주 멈춰 서서 지역 생태계의 경계와 날씨의 변화에 대해서, 그리고 자유 방목지에서 길을 잃거나 가파른 협곡에 갇힌 사람들을 구조하는 데 도움을 주었던 장소에 대해서 설명해주었다. 자연의 열렬한 추종자인 코넬은 인간의 행동만큼이나 환경을 관찰하는 안목이 있다. 구조하는 사람으로서뿐 아니라, 인간이 처음에 왜 길을 벗어나는지 알아내려는 학자로서도 유용한 자질이다.

배회하는 아이들에 관한 코넬과 헤스의 연구는 꽤 놀라운 결과를 내놓았다. 핵심은 아이들이 혼자 집을 나와 돌아다닐 때 사람들(특히 아이들의 부모들)이 생각하는 것보다 훨씬 멀리까지 간다(평균적으로 22퍼센트, 어떤 경우는 세 배에서 네 배까지 멀리 갔다)는 것이었다. 하지만 코넬이 정말 흥미롭게 느꼈던 것은 그들이 이동하는 방식이었다. 코넬과 헤스가 아이들에게 가장 멀리 갔던 곳까지 가달라고 요청하면, 그곳까지 직선으로 이동하는 아이는 한 명도 없었다. 아이들은 여기저기 헤매 돌아다니고, 어정거리고(혹은 코넬의 표현에 따르면 '꾸물거리고'), 산만해지고, 먼 길을 돌아서 갔다. "우리는 어느 곳이든 아이들을 따라갔습니다. 쇼핑몰을 관통하는 '지름길'과 눈이 쌓인 공터를 가로질렀고,

축구 경기가 한창인 곳을 통과하기도 했지요. 아이들은 더 잘 보이는 곳을 찾아 소화전에 기어오르기도 하고, 나뭇잎 더미를 발로 차고, 돌멩이를 던지거나, 바비큐를 보기 위해 멈추기도 했습니다. 타고난 성향에 따라 행동하는 것처럼 보였어요. 많은 아이들이 그들이 아는 길을 벗어났다는 것을 스스럼없이 인정했습니다. 한 아이는 두 시간이 넘도록 걸어 다녔습니다."[2]

여러분이 이러한 이야기를 듣고 여러분의 어린 시절이 떠오른다면 좋겠다. 이처럼 정처 없이 거닐다가 우연히 미지의 장소와 만나는 것이 아이들이 공간적 이해를 발달시키는 방법이다. 그리고 이 방법을 계속 고수한다면 아이들은 길을 찾는 데 자신감을 갖게 된다. 이것이 생존 전략이다. 세상을 알게 되면 세상이 편해진다. 우리의 삶은 모두 충동적인 모험가로 시작한다. 어린 시절에 이런 식으로 행동했던 것을 기억하는 코넬은 탐험하려는 충동은 인간의 조건 중 일부라고 말한다. "미지의 것을 만나고, 비밀 통로를 발견하고, 나만의 장소를 알게 되는 것, 비밀 요새, 동굴로 이어지는 지름길 등, 이런 것들이 아이들이 사랑하는 것이죠. 이를 통해 아이들은 자신만의 인지 능력, 기억, 랜드마크를 이용하는 방법 등을 배우게 됩니다." 아이들은 어른들이 보지 못하는 곳을 볼 수 있을 뿐만 아니라, 그 안에 들어가지 않고서는 견디지 못한다. 로버트 맥팔레인은 《랜드마크》에서 아이들의 지형을 다룬 장에서 어린아이들에게 "자연은 문으로 가득하다…… 그리고 아이들은 발걸음을 뗄 때마다 그 문을 열어젖힌다."고 말한다. 글은 이렇게 이어진다.

길 잃은 사피엔스를 위한 뇌과학

나무에 난 구멍은 성으로 가는 관문이다. 말라붙은 땅에 난 개미굴은 세상의 다른 쪽으로 이어진다. 나무막대기로 지은 아지트는 궁전이다. 물웅덩이는 해저 왕국으로 가는 관문이다. 서너 살짜리 꼬마에게 '풍경'은 배경이나 벽지가 아니라, 기회로 가득하고 시시때때로 구성이 변화하는 매개체이다…… 우리는 쉽게 '장소'라고 부르지만 어린아이들에게는 꿈과 주문, 물질이 거칠게 뒤섞인 화합물이다.[3]

코넬과 헤스가 연구를 시작했을 무렵 뉴욕시립대학교의 로저 하트 Roger Hart라는 지리학자는 뉴잉글랜드 어느 작은 마을의 어린이들을 대상으로 2년 기한의 연구를 진행하고 있었다. 그곳에는 86명의 어린이가 살았고, 하트는 그들 모두를 관찰하면서 말을 걸었다. 하트의 연구는 지리학과 심리학을 아우르는 것이었다. 그의 관심사는 연구 대상자들이 주변에 있는 거리와 정원, 밭, 길 등과 어떤 관계를 맺고, 이것이 그들의 사고와 행동에 어떤 영향을 미치는가 하는 것이었다. 그의 오랜 통찰 중 하나는 아이들이 어떤 장소에 있는 것을 좋아하는 만큼이나 그 장소에 가는 것도 좋아한다는 것이었다. "대부분 '그곳'이기 때문에 가는 것이 아니라, 탐험하는 게 좋아서 가는 것이다."라고 그는 썼다.[4] 새로운 길을 발견하거나 지름길을 알게 되면 신이 나서 친구들에게 알려주었다. 대개 그러한 길은 너무나도 소중하게 여겨져 아이들은 원래 자신이 다니던 길을 벗어나 그 길을 이용했다. 자기계발의 구루들은 목적지보다 목적지까지의 여정이 더 중요하다고 말한다. 아이에겐 그런 가르침이 필요하지 않다. 그들에게 여정은 모든 것이다.

이불 밖은 위험해?

하트가 묘사한 어린 시절에 공감이 가지 않는다면, 1970년대 혹은 이후에 출생했을 가능성이 높다. 사실 지난 40~50년에 걸쳐 아이들이 돌아다닐 수 있는 기회가 크게 줄었다. 다음 통계를 살펴보자.

- 아이에게 허락되는 '집의 범위(아이들끼리 집에서 놀 때 돌아다녀도 되는 거리)'가 모든 나라에서 지난 2~3세대에 걸쳐 감소했고, 90퍼센트 이상 감소한 경우도 있다.[5]
- 잉글랜드에서 학교가 아닌 장소에 혼자 가도 좋다고 허락해주는 초등학교 학생의 부모의 비율이 1971년의 94퍼센트에서 2010년의 7퍼센트로 급감했다.[6]
- 7~11세 사이의 영국 아이들 중 4분의 1이 정기적으로 공원 같은 야외에서 놀이를 즐기는 데 비하여, 부모 세대가 어렸을 때는 4분의 3이었다. 대부분 실내에서 놀 가능성이 가장 높고, 70퍼센트 이상의 아이들이 감시당하고 있다.[7]

2015년 셰필드 대학교의 연구원들은 도시에 사는 가족 3세대와 그들이 아이였을 때 어떤 식으로 돌아다녔는지(학술적인 표현으로는 '어린 시절의 공간적 차원spatial dimensions of childhood')에 관하여 인터뷰했다. 일반적인 경우 할머니는 1960년대에 성장했는데, 정기적으로 3~4킬로미터를 혼자 걸어서 지역 청년회에서 친구들을 만났다. 할머니의 딸은

길 잃은 사피엔스를 위한 뇌과학

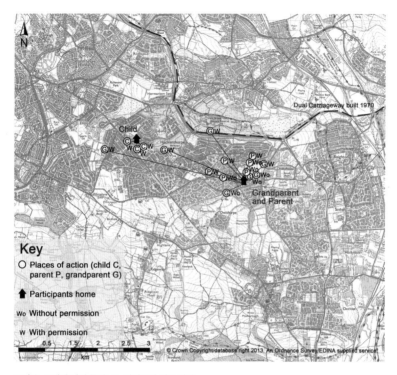

그림 3 3대에 걸쳐 줄어드는 아이들의 행동 반경.

1980년대에 아이였고, 집에서 500미터 떨어진 곳에 있는 상점에 혼자 가도 좋다는 허락을 받았다. 반면 열 살이 된 할머니의 손자가 혼자 가장 멀리까지 간 곳은 길을 따라 100미터 거리에 있는 친구의 집이었다. 이 가족의 경우 행동권(일정 지역에 서식하는 동물이 행동하는 범위-옮긴이)이 단 3세대 만에 30분의 1로 감소했다.[8] 이것은 꽤나 큰 변화이지만, 특별하지는 않다. 조부모 세대와 비교할 때 오늘날의 아이들은 탐험을 하거나 야외에 가는 경우가 줄었고, 더 적은 집단에서 아이들을 사귀며, 대부분 감시당한다. 아이들의 공간 생활은 아이들에 맞게 조정되며, 대부분 아이들이 사는 집의 실내에 집중된다.

어떻게 이러한 변화가 일어났을까? 크게 두 가지 요인이 관련이 있는 것으로 보인다. 첫 번째는 누가 봐도 명백하다. 교통 문제이다. 지나치게 많은 자동차가 거리에 나와 있고, 지나치게 많은 운전자들이 빠른 속도로 부주의하게 운전한다. 1950년 이후 영국의 교통량은 열 배가 늘었다.[9] 막다른 골목에 살지 않는다면 집 밖에 나가 노는 것은 더 이상 선택지가 될 수 없고, 부모들은 아이들이 길을 건너서 놀러 가는 것을 허락하지 않는다. 길을 건너다가 자동차 사고로 사망한 아이들의 수는 교통량이 많아지면서 실제로는 줄어들었다. 하지만 이것은 거리가 안전해졌기 때문이 아니다. 더 이상 거리에 아이들이 없기 때문이다.

도로 안전은 아이들의 이동의 자유를 위한 매우 중요하면서도 현실적인 문제이다. 이와는 대조적으로 이러한 행동 범위의 제약을 넘어서는 두 번째 주요 요인은 거의 전적으로 부모의 상상에 존재한다. '낯선 사람의 위협'(거리와 공원, 놀이터는 어린아이를 유괴하기 위해 기다리는 사람들로 가득하다는 발상)은 아이들이 집에 있을 때만 안전하다고 수많은 부모들을 설득했다. 최근 부모를 대상으로 한 국제적인 설문 조사에서 응답자의 절반가량이 그들의 가장 큰 관심사는 아동 학대자로 인한 위협이라고 응답했고, 그 수치는 약 60퍼센트(스페인)에서 약 30퍼센트(스웨덴, 중국, 네덜란드) 사이였다.[10] 이러한 유형의 불안은 대개 아동 유괴, 성희롱, 살인 등 소수의 끔찍한 사건이 지나치게 많이 다뤄지면서 증폭된다. 영국 사람 거의 모두가 알고 있는 매들린 맥캔 실종 사

길 잃은 사피엔스를 위한 뇌과학

건, 밀리 다울러 유괴살해 사건, 제시카 채프먼 실종살해 사건과, 미국에서 일어난 애덤 월시 실종살해 사건, 제이시 두가드 유괴 사건, 엘리자베스 스마트 유괴 사건 등이 그러한 경우이다.

그러한 사건이 벌어지면 나타나는 언론의 강박적 반응은 실제의 위협을 과장한다. 2016년 잉글랜드와 웨일스에서 낯선 사람에게 살해당한 16세 이하의 아이들은 단 네 명이었다. 지난 20년 동안 아홉 명을 넘은 해가 없으며, 사건이 발생하지 않았거나 단 한 건이 발생한 경우도 여러 해 있었다.[11] 낯선 이에게 느끼는 두려움이 아이들의 자유에 미치는 충격을 고려하면, 그러한 두려움에 대하여 균형 잡힌 시각을 갖는 것이 중요하다. 진실은 냉혹하게도 아이들이 아는 사람, 특히 부모나 양부모에게 살해당하거나 상해를 입을 위험이 훨씬 크다는 것이다. 뉴햄프셔 대학교에 있는 아동대상범죄연구센터 소장 데이비드 핀켈호어David Finkelhor는 낯선 사람에게 납치되는 경우는 미국 전체에서 실종된 아이들의 0.01퍼센트에 불과하며, 아동을 대상으로 폭행, 유괴 등 중범죄를 저지른 전체 수치는 1990년대 초 이후 상당히 줄어들었을 것으로 예측한다.[12] 이러한 모든 데이터가 보여주는 것은 교통사고를 제외하면, 아이들이 느긋하게 거리를 돌아다닌다 해도 부모나 조부모가 겪었던 것보다 더 많이 위험하지 않다는 것이다.

이러한 현실에도 불구하고 미국의 일부 지역에서는 아이들이 자율적으로 돌아다니는 것을 문화적으로 받아들일 수 없게 된 듯하다. 경찰은 부모가 아이들을 학교까지 걸어가게 하거나, 공원에서 놀게 하거나, 자동차에 혼자 있게 했을 때, '경미한 부상을 입을 위험을 감수하게 했다.'는 혐의로 부모를 체포하여 기소했다. 이러한 통념과는 대조적으로, 유타주는 2018년에 혼자 뭔가 하는 것이 아이들이 자립심을 키우는 데 도움이 된다는 것을 인정하여, 공식적으로 '자유 육아'를 선택하는 사람들을 보호하는 법을 통과시켰다. 이것은 좋은 소식이지만, 아이들이 늘 해왔던 탐험을 할 수 있도록 법을 만들어야 한다는 사실은 놀랍게 보인다.

일부에서는 오늘날 아이들을 구속하는 것은 번잡한 도로나 범죄에 대한 과도한 두려움이 아니라 디지털 기술과 소셜 미디어라고 한다. 태블릿에서 메신저 앱으로 친구와 잡담을 하거나 스냅챗snapchat으로 셀카를 공유하면서 놀 수 있는데 왜 아이들이 밖으로 나가겠는가? 대부분의 경우 아이들은 조부모들이 거리나 공원에서 했던 것을 온라인에서 한다. 부모가 볼 수 없고 들을 수 없는 곳에서 시간을 보내는 것이다. 하지만 디지털 공간에서 그러한 결정을 내리는 것이 늘 그들의 몫은 아니다. 2009년 25개국의 7~12세 아동 3000명을 대상으로 한 설문 조사에서 대다수가 다른 곳에 가기보다는 밖에서 놀겠다고 답했고, 90퍼센트에 이르는 아이들이 인터넷을 하는 것보다 친구와 노는 것이 좋다고 말했다.[13] 많은 경우 아이들에겐 선택권이 없다. 우리가 아이들끼리 직접 만나기 어렵게 했고, 아이들은 차선책을 받아들인 것이다. 결코 놀라운 일이 아니다.

외부 세계와 단절되어 있다는 것은 아이들이 좋은 기회를 놓치고 있다는 뜻이라 해도 과언이 아니다. 어느 정도까지는 온라인에서 사람들을 사귀고, 탐험을 하고, 자유롭게 돌아다닐 수 있을지 모른다. 하지만

길 잃은 사피엔스를 위한 뇌과학

우리가 아무리 교양 있는 존재라 할지라도 여전히 공간적 존재이며, 여기저기 돌아다니도록 진화했다. 크기를 가늠하거나, 문을 두드리는 것처럼 물리적인 세계와의 관계 속에서 배워나갈 수밖에 없는 것들이 있다. 그러한 학습을 가장 호기심이 많고 제약이 적은 어린 시절에 하지 못한다면, 더는 기회를 얻지 못할 수도 있다.

자유 놀이에서 배울 수 있는 것

정해진 틀이 없고 자율적인 (아이들의 타고난 탐험 욕구를 충족해주는) 놀이 시간에는 얻을 수 있지만, 공간적으로 제약이 있고 어른들이 감독하는 곳에서는 얻을 수 없는 것은 무엇일까? 다윈주의자의 관점에서 아동 발달을 연구하고 있으며 오랫동안 현대 교육체계를 비판해온 미국의 심리학자 피터 그레이Peter Gray는 아이들이 놀이를 통해 배우는 것을 가르칠 다른 방법은 없다고 믿는다. 그는 저서 《언스쿨링》에 이렇게 썼다.

자유롭게 놀지 못한다고 해서 음식이나 공기, 물이 없을 때처럼 목숨을 잃는 것은 아니겠지만, 영혼을 파괴하여 정신의 성장을 저해할 수 있다. 자유 놀이는 아이들이 친구를 사귀고, 두려움을 이겨내고, 자신의 문제를 해결하는, 일반적으로 말해 자신의 삶을 통제하는 수단이다…… 우리가 무엇을 하든, 아무리 많은 장난감을 사주고, 함께 '좋은 시간'을 보내거나 특별한

교육을 시켜준다 해도 아이들의 빼앗긴 자유를 보상할 수는 없다.[14]

예상했을지도 모르지만 '자유 놀이free play'가 가르쳐주는 것은 공간을 지각하고 그 공간에서 움직일 수 있는 자신감이다. 이는 길을 찾아내 이동하는 데 필수적인 능력이다. 심리학자들은 자유롭게 돌아다녀도 된다는 허락을 받은 아이들이 주변 환경을 지각하는 능력과 방향 감각이 좋다는 여러 단서를 수집해왔다.[15] (이것은 시골에서 자란 사람들이 도시에서 자란 사람들보다 길을 잘 찾는 이유일 수도 있다.)[16] 어느 연구에서는 8~9세의 아이들 중 정기적으로 자전거를 타고 마을을 돌아다닌 아이들이 그렇지 않은 아이들보다 마을을 훨씬 자세하게 스케치했다는 결과가 나왔고, 이는 나이에 비해서 공간 인지 능력이 높은 수준이라는 사실을 나타내고 있다.[17] 혼자 등교하는 8~11세의 아이들이 어른과 함께 등교하거나 자동차를 타고 등교하는 아이들보다 자신이 사는 지역의 지도를 더 정확하게 그린다는 결과를 보여준 연구도 있다.[18] 이것은 능동적인 학습과 수동적인 학습의 차이다. 어디를 가든 자동차로 데려다준 아이들은 스스로 결정을 내리거나 직접 지도를 그릴 기회를 결코 얻을 수 없을 것이다. 그런 아이들은 탐험가가 되는 것을 그만둔다.

공간을 인지하고 길을 찾는 능력은 자기 확신self-assurance에 큰 영향을 받는다. 낯선 장소에서 길을 찾는 것이 불안하다면 길을 잃을 확률은 높아진다. 왜냐하면 불안은 의사 결정에 큰 혼란을 더하기 때문이다(그 이유는 8장에서 알아볼 것이다). 내가 익숙하지 않은 무언가에 자

길 잃은 사피엔스를 위한 뇌과학

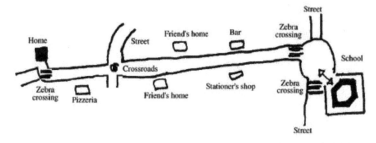

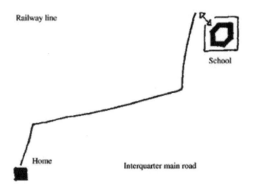

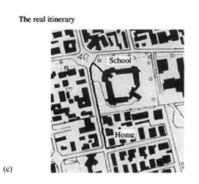

그림 4 혼자 힘으로 등교한 10세 소년이 그린 지도(맨 위)와, 어른이 태워준 차를 타고 등교한 10세 소년이 그린 지도(가운데). 맨 아래 사진은 실제 지도이다.

신감을 갖는 것 역시 어렵다. 어린 시절 내가 사는 집 너머의 세상으로 가는 길을 완벽히 찾을 수 있다면 어디서든 길을 찾을 수 있고, 미지의 지역에서도 살아남을 수 있다는 것을 알게 된다. 이러한 것은 어린 시절에 가장 잘 배울 수 있다. 점점 나이가 들어 위험을 회피할수록 시작하기가 어려워지기 때문이다.

자유 놀이는 우리가 길을 찾을 때 공간적 불안에 시달리지 않고 길을 능숙하게 찾게 해줄 가능성이 크다. 어린 시절 매우 제한된 행동 범위 안에서 살았던 사람들은 어른이 되면 길을 찾는 데 불안감을 느낀다.[19] 이것은 특히 여자아이들과 관련이 있다. 여러 가지 이유로 부모들은 아들보다는 딸의 이동의 자유를 제한하는 경우가 많다(뉴잉글랜드에서 수행된 로저 하트의 연구 결과에 따르면, 남자아이가 여자아이보다 두 배 먼 곳까지 돌아다녔다).[20] 늘 이런 식이었고, 대개 여자아이들의 안전을 걱정하는 마음에서 비롯된 것이다. 하지만 6장에서 보겠지만 이것은 여자아이가 성장하여 세상을 경험하는 방식과 전반적인 공간 능력에 큰 타격을 주었을 것이고, 이는 여성의 후반기 삶의 기회에 영향을 미친다.

길 잃은 아이들이 더 숨어버리는 이유

에드 코넬은 길 잃은 아이들의 행동을 조사하기 시작한 지 얼마 지나지 않아 아이들은 서너 살 이전에는 길을 잃는다는 것에 대한 개념

길 잃은 사피엔스를 위한 뇌과학

이 없다는 놀라운 깨달음을 얻게 되었다. 아이들이 생각하는 것은 오로지 '엄마 어디 있어?'뿐이다. "아이들을 찾아내면 아이들은 꼭 저렇게 말합니다."라고 코넬은 말한다. "아이들은 공간 감각으로 길을 잃었다고 생각하는 것이 아닙니다. 아이들은 사회적 맥락만 생각합니다. 엄마, 형제, 자매처럼 말이죠." 아이들은 어디로 가고 있는지에 크게 신경 쓰지 않는다. 이로 인해 아이들이 용감한 탐험가가 될 수도 있지만 위험해질 수도 있다. 영아와 유아는 기꺼이 동물을 따라 숲으로 들어가거나, 흥미로운 볼거리나 소리를 따라가느라 가던 길을 벗어난다. 뒤를 돌아보거나 어떻게 되돌아올 것인지 생각해보지도 않고서 말이다.

캠프장에서 실종된 아홉 살 소년에 관해 전화를 받고 나서 얼마 후 캐나다 경찰이 코넬과 헤스에게 베란다에서 나와 돌아다녔던 어떤 아이에 관해 질문을 했다. 놀랍게도 그 소년은 거의 800미터가량 떨어진 트랙터 대리점에서 번쩍이는 새 기계를 관찰하고 있었다. 소년은 집으로 돌아가야 하는 것이 영 내키지 않았다. 소년의 어머니는 소년이 어떻게 거기까지 가게 되었는지 알고 싶어 했다. 그래서 다음 날 코넬과 헤스는 소년에게 어제 갔던 길을 다시 한번 가달라고 부탁했다. 소년은 앞장서서, 인도를 따라 흙더미를 넘고 울타리 밑 구멍을 지나 그네 몇 개가 있는 곳으로 갔다. 그곳에서 잠시 머무르는가 싶더니 작은 공원을 가로질러 트랙터 대리점으로 갔다. 소년은 그곳에 가려는 생각은 없었지만, 어쩌다 보니 가게 되었고 그곳이 매우 마음에 들었다. 소년은 공간 능력이 커졌을 것이 틀림없다. 코넬이 지적한 것처럼, '탐험이라는 예측 불가능하고 엉뚱한 행위는 대개 길 찾는 능력으로 연결되

기 때문이다.'

가끔이라도 겁 없이 여기저기 떠돌아다니던 시절로 되돌아갈 수 있다면 얼마나 좋을까. 아니나 다를까 그런 기능을 제공하는 앱이 있다.* 19세기에는 목적 없이 배회하는 것이 목표인 산책자flaneurs가 있었다. 스스로 심리지리학자라고 칭하는 현대판 산책자들이 즐겨 하는 것도 도시를 떠돌아다니며 그러한 경험이 자신들에게 어떤 영향을 미치는지 관찰하는 것이 고작이다. 미지의 존재와 우리의 관계에 대한 축하라고 할 수 있는《길 잃기 안내서》의 저자 리베카 솔닛은 이처럼 의도적으로 길을 잃는 것에 대해 이렇게 설명한다. 길을 잃는다는 것은 "온전히 존재하는 것이며, 온전히 존재하는 것은 불확실하고 미스터리한 상태로 존재할 수 있는 것이다…… 그것은 의식적인 선택이며, 자신이 선택한 투항이자, 지리를 매개로 성취할 수 있는 심리 상태이다."[21]

이는 유아기와 아주 유사하게 들린다. 우리는 아이들이 이 시기를 활용할 수 있도록 응원해야 한다. 아이들이 공간에서 자신을 하나의 대상으로 감지하기 시작하는 네 살 무렵에 이러한 구속을 받지 않는 시기가 막을 내리기 때문이다. 아이들이라는 존재를 둘러싼 배경이 사회에서 공간으로 이동한다. 나는 이 방에 있고, 이 방은 이 건물에 있고, 이 건물은 내가 사는 동네에 있고, 내가 사는 동네는 이 도시 안에 있다. 이 시점에서 아이들은 길을 잃는다는 것의 의미를 지각하게 되

---

* 세렌디피터Serendipitor라는 앱을 사용해보라. 예상치 못한 우회로를 알려주는 내비게이션 도구이다. 그리고 드리프트Drift라는 앱은 낯익은 장소에서 길을 잃도록 설계되었다.

길 잃은 사피엔스를 위한 뇌과학

고, 길을 잃는 것에 대하여 어마어마한 두려움을 느낀다. 100여 년 전에 있었던 설문 조사들은 아이들이 대담하게 자연에 뛰어들 때 가장 두려워하는 것은 길을 잃는 것이라는 사실을 보여준다.[22] 코넬의 동료이자 길 잃은 사람의 행동에 관한 최고 전문가인 케네스 힐Kenneth Hill은 수색 및 구조 책임자에게 이러한 조언을 하고 있다.

대략 네 살이 넘은 아이들에게 길을 잃는 두려움은 다른 여러 두려움에 의해 더 커지며, 결과적으로 아이는 공포에 질려 몸이 말을 듣지 않는 상태에까지 이르게 된다. 길을 잃은 아이들은 수색대를 피해 몸을 숨기고, 자신을 부르는 소리를 못 들은 척하고, 헬리콥터가 날아오는 것을 보고 놀라서 자리에서 꼼짝하지 못한다. 흔히들 생각하는 것처럼 낯선 사람을 보면 피하라고 배웠기 때문만은 아니다. 그러한 상황에서 모든 낯선 자극은 공포의 원인이 되기 때문이다.[23]

힐은 실종된 지 사흘이 지나 사망했을 것이라고 여겨졌던 네 살짜리 소년을 인터뷰한 적이 있다. 그 소년은 안전한 곳으로 기어들어가 날씨가 좋아질 때까지 나오지 않았다. 좀 더 일찍 밖으로 나오지 않은 이유를 묻자, 소년은 '한밤중에 외눈박이 괴물들이 내 이름을 부르는 것을 보았기 때문'이라고 했다. 소년은 전조등을 머리에 단 수색대원들을 피해 숨었던 것이었다. 아이들은 세상을 다르게 바라본다. 그리고 낯선 장소는 불확실한 것으로 가득하다. 하지만 아이들은 계속해서 그곳에 간다. 아이들도 어쩔 수 없는 일이다.

사라지는 모험 본능

아이들의 뇌가 발달하고, 인지 기능이 좋아지고 행동 범위가 넓어지면서, 아이들이 지각하는 공간과 길을 찾는 능력도 갈수록 커진다. 아이들은 점점 다양한 관점으로 대상을 상상하고, 장소를 구별하고, 랜드마크를 식별하고, 위치를 파악하고, 경로를 기억하고, 그리하여 훗날 서로 다른 경로가 어떻게 관계를 맺는지 깨닫게 된다.

스위스의 심리학자 장 피아제가 이끌었던 아동 발달의 전통적인 관점에서 공간의 지각은 단계적으로 나타난다. 예를 들자면, 아이들은 랜드마크가 무엇인지 이해해야만 지름길을 선택할 수 있다. 그리고 일곱 살 전에는 자신이 아는 장소가 아닌 곳에서는 어떠한 장면도 상상하지 못한다.[24] 일부 학자들은 그 과정이 몹시 유동적이라고 믿는다. 그들은 많은 다섯 살짜리 아이들이 항공사진을 보고 그것이 무엇을 나타내고 있는지 이해할 수 있고, 주변에 있는 것을 추상적인 모형(이를테면 레고 마을)으로 만들 수 있다는 사실을 지적한다. 이것은 아이들의 관점이 자기중심적이기만 하다면 할 수 없는 것이다.[25] 이러한 관점에 따르자면 아이들은 타고난 탐험가이자 지리학자이다.

현실 세계에서 아이들이 어떻게 행동하는지 연구하는 심리학자들이 관찰한 바에 따르면, 일곱 살 소녀는 이해하지 못하지만 열 살 소녀는 이해할 수 있는 것이 있다. 예를 들어 1957년 심리학자 테렌스 리Terence Lee는 데번주의 시골에 사는 6, 7세의 아이들을 대상으로 한 조사에서, 버스를 타고 등교하는 아이들은 정서적으로나 사회적으로 학교

길 잃은 사피엔스를 위한 뇌과학

생활에 적응하는 데 어려움이 있었지만, 걸어서 학교에 가는 학생들은 그러한 문제가 발생하지 않았다고 보고했다. 그의 가설은 (이후 그 가설을 뒷받침하는 단서가 나타났다[26]), 그 나이의 아이들은 버스를 타고 가는 등굣길을, 자신이 바라본 세상의 공간적인 재현(내면적 그림)에 포함시키지 못한다는 것이었다. 학교와 집 사이의 연결이 단절되어 있기에, 그 결과 아이는 자신이 엄마와 얼마나 멀리 떨어져 있는지 가늠할 수 없다.[27]

그러나 피아제주의자들조차 나이가 공간 능력의 유일한 결정 요소라는 의견에 동의하지 않는다. 13세 아이들은 길을 능숙하게 찾는 데 필요한 모든 인지적 속성을 지니고 있지만, 길을 더 잘 찾는 아이들도 있고, 그렇지 않은 아이들도 있다. 부모의 양육 태도, 이동의 자유, 인지적 차이, 삶의 경험 등이 영향을 미치고, 그 영향력의 정도는 약해지지 않는다. 우리가 모두 탐험가로 태어날지 모르지만, 계속 탐험가로 사는 사람은 없다. 어린 시절의 본성을 억제하고, 반복적인 일상에 빠져, 늘 선택하는 경로에서 벗어나지 않게 된다. 캐나다 심리학자들의 최근 연구에 따르면 여덟 살 아이들 가운데 84퍼센트가 주변 환경을 속속들이 파악하여 심적 지도를 그려 길을 찾는, 대부분의 길을 잘 찾는 성인들이 사용하는 이른바 '공간' 전략을 사용한다. 이것의 대안은 조금 더 폐쇄적인 '자기중심'적 전략으로, 일련의 단계를 학습하고 따라하는 과정을 수반한다. 20대의 49퍼센트만이 여전히 공간 접근법을 사용하고 있으며 60대는 39퍼센트가 사용하고 있다.[28] 우리는 모두 처음에는 자유롭게 돌아다니지만, 결국 대부분 직선이면서 좁은 길을 걷게 된다. 인생은 우리의 날개를 잘라버리는 방법을 알고 있다.

핀란드 아이들의 길 찾기 능력

행동 범위를 제한하는 것이 아이들의 공간 능력과 길 찾는 능력에 어느 정도 영향을 미치는지는 알기 어렵지만, 건강한 발달에는 자유로운 이동이 매우 중요하므로 그 영향력은 상당할 것이다. 도로 위를 달리는 자동차가 계속해서 늘어나고, 낯선 사람에 대한 부모의 두려움(아무리 근거가 없다 하지만)을 떨쳐내기 어려우니, 우리가 아이들의 탐험심을 키워주기 위해 할 수 있는 일은 없는 것일까?

1970년대 뉴잉글랜드 연구에서 아이들의 지름길 선호에 관해 많은 사실을 밝혀냈던 로저 하트는 2002년 뉴욕 당국을 위한 몇 가지 조언을 발표했다. 전 세계의 도시와 마찬가지로 뉴욕은 야외에서 안전하게 놀 만한 곳이 거의 없는, 아이들에게 불친절한 도시가 되어가고 있었다. 시 당국의 대응은 더 많은 놀이터를 짓는 것이었다. 아이들이 환경과 관계를 맺는 방법에 관한 전문가인 하트는 이러한 정책에 대하여, 놀이터는 아이들이 갈망하는 자발성을 거부하는 환경에 속한다며 강력하게 반대했다. 하트는 "놀이터는 아이들의 복잡한 발달 욕구를 만족시키지 못할 뿐 아니라, 아이들이 속한 공동체의 일상에서 아이들을 분리시키는 경우가 많습니다. 공동체와 관계를 맺는 것은 시민사회의 발전에 필수적입니다. 우리가 해야 할 일은 …… 차별적인 놀이터를

길 잃은 사피엔스를 위한 뇌과학

더 많이 짓는 것이 아니라, 집 가까운 곳에서 자유롭게 놀기를 좋아하는 아이들의 취향에 맞춰 아이들을 위한 안전하고 친절한 환경을 더 많이 조성하는 것입니다."라고 썼다.[29]

뉴욕시의 담당 공무원들은 하트의 경고를 무시했을지 모르겠지만, 다른 지역의 주민들은 무시하지 않았다. 세계 여러 도시의 지역단체와 시민 조직은 아이들이 밖에 나와 놀 수 있도록 정기적으로 거리를 통제하는 행사를 마련했다. 영국에서는 플레이 잉글랜드Play England와 플레잉 아웃Playing Out 같은 지역 자선단체와 사회운동 단체가 지역 당국과 협력하여 500여 곳 이상의 거리를 정기적으로 통제하는 것을 돕고 있다.[30] 이러한 기획은 아이들에게 엄청난 인기를 끌고 있다. 브리스톨 대학교 연구원들이 그와 같은 프로젝트에 대한 설문 조사를 했는데, 한 소녀는 "그저 행복하다는 생각 말고 다른 생각은 전혀 할 필요가 없는 순간이었다."고 표현했다. 또 다른 소녀는 이렇게 말했다. "마음껏 달리고, 하고 싶은 것만 할 수 있고, 그 무엇도 나를 아프게 하지 않는 곳을 발견한 것 같아서 기뻐요. 여기서는 계속 주위를 살피고 방향을 바꾸지 않아도 되니까요."[31]

거리에서 놀기 이벤트는 공간 발달에 미친 영향과 아이들이 행복해졌다는 사실 외에도 또 다른 이점이 있다. 가장 뚜렷한 것은 그러한 이벤트 덕분에 아이들이 많이 움직여 과체중이 되는 경우가 줄어들었다는 것이다. 같은 동네에 살지만 몰랐던 아이들을 알게 되고, 밖에 나가서 놀게 되는 사회적 효과도 있다.

핀란드의 공식 학교교육은 일곱 살에 시작하며, 대다수의 유치원은

그림 5 뉴욕의 플레이 스트리트.

자유 놀이를 추구한다. 이 말은 4~6세의 핀란드 아이들은 진흙탕에 나뒹굴고, 아이들이 직접 생각해낸 상상놀이(가짜 아이스크림을 파는 놀이가 가장 인기가 많은 것 같다)를 하며 많은 시간을 보낸다는 뜻이다. 핀란드 교육자들은 문제 해결, 사회성, 충동 조절, 인지 유연성 등은 비체계적인 놀이를 통해 가장 효율적으로 학습되고, 즐겁게 학습할 때 가장 잘 기억된다고 믿는다.[32] 핀란드 이외의 나라에서는 발도르프-슈타이너와 몬테소리 체계를 따르는 일부 자유로운 독립학교에서, 다른 학교에서는 보편적이라 할 수 있는 시험 위주의 교육 대신 탐험과 공간지각, 자기주도 학습을 권장하는 핀란드와 유사한 접근법을 따른다. 자유 놀이가 아이들의 발달을 돕는다는 발상은 단지 희망 사항인 것

길 잃은 사피엔스를 위한 뇌과학

만은 아니다. 그것은 결과로 증명된다. 다수의 핀란드 아이들은 여섯 살이 될 때까지 읽는 법을 배우지 않지만, 15세 때의 수학과 과학, 읽기 성적은 꾸준히 세계 최고를 차지하고 있다. 최근 한 연구에서도 핀란드인들의 길 찾는 능력이 가장 뛰어났고,[33] 이는 우연의 일치가 아닐 것이다.

최고의 훈련

우리 가운데 많은 사람들은 자유롭게 돌아다니며 성장한 어린 시절이 어땠을지 상상하기 어렵다. 나는 이 문제에 대해 아주 잘 아는 사람을 만나게 되었다. 빅터 그렉Victor Gregg은 제2차 세계대전 때 최전방 부대에서 소총수로 복무했고, 이 글을 썼을 당시 나이가 100세였다. 그는 런던의 킹스크로스에서 성장했다. 그곳에서 청춘의 대부분을 친구들과 거리를 쏘다니며 보냈다. 그의 회고록《킹스크로스 아이들King's Cross Kid》[34]에서 묘사한 것처럼, 예닐곱 살 때 어머니의 심부름을 하기 위해 집에서 몇 킬로미터 떨어진 코번트가든이나 스미스필드에 가서, '적대적인' 해크니나 쇼어디치를 지나 빌링스게이트에서 생선 몇 마리를 슬쩍하는 모험을 감수하거나, 박물관을 탐험하기 위해 사우스켄싱턴을 향해 서쪽으로 가는 것은 아무 일도 아니었다. "어머니는 우리에게 잼 샌드위치 두 개를 만들어주시며, 가는 길에 있는 사탕가게에서 사탕을 살 동전까지 한 닢씩 챙겨주셨다. 옛날에는 쥐가 들끓어 아이들을 집에서 내보냈다."고 그는 썼다. 그렉의 손자와 증손자가 목적지까지 보호자 없이 다닐 수 있는 건 두말할 필요도 없을 것이다.

유년시절을 보내며 그렉은 공간과 관련해서 자신감이 넘쳤고, 모르는 장소를 찾아가는 것을 두려워하지 않았다. 이런 자신감은 리비아사막에 파병되었던 그렉이 전쟁을 치르는 동안 많은 도움이 되었다. 그렉이 2년 동안 이탈리아 육군과 롬멜의 아프리카 군단Afrika Korps과 싸움을 벌이고 있었을 당시, 장거리 사막 수색대Long Range Desert Group의 구급차 운전병으로 파견 근무를 하게 되었다. 장거리 사막 수색대는 비밀정찰대이자 전투부대로 나일강과 튀니지산맥 사이에 있는 사막을 수천 킬로미터 가로질러 적진의 배후에서 작전을 벌였다. 그의 임무는 부상병을 LRDG 기지로 수송하는 것이었는데, 대개 왕복 2, 3일 동안 나침반과 지도 뭉치, 북극성을 길잡이 삼아 쉐보레 트럭을 타고 모래밭을 가로질렀다. 생각보다 쉬운 일이었다고 그는 말한다. 사막은 무엇을 찾아야 하는지 안다면(평행한 모래 언덕과 봉분, 앞서 지나간 여행자의 흔적 등) 유용한 특징으로 가득하다. "북쪽으로 가면 지중해가 나오고, 남쪽으로 가면 대모래바다Great Sand Sea를 마주하게 됩니다. 동쪽은 집으로 가는 길이고, 서쪽으로 가면 독일군을 만나게 됩니다." 그는 자신에게 길 찾는 재능이 있다는 것을 인정하지 않는다. 그러나 그는 누구나 받고 싶어 하는 최고의 훈련을 받았다. 그것은 자유로이 돌아다녔던 어린 시절이었다.

길 잃은 사피엔스를 위한 뇌과학

탐사하기, 조사하기, 세상을 배우기

1996년 에드 코넬은 실종된 아이의 수색을 지휘하는 어느 경찰관의 전화를 받았다. 그때 에드 코넬과 도널드 헤스는 어린아이들의 돌아다니는 행동 패턴에 관한 연구를 발표했었다. 이 연구는 최대 이동 거리에 대한 연구 결과는 물론이고, 걷는 속도, 이동 가능성이 높은 방향을 비롯한 아이의 경로를 예측하는 데 사용될 수 있는 여러 변수를 다루고 있었다. 코넬은 실종된 아이들을 발견할 가능성이 그들이 연구를 시작했을 때보다 상당히 커졌다고 생각했다. 그렇긴 하지만 코넬은 최악의 경우에 대비했다. 그들이 처음 연구를 시작하게 했던 아홉 살짜리 실종 아동을 여전히 찾지 못하고 있었다. 그 사건은 여전히 마음을 아프게 했다. 가족을 떠나버린 아이의 죽음이 유독 비극적인 이유는 아이들은 그저 타고난 행동을 했을 뿐이었기 때문이다. 탐사하기, 조사하기, 세상을 배우기.

하지만 경찰관이 희소식을 전해주었다. 구조대가 코넬과 헤스가 발표한 자료를 이용하여 방금 실종된 네 살짜리 소년을 발견했다고 말했다. 게다가 구조대가 아이를 발견했을 때 아이는 저체온증으로 죽기 일보직전이었다고 했다. 그들의 연구가 아이의 생명을 구했던 것이었다. "가슴이 벅차올랐습니다. 머리를 한 대 맞은 것 같았지요. 학계에 있으면서 그런 기분은 처음 느끼는 것이었어요." 코넬이 말했다.

이 장에서 우리는 아이들은 탐험하려는 기질을 타고나며, 이러한 기질이 제대로 발달한다면 성인이 되었을 때 자신감 있게 길을 찾는다는 사실을 알게 되었다. 이제 우리는 어떻게 해서 그런 일이 일어나는지 알아내기 위해 뇌의 작용을 깊게 알아볼 것이다. 신경은 어떤 마법을 통해서 우리가 길을 찾을 수 있게 하고, 경로를 기억하게 하고, 장소에 대한 감각을 키워주는 것일까? 최근 신경과학자들은 우리의 뇌가 주변에 대한 '인지 지도'를 형성하도록 해주는, 전문화된 다수의 세포를 발견했다. 이들 세포가 하는 일은 대부분 알려지지 않았지만, 놀라운 일을 하는 것만큼은 분명하다. 그 세포가 없었다면 우리는 영원히 길을 찾지 못했을 것이다.

　　　　　　　　　　　　　　길 잃은 사피엔스를 위한 뇌과학

3장

길을 걸을 때
우리 뇌에서 벌어지는 일

낯선 도시를 돌아다니는 우리의 뇌에서는

무슨 일이 벌어지고 있는 것일까?

처음에는 생경했던 곳이

어떻게 내 집처럼 친숙해지는 것일까?

오랫동안 쥐의 뇌를 들여다보는 신경과학 연구실의 오늘의 메뉴(연구원이 아니라 쥐가 먹을)는 초콜릿 향 시리얼이다. 연구원들이 쥐를 유인해서 뭔가 선택하게 했을 때, 쥐가 시리얼을 향해 발을 내밀었던 것이다. 배고픈 쥐는 말을 잘 듣는다. 하지만 한 가지 예외가 있다.

쥐는 처음 가보는 장소에서는 무슨 수를 써도 먹으려고 하지 않는다. 호기심과 겁이 많아서 배를 채우는 것보다는 주변을 살피는 데 관심이 많다. 벽에 가까이 붙어 이따금씩 빈 공간을 재빨리 기웃거리면서 코를 킁킁대며 낯선 공간을 살핀다. 스틸링 대학교의 행동신경과학자 폴 더드첸코Paul Dudchenko는 동물이 공간을 학습하는 방법에 관심이 많아 미로 안의 쥐를 오랫동안 관찰했다. "쥐는 새것 혐오증neophobia이 있습니다. 낯선 것을 두려워하지요. 하지만 쥐를 낯선 환경에 집어넣으면(우리가 늘 하는 일이지요), 쥐는 기다렸다는 듯이 그곳을 탐험합니다.

아주 전형적인 방법으로 전체 공간을 모두 살필 때까지, 그래서 그 장소에 대해 알게 될 때까지 탐험을 합니다."

여기까지는 쥐에게 뭔가 주목할 만한 것은 없다. 거의 모든 포유동물이 낯선 장소에서 똑같이 행동한다. 고양이를 키운다면, 고양이를 친구 집에 데려가서, 고양이가 안정을 되찾아 무언가를 먹기 전까지 낯선 공간을 어떻게 살피는지 관찰해보라. 인간 역시 미지의 세계에 적응을 한다. 아이들은 지칠 줄 모르는 탐험가들이다. 물론 허락을 받은 경우에 한해서 말이다. 낯선 장소를 알아가는 것은 인간을 비롯한 여러 동물에게 매우 중요해 보인다.

어떻게 이러한 일이 일어나는 것일까? 미로의 길을 익히는 쥐의 뇌나, 낯선 도시를 돌아다니는 우리의 뇌에서는 무슨 일이 벌어지고 있는 것일까? 처음에는 생경했던 곳이 어떻게 내 집처럼 친숙해지는 것일까? 이러한 질문은 수십 년 동안 신경과학자와 심리학자를 사로잡았지만, 1971년 유니버시티 칼리지 런던 해부학과의 존 오키프John O'Keefe와 조너선 도스트로프스키Jonathan Dostrovsky가 쥐의 뇌에서 이전에 봤던 것과는 다른 종류의 신경세포를 발견한 이후 더욱 두드러졌다.[1] 대다수의 신경세포, 즉 뉴런은 동물의 몸에서 나온 감각 정보에 반응하여 활성화(뉴런이 뇌의 다른 부분에 메시지를 보낸다는 뜻이다)된다. 이와는 대조적으로, 이들 세포는 그 동물이 어디에 있는지에 따라 반응하는 것처럼 보였고, 특정한 장소에서만 활성화되었다. 오키프는 이들을 위치 세포place cell라고 불렀고, 위치 세포가 존재하는 뇌의 부위(해마seahorse 모양의 구성물, 해마hippocampus라고 부른다)에서 쥐에게 주변 환경을 기억하여 길을 찾아내는 데 도움을 주는 공간기준 시스템을, 즉 '인지 지도cognitive map'를 제공한다는 사실을 알아냈다.

그 후 쥐의 뇌를 연구하는 신경과학자들은 공간에 특별한 관심이 있는 다른 유형의 뉴런 몇 가지를 발견했다. 그중에는 내가 어느 방향으로 가고 있는지 말해주는, 몸 안의 나침반과 같은 일을 하는 '머리방향 세포head-direction cell', 내가 있는 위치를 표시해주는 '격자 세포grid cell', 벽이나 경계선에 가까워지면 활동을 시작하는 '경계 세포boundary cell' 등이 있다. 어쨌든 다양한 유형의 공간 세포들(이들은 대부분 해마 가까운 곳에 살고 있다)이 함께 작용하여 지금 어디에 있는지, 그리고 결정적으로 어디에 있었는지 기억할 수 있게 해준다.

하지만 많은 연구원들이 설명한 것처럼, 이들 공간 세포가 수집한 정보가 쌓여 인지 지도가 된다면, 그것은 전통적인 의미의 지도는 아닐 것이다. 해마 영역에 구글 지도 같은 것이 있어서 우리가 가봤거나 기억하는 장소들을 보여주는 것이 아니기 때문이다. 장소와, 머리방향 세포, 격자 세포, 경계 세포 등을 비롯한 기타 공간 세포가 함께 작용하여 우리에게 외부 세계의 모습을 보여주고, 우리는 그 모습을 보고 기억에 남을 만한 행동을 하게 된다. 그 세포들이 없다면 어느 곳에서도 우리는 길을 찾지 못할 것이다. 하지만 그 세포들이 어떻게 작용하는 것인지, 어떤 형태로 기억에 기록을 남기는지는 여전히 수수께끼이다. 신경과학자들은 그 수수께끼를 풀고 싶어 한다.

위치를 기억하는 세포

공간 인지 연구(뇌가 어떻게 공간에 관한 지식을 획득하고 사용하는가)는 신경과학에서 가장 활발한 분야의 하나가 되었다. 여기에는 위치 세포를 40년 동안 연구한 존 오키프와, 격자 세포를 발견한 마이브리트 모세르May-Britt Moser와 에드바르 모세르Edvard Moser*에게 공동으로 주어진 2014년 노벨생리의학상이 일조했다. 격자 세포의 발견 역시 매우 복잡하고 기술적으로 까다로운 일이다.

건강한 사람의 뇌에 마이크로 전극을 삽입하는 데 필요한 윤리적인 승인을 얻기가 힘들기 때문에, 신경과학자들은 공간 뉴런에 관한 대다수의 연구에서 쥐나 생쥐를 이용했다. 이들의 뇌는 우리가 생각하는 것보다 인간의 뇌와 공통점이 많다. 인간의 머리카락만큼 가는 마이크로 전극을 연구하고자 하는 뇌의 부위에 정확히 위치시키는 데는 상당한 기술이 필요하다. 동물이 회복되면(며칠이 걸린다), 연구자들은 세포가 정보에 반응하여 그 세포가 속한 네트워크에 전달할 때 발생하는 '활동전위action potential'라는 개별적인 뉴런의 전위 변화를 측정할 수 있다. 바꿔 말하자면, 연구자들은 쥐가 세상과 상호작용하는 메인보드(뇌)를 볼 수 있는 창을 가지고 있다. 오키프가 처음으로 쥐의 해마에 위치 세포가 있다는 사실을 밝혀낸 이후, 다른 연구자들은 생쥐와 토끼, 박쥐, 원숭이를 비롯해서 치료의 일환으로 이미 뇌에 전극이

---

* 마이브리트 모세르와 에드바르드 모세르는 수상하기 전에 결혼하여, 지금도 함께 연구하고 있다.

길 잃은 사피엔스를 위한 뇌과학

삽입된 간질 환자에게 위치 세포가 있다는 사실을 밝혀냈다. 위치 세 포는 언제나 동일한 역할을 수행한다.

이러한 뉴런의 역할을 명확히 하기 위해 잠시 내가 쥐의 해마에 있 는 위치 세포라고 상상해보자. 지금부터 그 쥐를 롤랜드라고 부르기로 하자. 롤랜드가 한 번도 와본 적이 없는 작은 방에 들어간다. 그리고 코 를 킁킁거리며 냄새를 맡기 시작했을 때, 처음에는 아무 일도 일어나 지 않는다. 하지만 방 안의 특정한 지점에 가까이 가면 전압이 갑자기 치솟기 시작해서 롤랜드가 움직일 때까지 전압은 떨어지지 않는다. 롤 랜드가 그곳에 다시 올 때까지 그대로 기다린다. 그때 전압이 다시 상 승한다. 다른 위치 세포가 있는 해마 주변에서도 비슷한 일이 일어나 고 있다. 위치 세포마다 자신만의 상승 구역이 있으며, 이를 '장소 필 드place field'라고 한다.

몇 분 뒤에 롤랜드가 출입구를 통해 다른 방으로 서둘러 가버리면, 우리는 모든 것이 바뀌었다는 사실을 알게 된다. 장소 필드는 이동했 고, 다른 위치 세포의 장소 필드 역시 다른 곳으로 자리를 옮겼다. 그때 롤랜드가 세 번째 방에 들어가면 모든 것이 다시 한번 뒤섞이게 된다. 이 방에서는 위치 세포는 전혀 활성화되지 않는다. 이제 배가 고파진 롤랜드는 시리얼 생각이 간절해져 첫 번째 방으로 돌아온다. 이 방에 서는 장소 필드가 지난번 여기 있었을 때와 정확히 똑같은 상태이다. 규칙이 혼란스럽긴 하지만 롤랜드의 뇌에는 어느 정도 논리가 있다.

이를 과학적 언어로 말하자면 다음과 같을 것이다. 어떤 동물이 최 초로 어떤 공간에 들어가 그 공간을 탐험하면 해마에 있는 위치 세포들이 고유의 조합을 형성하여 활성화되고, 그 공간에 다시 들어갈 때마다 동일한 조합의 위치 세포가 전에 활성화되었던 그대로 재활성화된다. 이러한 패턴이 동물에게 이전에 그곳에 왔었다고 말해주는 인지 지도이다. 오키프는 1제곱미터 넓이의 상자 안에서 쥐 한 마리가 그 공간을 익숙하게 느끼는 데 대략 32개의 위치 세포들이 상자 안의 여러 위치에서 활성화되어야 한다는 사실을 발견했다. 어떤 동물이 한 공간을 자주 가서 동일한 순서로 일련의 위치 세포를 재활성화하면, 세포들 사이의 연결이 강화되어 기억이 더욱 확고해질 것이다. 위치 세포의 다양한 조합(지도)으로 다양한 공간을 나타낼 수 있다. 미로 안의 쥐를 오랜 시간 연구한 신경과학자들은 위치 세포들이 어떻게 활성화되는지 주의 깊게 보는 것만으로도 쥐의 위치를 센티미터 단위로 예측하는 뛰어난 능력을 보여주기도 한다.

그러나 인지 지도는 런던에 있는 왕립지리학회Royal Geographical Society의 기록보관소나 워싱턴 DC에 있는 국회도서관과는 다르다. 해마는 위치 세포의 발화 시퀀스에 관한 사본을 보관하고 있지는 않다. 발화 시퀀스는 동물이 관련된 공간에 있을 때만 다시 나타난다.* 뇌는 공간 기억을 어딘가에 저장해야 한다. 하지만 그곳의 위치가 어디인지, 어떤 형태로 저장되는지는 누구도 알 수 없다.

해마 안에 있는 위치 세포들은, 그들의 장소 필드와는 반대로 전혀 지도처럼 보이지는 않는다. 위치 세포들이 서로 인접해 있다고 해서

---

* 혹은, 앞으로 보게 되겠지만, 그곳에 가 있다고 생각하거나 그곳에 가 있는 꿈을 꾸고 있을 때.

길 잃은 사피엔스를 위한 뇌과학

반드시 그들의 위치가 인접해 있다는 것을 나타내는 것은 아니다. 그리고 뇌가 위치 세포에 장소 필드를 배정하는 방식은 전적으로 무작위인 것으로 보인다. 게다가 전체 배열은 동물이 새로운 방에 들어올 때마다 이리저리 흩어져버린다(신경과학자의 표현으로는 '재배치된다'). 위치 세포가 새로운 공간에서 어떻게 활동할 것인지, 혹은 그들의 장소 필드가 어디에 있을지 누구도 예측할 수 없다.

"위치 세포에 지형적 구조가 없다는 사실이 늘 저를 당황스럽게 했습니다."라고 존 오키프는 말한다. "저는 평생 해부학과에서 일했습니다. 신피질에서 특정 손가락을 나타내는 세포들은 인접한 손가락을 나타내는 세포들 옆에 나란히 있을 겁니다. 결국 지형학적인 측면을 나타내고 있는 것이죠. 하지만 그러한 지형학적인 측면이 없는 구조, 즉 어떤 위치 세포가 바로 옆을 나타내는 위치 세포와 멀리 떨어진 곳에 있다면, 그리고 그것을 지도로 여긴다면…… 그것은 지도가 아닙니다."

1998년 오키프의 동료였던 고故 로버트 뮬러는 쥐가 낯선 공간을 탐험할 때 위치 세포의 활동을 전기적으로 기록하여, 위치 세포가 어떤 위치를 나타낼 때 임의적인 속성이 있다는 것을 보여주었다. 그리고 쥐의 공간 기억을 사실상 소거하여 세포를 초기화한 다음, 같은 공간에 다시 집어넣고 동일한 방식으로 활성화되는지 관찰했다. 쥐는 다르게 행동했다. 쥐의 인지 지도(쥐의 위치 세포가 발화하는 패턴)는 첫 번째와 전혀 달랐다.[2] 이는 뇌가 위치를 나타내는 방식을 예측할 수 없다는 것뿐 아니라 그 방식이 미리 정해져 있는 것이 아니라는 것을 의미했다.[3] 이 배경에는 아마도 타당한 생물학적 근거가 있을지도 모르겠지만, 그 덕분에 해마를 하나의 지도로 보는 아이디어는 받아들이기가 어려워졌다.

오키프가 위치 세포를 발견한 이후, 인지 지도가 단지 공간 정보를 나타내는 것이 아니라는 사실이 명확해졌다. 쥐 한 마리가 경로를 따라 서둘러 달려가다가 황급히 되돌아온다면, 집으로 되돌아오는 여행의 인지 지도는 집을 떠나는 여행의 인지 지도와는 다르게 보일 것이다. 이 경우 인지 지도는 쥐가 지나갔던 길의 지형적인 측면만 기록하는 것이 아니라 동물이 이동한 방향도 기록한다. 앞으로 살펴보겠지만, 인지 지도는 동물의 경험을 다각도로 포착한다(길에 먹을 것이 있거나, 쥐가 길을 잘 아는 경우에도 지도는 다르게 보일 것이다). 우리는 인지 지도 없이는 살아남지 못하겠지만, 인지 지도가 정확히 무엇인지 아는 사람은 없다.

왜 우리는 가장자리에 끌릴까

잠시 하던 일을 멈추고 물리적 공간에 대해 생각해보라. 물리적 공간이란 무엇일까? 실제로 존재하는 것일까? 아니면 우리의 인식 너머에 존재하는 것일까? 만일 그렇다면, 우리의 감각이 유일한 방법이라면, 우리는 어떻게 알 수 있을까? 철학자와 물리학자는 수백 년 동안 이 문제를 놓고 씨름해왔지만, 여전히 서로의 의견이 다르다. 우리가 인지 지도의 작동 방식(해마 내부의 추상적인 표현을 공간의 기하학적인

길 잃은 사피엔스를 위한 뇌과학

의미로 바꾸는 방식)을 이해하지 못하는 것도 놀랄 일은 아니다. 그러한 수수께끼를 해결한다면 우리는 A지점에서 B지점으로 가는 길을 기억하는 방식은 물론이고 물질적인 세상의 본질까지 깨닫게 될 것이다.

비록 해마가 지도를 배열하는 방법이나 지도의 유형에 대해서는 정확히 알지 못하지만, 그 중요성에 대해서는 의문의 여지가 없다. 간단하게 말해서, 위치 세포가 지금처럼 활성화하지 않았다면 우리가 어디에 있는지 모른 채 대부분의 삶을 살았을 것이다. 다음 질문은 어떠한 환경일 때 해마가 반응하는가 하는 것이다. 바꿔 말하자면, 위치 세포는 왜 어떤 곳에서는 활성화되고 어떤 곳에서는 활성화되지 않는가 하는 것이다. 오키프가 1970년대 초 위치 세포를 연구하기 시작한 이후, 신경과학자들은 위치 세포가 랜드마크, 물체, 색상, 냄새, 공간의 기하학적인 특성 등을 이용하여 엄청나게 다양한 환경 특징에 민감하게 반응한다는 사실을 발견했다. 최근 연구자들은 인지 지도에 특히 중요해 보이는 한 가지 특징에 주목하고 있다. 그것은 공간의 경계이다.

동물은 모두 경계에 매력을 느끼는 것 같다. 벽을 껴안으려고 했던 실험용 쥐를 떠올려보라.[4] 고양이는 상자를 비롯하여 숨을 공간을 좋아하는 것으로 유명하다. 야생 쥐, 토끼, 오소리, 사슴 등이 먹이를 구하러 가는 길은 대개 울타리나 산울타리, 혹은 숲의 가장자리를 따라 나 있다. 인간 역시 예외가 아니다. 런던의 트라팔가 광장이나 파리 루브르 궁전의 정원 같은 도심지의 대규모 공간에서도, 사람들은 중심부보다는 가장자리에 더 많다. 수색 및 구조 자원봉사자들이 교외 지역에서 실종자들을 찾을 때, 울타리나 개울, 담장, 철탑을 따라 나 있는

지하 통로, 숲의 경계 등에 특별히 주의를 기울이는 것은 그곳에서 실종자를 발견할 확률이 높기 때문이다.

그 이유는 무엇일까? 20세기 도시 활동가이자 작가인 제인 제이콥스Jane Jacobs는 뉴욕 시민들이 길거리에서 하는 행동을 오랫동안 관찰했는데, "사람들은 가장자리에 끌린다. 그 이유는 그곳이 더 흥미롭기 때문인 것 같다."라고 했다.[5] 안전 문제도 많은 관련이 있다. 미로를 이용한 어느 실험에서, 헝가리의 심리학자들은 두려움을 많이 느끼는 사람들일수록 가장자리에서 가운데로 나가는 데 시간이 더 오래 걸린다는 사실을 발견했다. 이들은 인지 지도를 만드는 데에도 시간이 더 걸렸다. 그 이유가 그곳을 탐험한 시간이 적어서인지, 두려움 때문에 공간 능력을 제대로 발휘하지 못해서인지는 불확실하지만 말이다.[6]

경계는 우리를 세계에 고정시켜 안전한 느낌이 들게 해준다. 또한 위치를 파악하는 데 절대적으로 유용하다. 1980년대 서식스 대학교의 신경과학자 켄 쳉Ken Cheng*은 길을 잃은 쥐가 시각적인 랜드마크, 냄새 등의 단서들보다 어떤 상자의 기하학적인 형태를 이용하여 현재 내가 어디에 있고 먹을 것은 어디에 있는지 찾아낸다는 사실을 발견했다. 쳉은 안쪽 벽 한 곳에 하얀 띠가 그려진 검은 직육면체 형태의 상자에 쥐를 집어넣고, 특정 모퉁이에 가면 먹을 것이 있다는 사실을 가르쳐 주었다. 쳉이 똑같이 생긴 상자에 쥐를 집어넣자, 쥐들은 먹을 것이 있는 곳의 대각선 방향으로 가서 먹이를 찾는 실수를 자주 저질렀다. 이

---

* 현재는 시드니에 있는 맥쿼리 대학교에 재직 중이다.

길 잃은 사피엔스를 위한 뇌과학

는 쥐들이 흰색 선은 무시하고 기하학적인 형태를 이용해서 길을 찾는다는 것을 의미했다(직육면체 형태의 상자에는, 모든 모퉁이 반대쪽에 대칭이 되는 형태가 존재한다).[7]

진화적인 관점에서 동물이 환경의 경계에 의존하는 것은 이해할 만하다. 왜냐하면 경계는 곳곳에 있으며 변화가 많지 않기 때문이다. 하지만 동물의 뇌는 어떻게 그러한 경계를 자신의 공간 기억, 인지 지도에 그토록 효율적으로 통합시키는 것일까? 존 오키프는 자신의 초기 실험에서 장소 필드가 환경의 기하학적인 측면과 밀접한 관계가 있다는 것을 알게 되었다. 이는 쳉의 길 잃은 쥐의 행동을 설명하는 데 도움이 된다. 1996년 오키프와 그의 동료 닐 버제스Neil Burgess*는 이러한 관계를 테스트하는 한 가지 실험을 설계했다. 이들은 환경이 변했을 때 특정 장소 필드에 무슨 일이 일어나는지 알고 싶었다. 먼저 쥐 한 마리를 정육면체 상자에 집어넣은 다음, 그 상자의 한쪽 방향을 늘려서 직육면체가 되게 했다. 그러자 그들이 모니터링하고 있던 장소 필드가 벽과 함께 늘어났다. 바꿔 말해 상자가 정육면체였을 때 상부 왼쪽 구석에 있던 작은 점 안에서만 위치 세포들이 활성화되는 것이 아니라, 벌레 모양으로 길게 늘어난 상부의 점에서도 활성화가 일어났다.[8]

이러한 결과는 오키프와 버제스, 그리고 그들의 동료가 가지고 있던 위치 세포에 대한 생각을 바꾸어놓았다. 위치 세포의 활성화 패턴이 너무나도 정확하게 환경의 기하학적 측면과 결합되어 있었기 때문

---

* 현재 유니버시티 칼리지 런던에 있는 인지신경과학 연구소의 소장이다.

에, 그들은 위치 세포가 경계에 관한 정보를 다른 곳(아마도 동물과 경계 사이의 관계를 계산하여 위치 세포가 동물의 위치를 정확히 찾아낼 수 있도록 데이터를 공급해주는 일을 하는 다른 유형의 신경세포)에서 받고 있는 것이 틀림없다고 판단했다. 신경과학자들은 이러한 일을 할 것으로 추정되는 뉴런을 '경계벡터 세포boundary vector cell'라고 불렀다.[9] 13년 뒤인 2009년 리즈 대학교*의 신경과학자 콜린 레버Colin Lever는 쥐의 해마 가까운 곳에 있는 해마 이행부subiculum라는 곳에서 이들 세포를 발견했다.[10] 축하받아 마땅한 일이었다. 과학계에서 예측이 실현되었다는 것만큼 기쁜 일은 별로 없다. 더욱 기쁜 일은 경계-감지 세포가 최근 인간의 해마 이행부에서도 발견되었다는 것이다.[11]

경계에 대한 뇌의 반응

레버가 발견한 경계벡터 세포(흔히 '경계 세포'라고 부른다)는 거의 정해진 대로 움직인다. 동물의 해마 이행부에 있는 일반적인 경계 세포는 특정한 방향의 경계에서 특정 방향으로 특정 거리만큼 떨어진 곳에 있을 때마다 활성화된다. 예를 들어 경계 세포 'A'는 북-남 경계의 동쪽 방향으로 5센티미터 떨어진 곳에 있을 때마다 활성화되고, 경계 세포 'B'는 동-서 경계의 북쪽 방향으로 20센티미터 지점에 있을 때

---

* 지금은 더럼 대학교에 적을 두고 있다.

길 잃은 사피엔스를 위한 뇌과학

활성화되는 식이다.* 점이나 원에서 활성화되는 위치 세포와는 달리 경계 세포는 책의 가장자리에 있는 여백처럼 직선 형태의 공간에서 활성화된다. 어떤 건물을 끼고 걷는다면 해마 이행부에 있는 경계 세포는 걷는 내내 (그리고 경계 세포는 어느 곳을 향하고 있는지는 영향을 미치지 않으므로, 돌아오는 길 내내) 활성화될 것이다. 건물에서 조금이라도 멀어지면 다른 세포가 그 역할을 대신할 것이다.

레버를 비롯한 연구자들은 이러한 세포들이 어떻게 경계선의 방향을 알아내는지, 어떻게 그처럼 정확한 거리에서 활성화되는지 확신할 수가 없었다. 해마 이행부에서도 볼 수 있는 머리방향 세포(뇌 내부의 나침반)에서 방향에 관한 정보를 얻는 것으로 보인다(우리는 곧 이에 대해 자세히 논할 것이다). 거리를 감지하기 위해, 경계 세포는 접촉(그리고 아마도 소리도)은 물론이고 시각적인 자극에도 반응한다. 왜냐하면 경계의 모습에 반응하기 때문이다.

레버는 일부 경계 세포가 특정 경계에서 수백 미터 혹은 수 킬로미터 떨어진 곳(비록 정확하진 않더라도)에서 활성화될 수도 있고, 어떤 동물이 열린 공간(이를테면 들판이나 널따란 계곡)으로 이동할 때 이러한 장거리 정보에 의존한다고 생각하고 있다.

여기서 한 가지 의문이 제기된다. 경계 세포의 경계는 무엇으로 구

---

* 여기서 동쪽, 서쪽, 남쪽, 북쪽은 상대적인 의미로 쓰였다. 뇌의 공간 세포는 동서남북이라는 방향을 감지하는 것이 아니라, 동물이 있는 공간의 기하학적인 측면을 감지한다. '남북'이라는 표현 대신 '위아래', '동서'라는 표현 대신 '좌우'라는 표현을 사용할 수도 있다. 중요한 것은 서로에게 상대적인 경계의 위치이다.

성되는가? 레버는 길 찾기를 방해하는 것이면 무엇이든 경계 세포가될 수 있다고 생각한다. 경계 세포는 수직으로 서 있는 담장이나 산등성이, 절벽, 벼랑 끝, 갈라진 틈에 반응하는 것으로 알려져 있지만, 인간을 비롯한 다른 동물의 길 찾기 행동은 바닥의 색상이나 질감, 그림자 형체의 변화 같은 아주 미묘한 선의 특징까지도 감지할 수 있다는것을 말하고 있다.

연구자들에게는 아직 발견해야 할 과제가 많이 남아 있지만, 경계와 이를 규정하는 뉴런이 위치 세포의 기능과 공간 기억의 형성, 효과적인 길 찾기에 결정적이라는 사실은 의문의 여지가 없다.[12] 경계 대신 랜드마크를 이용하여 길을 찾을 수 있다. 그리고 해마에는 경계 세포에 분명하게 반응하는 두 가지 유형의 세포가 있다.[13] 하지만 경계에대한 뇌의 반응은 너무나 자연스러워 경계에 특별한 가치가 있는 것처럼 보인다. 인간을 포함해서 동물은 경계가 없으면 곳곳에서 길을잃거나, 얼마나 이동했는지 모를 수 있다. 신경과학자들은 상자에 쥐한 마리를 집어넣은 다음 벽을 없애거나 무너뜨리면, 장소 필드의 패턴이 완전히 무너져, 위치 세포 대부분이 활성화되지 못한다고 말한다.[14] 경계 세포는 유아기의 뇌에서 가장 먼저 형성되는, 심지어 위치세포(위치 세포는 전체 인지 지도를 하나로 묶어주는 접착제 역할을 하는 것이 틀림없다) 자체보다 먼저 형성되는 공간 뉴런 중 하나이다.

길 잃은 사피엔스를 위한 뇌과학

머릿속 나침반

에든버러는 특별한 전망을 볼 수 있는 도시이기 때문에 방향감각을 테스트하기에 좋은 곳이다. 구시가지와 신시가지 사이를 흐르는 깊은 계곡을 가로질러 가려는 사람들이 이용하는 노스 브리지North Bridge에서 시계방향으로 한 바퀴 돌면, 현무암 절벽 끝에 높이 솟아 있는 에든버러성, 스코틀랜드 국립박물관의 웅장한 기둥, 검은빛을 띤 고딕 양식의 스콧 기념탑, 스코틀랜드 국립기록보존관의 반구형 지붕, 스코틀랜드 정부의 본부가 있는 칼튼 힐Carlton Hill, 홀리루드 파크Holyrood Park의 수평선과 긴 비탈, 에든버러 시의 최고점인 아서시트Arthur's Seat, 겨울철이면 그림자로 계곡을 가리는 로열마일Royal Mile의 주택들을 볼 수 있다.

우리의 뇌가 이러한 전경을 기록하는 데는 그리 오래 걸리지 않는다. 전체를 한 바퀴 둘러보면 주변에 무엇이 있고, 랜드마크 사이의 각도, 바다는 어느 방향인지 등을 충분히 알려줄 수 있다. 경관의 특징을 이용하여 스스로 위치를 찾는 이러한 능력은 별다른 노력이 필요 없는 것처럼 보이지만, 사실 주목할 만한 성취이다. 우리 뇌 안에 우리에게 방향감각을 주기 위해 진화한 것이 분명한 세포가 없었다면 불가능했을 것이다. 그것이 바로 머리방향 세포이다.

머리방향 세포는 경계 세포 근처에 있는 후구상회postsubiculum를 비롯해서 후뇌량팽대 피질retrosplenial cortex과 내후각 피질entorhinal cortex 등 인접한 뇌의 몇몇 부위에서도 볼 수 있다. 내후각 피질은 해마(위치 세포가 있는 곳)와 신피질(인지, 사고, 추론과 같은 '고차원'적인 기능을 주도한다) 사이에서 일종의 인터페이스 역할을 한다. 경계 세포와 마찬가지로 머리방향 세포는 동물의 성장기 초반에 형성되며, 이는 머리방향 세포가 생존에 결정적인 역할을 한다는 사실을 의미한다. 또한 위치를 파악하게 해줄 뿐 아니라 경계 세포와 격자 세포(이 세포의 역할에 대해서는 적절한 때에 다룰 것이다) 등 다른 공간 세포에 중요한 방향 정보를 제공한다.

머리방향 세포 시스템은 보통 뇌 내부의 나침반이라고 불린다. 환경의 구조에 반응하는 위치 세포와 경계 세포와는 달리 머리방향 세포는 머리가 특정 방향을 향했을 때 활성화된다. 서로 다른 세포들은 서로 다른 방향에 반응하며, 전체적으로 360도 모두 반응한다. 원을 그리며 한 바퀴 돌면서 머리방향 세포는 다른 세포에게 발화할 차례를 얻는다. 머리방향 시스템은 엄격하게 조직되어 있다. 만일 어느 환경에서 B세포가 A세포의 오른쪽으로 발화하였다면, 어디서나 같은 방향으로 발화한다.[15]

세포는 내 머리가 특정 각도로 오른쪽이나 왼쪽을 향해 있다는 것을 어떻게 알 수 있을까? 이러한 정보가 있을 가능성이 가장 큰 곳은 전정계vestibular system로, 각가속도와 선가속도에 반응하는 내이內耳의 관canal과 주머니sac가 얼기설기 모여 있다. 이러한 이유로 신경과학자들이 머리방향 시스템을 내부의 나침반이라고 부르는 것이다. 전정신호는 우리가 어둠 속에 있을 때나 눈을 감았을 때도, 세포들이 특정 방향에 따른 활성화 패턴을 유지하게 해준다. 전정계에 손상을 입은 사람

길 잃은 사피엔스를 위한 뇌과학

들이 잃는 것은 균형만이 아니다. 길을 찾는 능력도 잃게 되어, 여기저기 돌아다니고 세상을 이해하기가 어려워진다.

머리방향 세포가 어떻게 방향을 감지할 수 있게 되었는지 더 상세하게 들여다보면, 나침반에 비유한 것은 딱 맞아 떨어지지는 않는다. 머리방향 세포는 지구의 자기장이나 기본 방향(동서남북)에는 반응하지 않지만, 대신 랜드마크에 자신을 맞춘다. 에든버러에 도착했을 때 가장 먼저 눈에 띈 것이 국립미술관이었다면 머리방향 세포의 일부는 국립미술관을 기준으로 삼을 것이다. 세포들이 상대적으로 특정 각도에서 활성화하는 것을 보장하는 시스템이기 때문에, 전체 '나침반'이 신속하게 설정된다(사실상 미술관을 나침반의 '북쪽'으로 삼는다).

그곳을 떠나 다른 어딘가로 갈 때까지 모든 것이 그렇게 유지될 것이다. 예를 들어 에든버러성으로 들어가 고대 스코틀랜드 군주제의 상징인 '운명의 돌Stone of Destiny' 주위를 돌아다닌다면, 머리방향 시스템은 더 이상 원래 북쪽이었던 방향으로 조정할 수가 없기 때문에(물론 창문을 통해 북쪽을 나타내는 성이 보이지 않거나, 비범한 공간 기억력이 없을 경우에) 초기화한 다음 성의 내부 구조에 맞게 조정될 것이다. 이 시점에서 눈을 감고 자신 있게 스코틀랜드 국립기록보존관이나 아서시트를 가리키기는 어려울 것이다. 전정계는 어느 정도의 시각 정보가 갱신되어야만 (혹은 다른 감각 신호의 도움이 있어야만[16]) 잠시나마 방향감각을 유지할 수 있다.

이처럼 랜드마크에 의존하면[17] 낯선 장소에 갔을 때 (특히 집중을 하지 않을 때) 왜 머리방향 시스템이 쉽게 혼란에 빠지는지 설명해준다.

길 찾기에 매혹됐던 스웨덴의 엔지니어 에릭 욘슨이 쓴 글은 길을 잘 안다고 확신했던 도시에서 한 번이라도 길을 잃어버렸던 경험이 있는 사람이라면 공감할 것이다. 1948년 욘슨은 쾰른을 방문했다. 한밤중에 기차를 타고 도착한 그는 역에 있는 벤치에 앉아 잠시 눈을 붙이고 나서 증기선을 타러 라인강 방향으로 출발했다. 강이 보이지 않자 누군가에게 방향을 물었고, 부끄럽게도 방향을 돌려야 했다.

나는 잘못된 방향으로 걷고 있었던 것이다. 서쪽 대신 동쪽으로 걷고 있었다. 그때 태양이 안개를 헤치고 증기선 위로 떠오르고 있었다. 태양이 서쪽에서 떠오르고 있어! 이것이 모든 것을 설명해주고 있었다. 밤에 기차를 타고 오면서 방향을 잃어버린 것이 틀림없었다. 그래서 동쪽으로 가는 대신 실제로는 서쪽으로 걸으면서 강에서 멀어진 것이었다. 이제 자초지종을 알았으니 모든 일이 잘될 것이라고 생각했다. 하지만 그렇게 되지는 않았다. 아무리 스스로 아침에 태양은 동쪽에 있어야 한다고 말한다 해도, 여전히 태양이 서쪽에 있는 것 같았고, 라인강에 도착했을 때 내가 '보기에' 강물은 남쪽으로 흐르고 있었다(라인강은 북쪽으로 흐른다 – 옮긴이). 내가 내린 판단으로 내면의 확신을 바꿀 수는 없었다. 우리가 인지할 수 없는 곳에서 작동하는 미지의 방향 체계가 이번만은 쾰른의 북쪽은 남쪽에 있다고 결정을 내린 것이다.[18]

우리의 머리방향 시스템은 한번 정해지면 우리의 생존이 마치 그 방향에 달려 있기라도 한 것처럼(초원을 헤매던 우리의 선조에게는 그랬을 것이 틀림없지만), 정해진 방향을 막무가내로 고수하는 경우가 많다. 욘슨이 증기선에 탑승하여 쾰른을 떠났을 때 내부의 나침반은 갱신되었지만, 그날 저녁 쾰른으로 돌아오자 다시 잘못된 형태로 돌아왔다. "순간적으로 나를 둘러싼 세계가 180도 회전했다."[19] 태양이 동쪽에서 지는 것처럼 보였다. 방향계가 제대로 작동하지 않아 불안했던 그는 다음 기차를 타고 쾰른을 떠났다.

어디서나 길을 잃을 수는 있지만, 유리창으로 시야가 가려진 대형 건물처럼 랜드마크가 거의 없는 곳에서 더욱 그렇다. 특히 길을 많이 잃는 곳으로 악명이 높은 곳은 병원이다. 1990년 미국의 주요 지역 병원에서 조사한 바에 따르면 병원의 복잡하게 얽힌 복도에서 길을 잃은 사람들에게 방향을 가리켜주는 데 매년 직원들이 4500시간을 허비하고 있었다.[20] 이런 곳에서 길을 찾는 것은 병이나 노화 때문에 인지 능력에 이상이 생긴 사람은 말할 것도 없고, 건강한 사람에게도 힘든 일이다.

도시는 방향성에 관한 문제로 가득하다. 머리방향 시스템에 거의 동시적으로 집중 공격을 하고 싶다면, 런던의 지하역과 그곳에서 50미터 정도 아래에 있는 플랫폼을 연결하는 나선형 계단을 타고 내려가 보라. 그저 나선형 계단을 따라 아래로 내려갔을 뿐인데, 지상에 있을 때는 멀쩡했던 방향감각이 엉망이 될 것이다. 이것은 철광에 나침반을 가지고 들어가는 것과 다르지 않다. 하지만 다시 지상으로 올라와 익숙한 환경에 들어오는 순간 머리방향 세포들은 제자리를 찾아가 자신의 위치를 보고한다. 인지 기능의 소소한 기적이다.

믿을 만한 랜드마크 가려내기

경계선이 장소를 이해하는 데 필수적인 것처럼 랜드마크는 방향감 각에 필수적이다. 하지만, 이를테면 우리가 정원에 있다가 집으로 들 어가거나 거리에서 슈퍼마켓으로 들어갈 때처럼 랜드마크가 바뀌면 뇌는 어떻게 방향성을 유지하는가? 이케아 매장이나 에든버러성처럼 넓은 곳이 아니라면, 대부분 실내로 들어간다고 해서 우리의 방향 인 식이 사라지는 것은 아니다. 멀리 떨어진 랜드마크(이를테면 나무나 고 층빌딩) 대신 주변에 있는 랜드마크(창문이나 그림)를 이용할 뿐이다. 외부에 맞춰진 우리의 방향감각을 그대로 유지한 채 실내의 기하학적 인 구조에도 방향감각을 조정할 수 있기 때문에 두 공간의 기준틀을 동시에 사용할 수 있다. 우리는 어떻게 이러한 곡예와도 같은 인지 능 력을 발휘하는 것일까?

이는 후뇌량팽대 피질이라는 뇌의 일부에서 일어나며, 이곳은 시각 적 단서, 특히 랜드마크에 관한 정보를 인지 지도에서 사용하는 공간 적인 정보로 변환하는 중요한 역할을 담당한다. 신경과학자들은 후뇌 량팽대 피질에서 먼 곳에 있는 랜드마크와 주변에 있는 랜드마크에 반응하는 두 가지 유형의 머리방향 세포를 발견했다. 이들 두 가지 유 형의 세포가 활성화되면 집 안에 들어와서도 거리에 있을 때의 방향 감각을 그대로 유지할 수 있어, 2층 침실의 위치는 물론 자동차를 주 차한 위치도 알 수 있다.[21]

후뇌량팽대 피질에는 주목할 만한 기능이 하나 더 있다. 후뇌량팽대

길 잃은 사피엔스를 위한 뇌과학

피질은 변치 않을 유용한 랜드마크와 일시적이고 믿을 수 없는 랜드마크를 구별한다. 세상 모든 것이 랜드마크가 될 수 있지만, 내일이면 사라질 수도 있는 무언가에 의존하는 것은 아무런 의미가 없다. 후뇌량팽대 피질은 대부분 고정된 랜드마크에 강하게 반응한다. 따라서 운송 수단이나 무지개, 담장 위에 앉은 새보다는 나무, 풍차, 가로등을 랜드마크로 선택한다.[22] 이 역시 진화적으로 타당하다. 야생에서 생활했던 우리의 선조들이 방향감각을 잃었을 때의 피해를 생각해보라. 또한 현대 인류 사이에서 길을 찾는 능력이 차이가 나는 이유를 설명해준다. 뇌 영상 연구에 따르면 길을 잘 찾는 사람들의 후뇌량팽대 피질은 그렇지 않은 사람들보다 더 반응을 잘하며, 그 결과 안정적인 랜드마크를 잘 찾아낸다. 유니버시티 칼리지 런던에서 기억과 길 찾기를 연구하는 엘리너 매과이어Eleanor Maguire는 일상에서 마주치는 건강한 사람 중에도 이상하게 "어떤 것이 안정적인 랜드마크인지 알지 못하는" 사람들이 있다고 말한다. 사실 매과이어도 그 부류에 속한다. 스스로 후뇌량팽대 피질에 문제가 있어 길을 잘 찾지 못한다고 생각한다. "언제나 랜드마크를 잃어버립니다. 모퉁이를 돌면 이러한 랜드마크가 나올 거라고 생각하죠. 그런데 어디론가 사라지고 없는 겁니다! 물론 사라지지는 않았겠지요. 그곳에 있었던 적이 없으니까요. 제가 정확한 위치를 모르기 때문입니다."[23]

비슷하게 생긴 장소를 어떻게 구별할까

인지 지도에 관한 수많은 미스터리 중 하나는 인지 지도를 만드는 데 도움을 주는 다양한 독립체들(위치 세포, 경계 세포, 머리방향 세포, 격자 세포 등을 비롯하여 우리가 아직 만나지 못한 다른 것들)이 어떻게 상호작용하고 협력하는가 하는 것이다.[24] 우리가 자신 있게 말할 수 있는 것은 위치 세포가 경계 세포로부터 기하학적인 정보를 얻고, 경계 세포는 머리방향 세포로부터 방향성에 관한 정보를 얻으며, 격자 세포는 우리에게 거리에 관해서 말해준다는 사실이다. 하지만 그러한 역학 관계가 너무나 복잡하고, 쥐 혹은 생쥐의 뇌에 있는 지름 약 0.2밀리미터의 단일한 뉴런을 지속적으로 관찰해야 하는 실험도 까다롭고 시간이 많이 걸리기 때문에 전체적인 계획을 세우기가 어렵다.

최근 폴 더드첸코와 그의 박사과정 학생 로디 그리브스Roddy Grieves[*]는 공간 세포가 어떻게 상호작용을 하여 위치를 감지하는지 이해하기 위한 일련의 실험을 수행했다. 그들은 구체적인 문제에 집중했다. '왜 쥐들은 나란히 놓인 똑같은 형태의 두 방을 구별하지 못하는가.'라는 문제였다. 그전에 연구자들은 쥐들이 똑같이 생긴 네 개의 직사각형 칸막이 사이를 이동할 때 각각의 칸막이에서 동일한 방식으로 위치 세포가 활성화된다는 사실을 발견했다. 이는 쥐들이 각각의 방을 구별하지 못한다는 의미였다.[25] 더드첸코와 그리브스는 각 방이 모두 동일한 방

---

[*] 지금은 유니버시티 칼리지 런던 행동신경과학연구소의 박사후연구원이다.

향을 향하고 있기 때문은 아닌지, 그래서 위치 세포는 방향이 다른 곳을 향해 있어야만, 바꿔 말해 머리방향 시스템의 도움이 있어야만 동일한 형태의 방을 구별할 수 있는 것은 아닐까 하는 의문이 들었다.

이것을 테스트하기 위해서 그들은 직사각형 모양의 네 방을 나란히 배치했다. 각각의 방 뒤에는 서로 다른 네 가지 향(바질, 고수, 쿠민, 로즈마리)이 나는 모래가 든 네 개의 그릇을 놓아두고, 바닥에는 보상으로 먹을 것(시리얼!)을 묻어두었다. 그런 다음 이번에는 반원 위에 각각 60도가 되는 지점에 네 방을 배치하고, 실험을 반복했다. 쥐들은 먹을 것을 얻기 위해 여러 방에 숨겨진 먹을 것(예를 들어 A상자의 로즈마리, B상자의 쿠민 등)을 찾아 달려갔다.

더드첸코와 그리브스가 예측했던 것처럼 방을 나란히 배치했을 때는 대부분의 쥐가 방을 구별하지 못했다. 방의 차이점을 감지하지 못해 시리얼이 어느 방에 있는지 알려주는 개별적인 인지 지도를 만들지 못했기 때문이었다.[26] 하지만 실험 구성을 달리 했을 때는 훨씬 성공적인 결과가 나왔다. 쥐들은 어느 방에 먹을 것이 있는지 바로 알아냈다. 쥐의 위치 세포는 똑같은 결과를 반복해서 보여주었다. 나란히 배치된 방 사이를 이동할 때는 똑같은 활성화 패턴을 반복했지만(동물이 동일한 인지 지도를 사용했다는 것을 의미한다), 각 방의 각도를 다르게 배치하자 방마다 서로 다른 지도를 만들었다.[27]

그들의 시나리오가 맞는지 확인하기 위해 더드첸코는 한 걸음 더 나아가서 화학약품을 이용하여 다른 쥐들의 뇌에 있는 머리방향 세포들이 제 기능을 발휘하지 못하게 한 다음 각도를 다르게 한 방에 들어

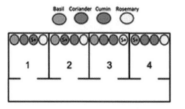
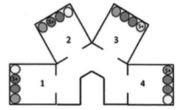

그림 6 더드첸코의 실험 구성.

가게 했다. 쥐들은 나란히 배치했던 방에 들어갔을 때보다 나아진 것이 없었다. "쥐의 위치 세포는 각각의 방에서 동일한 방식으로 활성화되었지요. 방을 구별하지 못하는 것 같았습니다." 더드첸코가 말했다. "이것은 머리방향 시스템이 비슷한 장소들을 구별하게 한다는 사실을 명백히 드러내고 있습니다. 적어도 쥐의 경우는 그렇습니다. 아마 사람도 마찬가지일 겁니다."[28]

더드첸코와 그리브스가 오스트리아의 한 심포지엄에서 최초로 이러한 연구 결과를 인지신경과학 분야의 동료들에게 제시하자, 실험의 우아한 대칭성과 깔끔하게 떨어지는 결과에 사람들은 상당한 관심을 보였다. 인지 지도에 관한 기존의 사고를 뒤집었기 때문이 아니라, 그러지 못했기 때문이었다. 그 연구는 동물이 주변 환경을 학습하려면 공간 뉴런의 기능이 온전히 작동해야 한다는 사실을 확인해주었다. 이것은 많은 신경과학자들이 이미 예상하고 있던 사실이었다. 또한 이 연구는 방향감각이 위치에 대한 감각에 필수적이라는 또 다른 사실을 확인시켜주었다.

길 잃은 사피엔스를 위한 뇌과학

2016년 6월 에든버러 대학교에 있는 더드첸코의 실험실을 방문했다(더드첸코는 에든버러와 스틸링 대학교에서 일한다). 최근 그는 인지 지도의 또 다른 중요 요소인 격자 세포에 관한 새로운 실험을 시작했고, 내게 보여주겠다고 했다. 그는 눈앞에 있는 것이면 무엇이든 다 볼 것처럼, 키가 크고 호리호리한 몸매에 몸을 곧게 펴고 있다. 또한 대단한 인내심을 발휘하여 꼼꼼하지만 지루하지 않게 과학을 설명한다. 수백 명의 학생들에게 공간신경과학의 원리를 가르쳤으며, 그에 관한 책도 한 권 집필했다.[29]

그는 위층에 있는 실험실로 나를 데려갔다. 그곳에서는 쥐 한 마리가 해마에 전극을 장착한 채 칸막이가 쳐진 방에서 이곳저곳을 돌아다니며 냄새를 맡고 있었다. 뉴런의 전기적 활동은 컴퓨터 모니터에서 볼 수 있었고, 우리는 쥐가 여기저기 돌아다닐 때 파형이 깜박거리다 사라지는 모습을 바라보았다. 더드첸코가 개발한 뛰어난 패턴 인식 기법 덕분에 무언가 중요한 일이 벌어질 때면(이를테면 격자 세포가 활성화될 때) 파형의 모습만 보고도 알 수 있다. 수백 시간 동안 활성화 패턴을 관찰한 그는 가끔 꿈에서도 패턴이 보인다고 한다.

잠시 후 더드첸코가 모니터의 볼륨을 높이자, 속사포처럼 일정한 파형이 지속되었다. 그는 음향 패턴을 읽어내는 데도 능숙하여 서로 다른 유형의 공간 세포 신호를 구별할 수 있었다. 그날은 쥐가 칸막이 담장에 기어오를 때 활성화되는 것처럼 보이는 특정 뉴런에 관심을 보였다. "저기입니다. 들리나요? 다른 소리와는 분명히 달라요. 다르게 보여요. 다른 곳보다 벽 위에 올라갔을 때, 파형이 급상승하는 경우가 많아요. 어떤 유형의 세포인지 모르겠군요. '담장에 달려드는' 세포라고 부르기로 하지요."[30] 격자 세포는 아닐 것이라고 그는 확신했다. 실망스러울 수도 있었다. 이것이 실험에서 의도했던 것이었기 때문이었다. 하지만 더드첸코는 길게 보려고 한다. 공간신경과학자에게 필수적인 자질이었다. 그는 스크린을 쳐다보았다. "멋지군." 그는 생각에 잠겼다. "아주 재미있어."

격자 세포의 비밀

2005년 마이브리트 모세르와 에드바르 모세르 부부가 격자 세포를 발견하자 신경과학계는 크게 흥분했다. 이 새로운 유형의 뉴런이 보여주는 활성화 패턴이 이전에 봤던 것과는 다르기 때문이었다. 모세르 부부가 격자 세포를 발견한 곳은 위치 세포가 사는 쥐의 해마가 아니라, 인접한 곳에 있는 내후각 피질이라는 곳이었고, 이곳에서는 해마에 정보를 공급한다. 그 후 격자 세포의 발화 패턴은 인간의 내후각 피질에서도 발견되었다.[31]

쥐의 뇌에 있는 단일한 격자 세포에서 나오는 전기신호를 듣는다면, 쥐가 바닥에서 움직일 때 반복적으로 정확하게 활성화된다는 것을 알수 있다(한곳에서만 활성화하는 위치 세포와는 다르다). 실제로 너무 정확해서 격자 세포가 활성화될 때마다 바닥에 점을 찍어 쥐의 위치를 표시한다면, 모든 점이 이웃한 세포에서 같은 거리에 있다는 것을 알게

길 잃은 사피엔스를 위한 뇌과학

될 것이다. 결과적인 패턴은 일련의 정삼각형이나 육각형 같은 매우 균일한 격자처럼 보인다.*

마이브리트 모세르는 이 사실을 발견한 다른 사람들만큼이나 놀랐다. "이 아름다운 패턴은 매우 기이하면서도 너무 멋집니다." 그녀는 2017년 버밍햄에서 열린 영국 신경과학자협회 연례회의에서 자신의 연구에 대한 강연을 마친 뒤에 말했다. "이것은 생물학적 현상에서 기대할 수 있는 것이 아닙니다."[32]

육지 측량 지도 없이는 그 누구도 미지의 세계에 발을 들여놓으려 하지 않던 '삼각점trig point' 시대에 성장한 사람에게는 격자 세포의 삼각 패턴이 친숙하게 느껴지는 것이 당연하다. GPS가 발명되기 전, 1936년과 1962년 사이 영국은 산과 언덕 등을 비롯한 눈에 잘 띄는 곳에 6500개의 콘크리트 삼각기둥을 세워 만든 망을 이용하여 지도를 제작했다. 맑은 날에 측량사들은 경관에 나타나는 것은 무엇이든 두 인접한 삼각점과 측량하려는 대상 사이의 각도를 측정하면, 이미 알려진 삼각점의 좌표를 이용하여 그 위치를 확정할 수 있었다. 삼각측량과 뇌가 격자 세포의 활성화 패턴을 이용하여 동물의 위치를 계산하는 방법은 유사한 방법(인간이 생물학적 위대함을 복제한 흥미로운 사례)일 수도 있다.

격자 세포의 활성화 패턴을 주목해야 하는 것은 단지 그 패턴의 일

---

* 수학 용어를 사용하면, 활성화 지점에서 이웃한 여섯 곳으로 직선을 그렸을 때 그들 사이의 각도는 모두 60도가 될 것이고, 선의 길이는 모두 같을 것이다.

관성 때문만은 아니다. 그 패턴이 정말 기발한 점은 미묘한 차이가 존재한다는 것이다. 그러한 차이는 세분성granularity을 제공한다. 수천 개의 격자 세포가 모두 똑같은 일을 하는 것은 의미가 없을 것이다. 육각형의 활성화 패턴은 세 가지 방식, 즉 규모scale(격자에서 점 사이의 거리)와 방향성(격자가 줄지어 선 방향), 위상phase(한 격자가 다른 격자와 겹치는 각도)으로 나눌 수 있다. 격자 세포는 머리방향 세포와 마찬가지로(위치 세포와는 달리) 고도로 조직화되어 있다. 모세르 부부와 그들의 동료들은 격자 세포가 다수의 층으로 구성된 내후각 피질 안에 배열되어 있고, 각 층에는 규모와 방향성은 같지만 위상은 다른 패턴의 세포를 포함한다는 사실을 발견했다. 또한 더 깊이 들어갈수록 각 층의 크기는 점차 커진다는 사실을 알게 되었다.

그 의미가 무엇인지 설명하자면, 내후각 피질의 가장 위층에 있는 한 격자 세포가 30센티미터 떨어진 노드로 구성된 활성화 패턴(동물이 특정 방향으로 30센티미터 이동한 뒤에 활성화된다는 의미)을 가지고 있다면, 이웃한 모든 세포의 활성화 패턴 또한 30센티미터에 맞추어 조정될 것이고, 육각형 격자의 축은 모두 똑같은 방향을 향하겠지만, 이들의 격자는 잘못 섞인 카드처럼 약간씩 차이가 있을 것이다. 바로 아래 층은 격자의 구조가 약간 커질 것이라는 점만 제외하면 비슷한 식으로 구성될 것이고, 다음 층도 역시, 그리고 다음 층도 비슷하게 구성되어 내후각 피질 전체가 비슷한 방식으로 구성될 것이다. 어떻게 그처럼 기이하고 독특한 배열이 발달하게 되었는지는 분명하지 않지만, 위치를 정확히 나타낼 수 있는 매우 효과적인 방법으로 보인다. 다양한

길 잃은 사피엔스를 위한 뇌과학

각도의 격자가 충분하다면, 동물이 넓은 공간을 가로지를 때의 진행 모습을 좌표로 나타낼 수 있다.

　신경과학 분야가 대개 그러하듯, 이러한 흥미로운 발견들은 많은 의문을 제기한다. 이를테면 왜 다양한 규모가 존재하는 것일까? 내후각 피질의 가장 깊은 층에서는 활성화 패턴의 점들이 10미터나 떨어져 있을 수도 있다. 그렇게 해상도가 낮으면 세부를 나타내지 못한다. 그렇다면 어떤 의미가 있을까? 마이브리트 모세르의 이론은 저해상도 격자는 공포심을 느끼는 특정 상황에 유용하다는 것이다. "추론일 뿐이지만, 두려움에 떨고 있는 상황에서 정확한 정보가 필요하지는 않을 것 같습니다. 대략적인 상황을 파악해서 가까이 오지 않게 할 방법을 찾아야죠. 물건이나 먹을 것, 가족이 어디 있는지 알고 싶을 때는 해상도가 좋아야 합니다." 모세르는 말한다. 그러한 경우에는 내후각 피질 위층에 있는 격자 세포들이 담당한다.

　또 다른 중요 미스터리는 어떻게 격자 세포들이 그처럼 정확한 거리와 각도에서 활성화할 수 있는가이다. 격자 세포는 어떻게 동물이 60도의 각도로 30센티미터를 이동했다는 것을 '아는' 것일까? 지금까지 나온 최선의 추측은 각도에 관한 정보는 머리방향 세포에서 나온다는 것이고, 머리방향 세포 중 일부는 내후각 피질의 격자 세포와 나란히 위치되어 있다는 것이다. 실험 결과 쥐의 머리방향 시스템이 오작동을 하면, 쥐의 격자 패턴 역시 오작동을 한다.[33]

　거리에 관한 정보를 구할 수 있는 방법은 몇 가지가 있다. 그중 한 가지는 동물 스스로 자신의 운동을 지각한다는 것인데, 운동의 지각은 광학적 흐름optic flow(빠르게 지나가는 주변 환경을 감지)이나 내이內耳에 있는 전정계를 이용한다. 또 다른 방법은 '속도 세포speed cell'라는 뉴런을 이용하는 것이다. 속도 세포 역시 내후각 피질에서 볼 수 있고, 속도에 따라 전기적 활성이 변화한다.[34] 내후각 피질과 해마 모두 시간을 감지하는 세포가 있기 때문에, 속도를 알고 있다면 이동한 거리를 계산하는 것은 수월할 것이다(간단하게 속도와 시간을 곱하면 된다).[35]

격자 세포가 거리를 추정할 수 있는 세 번째 방법은 세타 리듬theta rhythm이라고 알려진 전기적 활동의 저주파 진동을 이용하는 것이다. 세타 리듬은 어떤 동물이 주변 환경과 상호작용을 할 때 해마에 있는 뉴런의 네트워크를 통해 생기는 파동이다. 세타 리듬은 해마에 있는 뇌 세포의 활성화를 동기화하려는 것으로 보인다. 마치 인지 기능의 지휘자처럼 말이다. 세타 리듬의 가장 독특한 성질 중 한 가지는 동물이 빠르게 움직일수록 진동 주파수(쥐의 경우 초당 진동수가 평균 4에서 8이고, 인간은 그보다 약간 작다[36])가 증가한다는 것이다. 다시 말해 세타 리듬을 이용해서 동물마다 자신만의 고유한 속도(속도 세포를 이용하는 것보다 파급력이 크다)를 알 수 있으며, 이를 격자 세포가 활용할 수도 있는 것이다.

사실 우리는 격자 세포가 그러한 속도를 활용한다는 사실을 확신할 수 있다. 숀 윈터Shawn Winter와 다트머스 대학교의 동료들이 수행하는 독창적인 실험 덕분이다. 동물의 움직임 중 어떤 측면이 격자 세포의 기능에 결정적인 영향을 미치는지 알아내기 위해 실험용 쥐의 내후각 피질에 전극을 삽입한 다음 아크릴 재질의 작은 이동장 안으로 밀어

넣었다. 쥐들은 움직임을 감지했지만 그 움직임의 원인이 자신들이 아니었기에, 쥐의 세타 리듬은 쥐가 이동장 안에 들어오기 전부터 있었던 속도를 유지했고, 결국 속도의 변화를 기록하지 못했다. 이것이 격자 세포에 미친 영향은 엄청났다. 세타 리듬도, 육각형 패턴도 나타나지 않은 것이다.[37]

변화하는 격자

격자 세포의 활성화 패턴이 대칭적이고 정확함에도 불구하고, 격자 세포가 동물의 인지 지도에 얼마나 기여하는지, 그리고 위치 세포를 비롯한 해마 영역에 있는 기타 공간 조직과 얼마나 협력하는지 모두 명확하지 않다. 격자 세포는 공간과 관련된 기억에서 일부 역할을 담당하고 있는 것이 분명하다. 어떤 동물이 자신이 아는 장소로 되돌아오면, 격자 세포는 그 동물이 처음 이곳에 왔을 때와 동일한 곳에서 활성화된다. 그리고 격자 세포는 우리를 도와줄 랜드마크나 경계가 없는 곳에서 우리의 위치를 기록하게 해주는 인지 메커니즘의 일부인 것이 거의 확실하다. 이러한 능력을 경로적분이라고 한다.

최근까지 격자 세포가 거리와 각도를 측정하는 기준을 인지 지도에 제공한다고 가정했다. 측정 기준이 없으면 우리가 "경로를 통합"할 수 있는지 전혀 알 수가 없다(우리가 얼마나 멀리 걸어왔는지, 또는 우리가 갔었던 다양한 장소가 공간적으로 서로 어떤 관계를 맺고 있는지 기억하지 못한다). 격자 세포는 누가 봐도 이러한 역할을 수행할 자격이 있다. 왜냐하면 격자 세포의 활성화 패턴은 매우 규칙적일뿐만 아니라 신뢰할 수 있고, 외부 세계에 독립적으로 보이기 때문이다. 격자 세포에게 30센티미터는 길을 건너거나, 호수에서 수영을 하거나, 산길을 걸어갈 때 언제나 30센티미터이다.

하지만 모든 일이 그리 단순하지는 않다. 최근의 실험에 따르면 격자 세포가 생각했던 것보다 환경에 영향을 많이 받는 것으로 나타났다. 우리는 이미 격자 세포가 외부 세계에 민감하게 반응한다는 사실을 알았다. 격자 세포의 활성화 패턴의 축이 어떤 환경의 경계선에 맞추어지는 경우가 많기 때문이다. 이제 신경과학자들은 동물이 방에 있는 상태에서 방의 형태를 바꾸면 격자 세포는 새로운 구조를 반영하여 격자 패턴이 늘어나거나 압축되는 변형이 일어난다는 사실을 발견했다.[38] 더욱 흥미로운 것은 어떤 동물이 처음으로 어떤 방에 들어가면 격자 패턴이 순식간에 확장하고, 이어 그 장소에 익숙해지면서 천천히 평소 모습으로 수축한다는 점이다.[39] 격자 세포는 단순히 우리가 이동한 거리나 방향을 기록하는 것 이상의 일을 하는 것이 분명하다. 환경의 기하학적 특징에 따라 격자 세포의 반응이 극적으로 달라진다는 사실은 격자 세포가 단지 거리와 각도뿐만이 아니라 장소를 이해하게 도와줄 수도 있다는 것을 의미한다.[40]

격자 세포의 다양성은 그들이 경로통합자path integrator와 형태판독자shape-reader, 두 가지 역할을 모두 하기 때문에 나타나는 것일 수도 있다. 혹은 경로적분 과정에서 일어나는 어쩔 수 없는 오류를 수정하기 위

길 잃은 사피엔스를 위한 뇌과학

해 격자 세포의 활성화 패턴을 경계선이나 랜드마크를 기준으로 삼으려는 시도를 끊임없이 하기 때문일 수도 있다. 그것이 무엇을 의미하는지 시각적으로 생각해보자. 평지를 가로지르고 있다고 상상해보자. 울타리나 나무가 보이지 않는다면 내 위치를 추적하기가 불가능할 것이다. 스탠퍼드 대학교의 신경생물학자들은 개방된 공간에 생쥐를 풀어놓아 이와 동일한 관찰을 했다. 벽을 마주칠 때까지 걸리는 시간이 길수록 격자 패턴은 원래 위치에서 더 멀어졌다. 마치 닻을 올린 배처럼 말이다.[41] 경계선은 위치 세포가 발화하는 지점을 안정화하는 것뿐만 아니라, 격자 세포를 교정하는 역할도 하는 것으로 보인다.

위치 세포와 격자 세포의 작동 방식

이러한 실험은 뇌의 일부분이 길 찾기와 공간 지각에 맞게 적응한 것으로 보인다는 사실을 다시 한번 가리킨다. 하지만 우리는 지금까지 공간신경과학자들에게 가장 커다란 미스터리인 문제 하나를 해결하지 못했다. 그것은 우리가 장소를 이해하게 하기 위해서 격자 세포와 위치 세포가 서로 작용하는 방식이다. 그들이 서로 소통을 하는 것은 분명하다. 스탠퍼드 대학교에서 수행한 최근 실험에서 동물의 격자 패턴의 크기가 위치 세포의 해상도를 결정한다는 사실을 알아냈다. 격자의 크기가 클수록, 장소 필드가 커졌다.[42] 이것은 그들이 같은 목표를 향해 가고 있다는 것을 의미한다.[43]

위치 세포와 격자 세포의 피드백 메커니즘에 대한 개념이 2007년 신경과학자들에 의해 최초로 제기되었다.[44] 다음은 케이트 제프리Kate Jeffery가 생각한 것이다. "위치 세포는 환경에 관한 정적인 감각 정보, 이를테면 벽 같은 것을 이용한다. 그리고 격자 세포는 그것과 함께 움직임에 관한 동적인 정보를 함께 이용한다. 그리고 그 계산 결과는 위치 세포로 되돌아가 위치 세포를 강화한다. 일종의 자동 처리인 것이다." 적어도 이론적으로는 그렇다. 제프리가 인정한 것처럼, 이를 증명하는 실험은 아직 없었다. 하지만 위치 세포는 조직이 없음에도 불구하고, 인지 지도의 기반이라는 사실에는 의심의 여지가 없어 보인다. 혹은 로디 그리브스가 묘사한 것처럼 위치 세포는 온갖 유형의 입력이 뒤섞인 것이며 격자 세포는 그중 하나일 뿐이다.

에든버러에 있는 더드첸코의 실험실에 방문한 지 1년이 지났을 때, 스털링 대학교 심리학과에 잠시 들러 더드첸코를 만났다. 스털링 대학교는 마침 경계선(오칠 힐Orchil Hills산맥의 서쪽 끝부분)과 랜드마크(지역의 영웅 윌리엄 월리스William Wallace를 기리기 위해 높이 솟아 있는 기념비) 사이에 있었다. 반면에 심리학과 건물은 방향을 전혀 알 수 없었다. 똑같이 생긴 수백 개의 방문이 끝없이 이어지는 흰색 복도에서 더드첸코의 연구실을 구별할 수 있는 것은 방 번호뿐이었다. 공간 지각을 연구하기에는 이상적인 장소였다. 더드첸코는 그러한 당혹스러운 구조가 그의 몇몇 실험에 영감을 주었다고 주장한다.

이 분야를 연구하는 많은 사람들이 그러하듯, 더드첸코는 어떻게 격자 세포가 인지 지도에 잘 들어맞는지 이해하려고 노력한다. "그와 관

길 잃은 사피엔스를 위한 뇌과학

런해서는 과장이 있었습니다. 격자 세포가 뇌의 척도라는 이런 생각 말입니다. 아마 그럴지도 모릅니다. 하지만 그렇다면 격자 세포는 아주 안 좋은 척도입니다." 더드첸코가 말했다.[45] 그는 유니버시티 칼리지 런던의 신경과학자 집단이 수행 중인 생쥐를 이용한 최근 연구에서, 어둠 속에서 친숙한 장소를 탐험했을 때 격자 세포의 활성화 패턴이 무너지는 결과가 나왔다고 말했다.[46] "그 결과 때문에 정말 골치가 아팠어요. 쥐에게 길 찾기 시스템이 필요한 상황은 불이 꺼졌을 때일 것입니다. 그게 고장이 난다면, 끔찍할 겁니다."[47]

더드첸코는 격자 세포가 대다수의 신경과학자가 생각한 것과는 완전히 다르게 행동할 수 있으며, 신경과학자가 생각했던 근본적인 가정이 틀릴 수 있다는 가능성 때문에 흥분해 있다.[48] 세상은 이따금 우리가 생각하는 것보다 기이하다. 내가 보기에 우리가 모든 것을 망친 것은 아닌 것 같다. 우리는 단지 시작에 불과할지도 모른다. 많은 것들이 밝혀질 것이다. 아직도 깜짝 놀랄 일이 남아 있다.

경로를 예측하는 뇌

우리가 이전에 왔던 곳에 있다는 사실을 일깨워주는 인지 지도가 없다면, 세상은 미지의 존재로 남을 것이다. 하지만 우리가 어디에 있는지 아는 것만으로는 부족하다. 장소에 가는 방법과 목적지로 가는 경로 또한 알아야 한다. 인지 지도는 특히 목적지로 가는 경로를 추정하고 기억하는 데 유용하다고 알려져 있다. 신경과학자들의 관찰에 따르면, 쥐가 미로를 돌아다니다가 먹이가 숨겨져 있는 곳으로 향하면 해마는 더 많은 위치 세포를 활성화시켜 결과적으로 더욱 상세한 지도가 만들어진다.[49] 쥐에게 먹이는 궁극의 목표이고, 먹이까지 가는 경로는 기억할 만한 가치가 있는 것이다. 포유류 동물은 모두 마찬가지일 것이다. 나미브사막의 코끼리들은 몇 번 가보지 않은 멀리 떨어진 곳의 물웅덩이의 위치를 무서울 정도로 잘 기억한다. 이러한 전략이 어떻게 발전해왔을지 쉽게 알 수 있다. 과일이나 베리, 식용근이 풍부한 곳으로 잘 돌아오는 능력이 주요 장점이기 때문이다.

중요한 경로를 특별히 우대하는 뇌의 메커니즘은 인지 지도의 특징 중에서 가장 흥미로운 점이다. 신경과학자들은 미로에서 알찬 소득을 거둔 쥐가 여행을 마치고 돌아오면, 해마와 내후각 피질에서 위치 세포와 격자 세포가 활성화하는 순서가 나중에 휴식을 취하거나 잠이 들었을 때, 마치 노래가 반복되는 것처럼 반복된다는 사실을 발견했다.[50] 원래 속도보다 열 배에서 스무 배 정도 빠르긴 하지만 무의식 속에서 반복 재생하여 기억 속에 여행의 지도를 통합하는 것처럼 보인다. 이는 길 찾기에서 중요한 것이다. 쥐가 휴식을 취하지 못하게 방해하여 그러한 순서를 재생하지 못하게 하면 다음 날 그 일을 반복하지 못하기 때문이다.[51]

인지 재생cognitive replay은 길 찾기 기억의 강화에 중요하지만,[52] 그것이 인지 재생의 유일한 기능은 아니다. 여정을 계획하는 데도 쓰인다. 쥐가 먹이를 찾을 때 갈림길에서 멈춰 서는 경우가 많다. 마치 앞에 있

길 잃은 사피엔스를 위한 뇌과학

는 선택지를 놓고 고민하는 것처럼 보인다. 유니버시티 칼리지 런던의 신경과학자들은 그럴 때 쥐의 뇌에서는 무슨 일이 일어나는지 조사했다. 어느 길을 선택해야 하는지 고민하는 동안 해마에 나타나는 급증 패턴을 살펴보았다. 놀랍게도 쥐가 기억을 통합하는 것뿐만 아니라 미래를 읽고 있는 것처럼 보였다. 다시 출발하기 전에 쥐의 위치 세포들은 구체적인 순서에 따라 빠르게 늘어나기 시작한다. 마치 최근 있었던 여정을 반복하는 것처럼 보인다. 하지만 그것은 아직 떠나지 않은 여정이다. 쥐가 선택하고 서둘러 길을 따라가면 똑같은 활성화 시퀀스가 해마에서 재생된다. 그것은 한 가지 계획을 결정하고 그 계획을 실행하기 전에 선택지들을 평가하는 것처럼 보인다.[53] 그런데 복잡한 의사 결정은 아니다. 늘 예측한 다음 선택하기 때문에 쥐가 아는 길에서만 먹이를 찾을 수 있을 것이다. 이것은 인지적 반복이, '재생replay'이든 '예측 재생preplay'이든 동물이 구체적인 목표를 이룰 수 있도록 도와주는 방법으로 발전해왔다는 사실을 의미한다. 얻을 것이 전혀 없다면 동물이 왜 뇌의 힘을 낭비하겠는가?

연구원들은 최근 쥐가 미로의 갈림길에서 잠시 멈출 때 해마에서 활성화가 일어나는 위치 세포의 시퀀스에 기반하여 어느 방향으로 갈 것인지 이따금 예측에 성공하기 시작했다.[54] "우리는 동물의 마음을 들여다보고 생각합니다. '좋아, 이제 저걸 하겠군.'" 유니버시티 칼리지 런던 세포 및 발달 생물학과의 프레야 올라프스도티르Freyja Olafsdottir는 말한다. "약간 으스스합니다."

인간의 뇌가 어떻게 여정을 처리하는지 확실하게 알기는 어렵다. 당연한 말이지만 사람들은 머리에 전극을 삽입하기를 꺼리기 때문이다. 하지만 과학자들은 다른 방법으로 뇌의 활동을 측정할 수 있다. 기능적 자기공명fMRI이라는 촬영기술을 이용하는 것이다. fMRI는 개별적인 뉴런의 활성화 패턴을 따로 떼어내는 것이 아니라 뉴런에서 나오는 혈류의 변화를 감지하여 뉴런의 활동에 대한 훌륭한 근사치를 제공한다. 비록 fMRI 장비의 무게가 수 톤이나 나가고 촬영장비 내부에 등을 댄 채 움직이지 않고 누워 있어야 하지만 움직임을 시뮬레이션하는 가상현실 영상을 이용하여 그러한 상황에서 '탐험을 할' 수 있다 (전정계를 비롯한 움직임에 관한 모든 감각을 무시하면서, 뇌를 설득하는 공평한 일을 하고 있다).

fMRI는 우리가 목적지까지 갈 때(예를 들어 집에서 상점에 가거나, 사무실에서 은행에 갈 때), 인간의 뇌에서 무슨 일이 벌어지는지 연구자들이 이해할 수 있게 도와준다. 휴고 스피어스Hugo Spiers는 유니버시티 칼리지 런던에서 공간 지각 연구실을 운영한다. 그는 경력의 상당 부분을 이 문제에 대한 답을 찾는 데 바쳤다. 최근에는 좁은 골목길로 이루어진 런던 소호의 복잡한 지역에서 길을 찾는 비디오 게임(실험용 쥐를 이용한 미로 실험을 인간에게 적용)을 설계했다. 스피어스는 먼저 실험 대상자들을 데리고 그 지역을 걸어 다니며 거리의 구획과 다양한 상점, 음식점 등을 비롯한 기타 랜드마크의 위치를 학습하게 했다. 그런 다음 실험 대상자들을 fMRI 촬영 기기에 들어가게 한 뒤 소호 거리를 1인칭 시점으로 촬영한 다수의 영상을 보여주었다. 영상 속에서 가는 길은 실험 대상자들이 선택할 수 있었다. 최단 거리로 목표 지점에 이르는 경로를 찾아내는 것이 과제였고, 교차 지점에 이르면 어느 길로 갈 것인지 선택해야 했다. 스피어스는 난이도를 높이기 위해서 가는 도중에 목적지를 바꾸었고, 실험 대상자들은 그때마다 전략을 바꾸어야 했다.

스피어스와 그의 동료들이 예측한 대로 길을 찾는 행위와 그 행위에 대한 생각으로 해마와 내후각 피질에 있는 뉴런이 활발하게 움직이기 시작했다. 하지만 활동의 강도와 위치는 뇌가 관여하고 있는 길 찾기 임무의 유형에 따라 달라졌다. 내후각 피질은 주로 실험 대상자가 목적지에서 얼마나 떨어져 있는지(직선거리로)와 관계가 있었다. 스피어스가 갑자기 경로를 바꾸었을 때처럼, 이러한 거리가 바뀌면 활성화 패턴에 급증하는 선이 나타난다. 반면 해마는 참가자들이 따라가고 있는 경로를 정확히 분석하는 데 흥미를 느꼈다. 경로가 길고 복잡할수록 해마는 더 활발해졌다.[55] 해마는 길 찾기에서 아주 세밀한 부분과 관련이 있다. 이 실험에서는 거리의 연결망에 특히 민감하게 반응했다. 다수의 다른 거리와 연결된 곳에서 가장 활발하게 활동했다. 마치 목적지까지 가기 위한 최단 경로를 찾기 위해 모든 선택지에 대하여 계산을 하는 것 같았다.[56]

이러한 결과는 내후각 피질이나 해마 같은 부분에 있는 세포의 행동에 대하여 무엇을 말하고 있는 것일까? 최선의 해석은 인간의 해마에서 일어나는 활동은 쥐의 경우와 마찬가지로 위치 세포에 의해 일어나고, 위치 세포는 경로를 따라 위치를 기록하며, 내후각 피질에서 일어나는 활동은 격자 세포에 의해 일어나고, 격자 세포는 거리와 각도를 기록한다는 것이다. 한 가지 분명한 결론은 인지 지도는 우리의 위치를 기록하는 것은 물론이고 우리가 가고 싶어 하는 곳까지 데려다주는 데에도 필요하다는 것이다.[57] 해마와 내후각 피질이 단순히 소호의 활기와 부산함 때문에 흥분했던 것인지 확인하기 위해, 일부 영상은 길을 찾는 결정과는 아무런 관련이 없는 대조군이었기에 특정 방향으로 가라는 명령을 따랐다. 이처럼 수동적인 여정에서 해마와 내후각 피질은 활동성이 떨어졌다. 똑같은 일이 우리가 위성항법 장치를 이용하여 길을 찾을 때 일어난다. 그렇다면 우리가 화면 위에 있는 점을 따라가고 있을 때 해마와 내후각 피질은 무엇을 하고 있는지 궁금해진다. 스피어스의 단서에 따르면, 그다지 많은 일을 하지는 않는다.

해마가 전부일까?

해마와 그 주위에 있는 부위는 특히 우리가 여기저기 돌아다닐 때 어디 있는지 알 수 있도록 외부 세계를 머릿속에 재현하는 것을 도와주기 위해 진화해온 것처럼 보인다. 쥐에서 그에 해당하는 부위에 있는 엄청나게 다양한 공간 뉴런들을 생각해보라. 위치 세포, 격자 세포, 머리방향 세포는 물론이고 경계 세포, 랜드마크 세포를 비롯해서 속도 세포와 시간 세포, 신경과학자들이 알아낸 사물이 과거에 어디에 있었는지 말해주는 '추격trace' 세포[58], 동물이 특정한 방향이나 그 반대 방향으로 이동할 때 활성화되는 '방향일치axis-tuned' 세포[59], 180도 방향으로

길 잃은 사피엔스를 위한 뇌과학

양쪽으로 활성화되는 '플립flip' 세포[60], 박쥐가 날아다닐 때 보이는 '목표방향goal-direction' 세포[61], 몇몇 공간 세포가 협조하여 맡은 일을 하는 '협동conjunctive' 세포, 그리고 몸과 머리의 움직임에 반응하는 여러 세포가 있다.[62]

그럼에도 불구하고 해마가 공간을 해석하는 데 전념하는 기관이라고 여기는 발상은 논란의 여지가 있다. 한 가지 이유는 인지 지도에는 세상에 대한 추상적인 재현이 포함되어 있는 것이지, 실제 지도처럼 1대 1로 대응하여 묘사하는 것이 아니기 때문이다. 익숙한 장소에 왔었거나 낯익은 장면이 기억나는 느낌이 어떻게 전달되는지 정확히 아는 사람은 없다. "어떻게 해마의 위치 세포에서, 20년 전에 일어났던 일을 마치 그 자리에 있는 것처럼 생생하게 기억할 수 있는지 이해하는 것, 그것은 제게 돈이 걸린 문제였습니다." 엘리너 매과이어는 말한다. "어떻게 하면 위치 세포에서 기억을 얻을 수 있을까? 위치 세포에서 기억에 이르기까지 어떤 과정을 거치는 걸까? 우리는 그에 대한 답을 모릅니다."

또 다른 이유는 해마가 지도를 만들고 길을 찾는 것보다 더 많은 일을 하는 게 분명하다는 것이다. 다음 장에서 우리는 또한 해마가 기억의 여러 측면에서 매우 중요하고, 위치 지도와 기억 지도 두 가지 역할을 하며, 우리가 미래에 대해 생각하는 데에도 도움이 된다는 사실을 발견할 것이다. 해마는 추상적인 사고처럼, 겉보기에는 물리적인 공간과 거의 관계가 없는 인지의 여러 측면을 체계화할 수도 있다. 인지 지도가 우리의 수많은 중요 기능을 뒷받침한다는 사실에는 틀림이 없다.

인지 지도 없는 삶은 상상하기 어렵다.

이름	위치	역할
위치 세포	해마	위치 세포는 우리가 특정한 위치에 있을 때 활성화된다. 위치 세포가 있어 우리는 장소를 기억할 수 있고, 위치 세포는 '인지 지도'의 바탕이 된다.
머리방향 세포	후구상회, 후뇌량팽대 피질, 내후각 피질	머리방향 세포는 우리가 특정 방향을 바라볼 때마다 활성화되는 내부의 나침반처럼 작동한다.
격자 세포	내후각 피질	격자 세포는 공간을 이동하면서 정확한 육각형 패턴을 활성화하는 방법으로 우리의 위치를 공간에 기록한다
경계 세포	구상회	경계 세포는 경계선(담장, 가장자리, 색깔이나 질감이 바뀌기 시작하는 지점)에서 우리의 거리와 방향을 가리킨다.

그림 7 이 장에서 논의한 공간 관련 세포의 네 가지 유형과 그 역할.

4장

공간이 정신에
미치는 영향

우리의 뇌는 하나의 에피소드를 어떻게 구성할까?

그러니까, 언제 녹화 버튼을 누르는 것일까?

주요 결정 요소 중 하나는 장소이다.

눈을 감고 다가오는 휴가를 상상해보자. 넘실대는 열대 해변의 파도나 알프스 협곡에서의 하이킹이 떠오르는가? 이제 오늘 아침 식사를 떠올려보자. 어디서 무엇을 먹었는가? 잘 기억이 나는가?

잘 기억하지 못하는 사람도 있다. 적어도 블레이크 로스Blake Ross에게는 쉽지 않은 일임이 분명했다. 소프트웨어 프로그래머이자 파이어폭스Firefox의 공동설립자인 그는 2016년 4월 페이스북에 이런 글을 올렸다. "지금까지 살아오면서 그 어떤 것도 마음속으로 그려본 적이 없었다. 내게는 아버지의 얼굴이나 파란 공이 통통 튀는 모습, 어린 시절의 내 방, 10분 전에 달리기하던 모습이 '보이지' 않는다. 잠이 오지 않을 때 '양을 세는 것'이 은유적인 표현인 줄 알았다. 인간이 이런 일을 할 수 있을 줄은 미처 몰랐다. 정말 충격적이다."

그때 로스는 자신이 시각적 형상을 만들어내지 못한다는 사실을 깨달았던 것이다. 여러분이 만일 로스가 해변과 비슷한 무언가는 분명히 상상할 수 있을 것이라고 생각한다면, 그는 이렇게 말할 수밖에 없을 것이다. "눈을 감아도, 책에서 해변에 대한 글을 읽어도, 몇 시간 동안 해변에 대한 생각에만 골몰해도, 아니면 해변에 간다 해도, 나는 해변에 대한 어떠한 심상도 만들어내지 못한다."[1] 심지어 로스는 마이애미에서 성장한 사람이다.

로스의 고통은 과학계에서 낯선 것은 아니다. 지난 몇 년 동안 유니버시티 칼리지 런던 신경병학 연구소의 엘리너 매과이어는 로스처럼 과거를 회상하거나 미래를 상상하는 데 어려움을 겪는 대여섯 명의 삶을 지켜보았다. 대개 변연계 뇌염limbic encephalitis 같은 질병으로 인해 해마에 손상을 입은 사람들이었다.* 이들은 마음의 눈으로 시각적인 장면을 떠올리거나, 대상의 이미지를 조합하여 일관성 있는 그림으로 만들어내지 못했다. "자신의 뒤에 무엇이 있는지도 상상하지 못합니다. 말 그대로 눈앞에 보이는 것만 봐야 합니다." 매과이어는 말한다.[2]

다음은 매과이어의 환자 두 명이 상상하기의 무익함에 대해 묘사한 것으로, 그녀의 논문에 보고되었다.

"텔레비전을 보는 대신 라디오를 듣는 기분입니다. 다양한 일들이 일어나는 것을 상상합니다만, 제 앞에 시각적인 장면이 펼쳐지지는 않아요."

---

* 로스는 이런 병에 걸린 적이 없었다. 열 살 때 머리를 크게 다쳤는데 그때 증상이 시작된 것은 아닌지 추측하고 있다.

길 잃은 사피엔스를 위한 뇌과학

"옷장에 걸어두어야 할 옷은 많은데 옷걸이가 없어서 옷이 모두 바닥에 떨어져 엉망진창인 상태가 된 것과 비슷합니다."[3]

이러한 장애로 고통받아본 사람이 아니라면 이것이 얼마나 괴로운지 상상할 수 없을 것이다. 매과이어의 환자들은 자신과 관련 있는 사건을 떠올리지 못하기 때문에 과거에 대한 흐릿한 기억만 있을 뿐이다. 이들은 자신의 미래를 상상하지 못한다. 이들은 끔찍할 정도로 길을 찾지 못한다. 머릿속에서 경로를 구상하지 못하기 때문이다. 대다수는 꿈을 꾸지 않으며(매과이어의 말에 따르면, 장면이 떠오르지 않으니 꿈을 꾸기도 어렵), 그들이 하는 공상은 현재에 국한된다.[4] 소설은 거의 읽지 않는다. 머릿속에서 지어낸 허구의 이야기에 공감하지 못하기 때문이다. 사실과 반대되는 가정을 하는 것(대안을 고려하는 것)은 그들의 능력을 벗어나는 일이며, 그렇기 때문에 도덕적 판단을 내려야 할 때 감정적으로 감당하지 못하는 경우가 많다. 매과이어가 그들에게 고전적인 '트롤리 문제'(다섯 사람을 살리기 위해 한 사람을 희생해야 하는지에 대해 의사 결정을 내려야 한다)를 내자, 그들은 어느 선택지가 더 중요한지 판단하지 못하는 것 같았고, 누군가가 죽는다는 생각에 평상심을 잃은 것 같았다.[5] 지적으로나 사회적으로 남들과 다를 바 없이 자신의 역할을 충분히 수행하지만, 시각화와 관련된 이들의 내면세계는 많이 약해진 상태이다.

장소 없는 사건은 없다

2000년 매과이어는 전공 분야를 훨씬 뛰어넘어 널리 알려졌다. 당시 런던의 택시 기사들은 3년 반 동안 런던 중심지의 지리를 익히면서 2만 5000여 곳의 거리 및 2만여 랜드마크의 이름과 위치를 학습했다. 매과이어는 이러한 런던 택시 기사들의 후위 해마posterior hippocampus가 보통 사람들보다 커졌고, 또한 택시 기사 교육을 받기 전보다도 유의미한 수준으로 커졌다는 사실을 발견했다.[6]

매과이어(그리고 전공 분야 사람들 대다수가)는 후위 해마가 공간 및 길 찾기에 관한 상세한 정보를 저장하는 저장소 혹은 그러한 정보를 처리하는 데 중추적인 역할을 한다고 해석했다. 이러한 목적으로 후위 해마를 사용하면 할수록, 후위 해마의 크기는 커진다. 이러한 사실은 왜 후위 해마의 크기가 택시 운전을 얼마나 했는지, 런던 지리를 얼마나 잘 아는지에 따라 달라지고, 왜 은퇴 후에는 정상으로 돌아가는지 등에 대해 설명해준다.[7]

신경과학자들은 여전히 해마가 기억 저장소인지, 뇌의 다른 곳에 저장된 기억을 재구성하는 곳인지, 아니면 둘 다인지 확신하지 못한다. 하지만 해마가 사건에 관한 기억과 사건이 일어난 시기 같은 자전적 기억의 생성에 결정적인 역할을 한다는 사실은 수십 년 동안 알고 있었다. 해마가 크게 손상된 사람들은 그들에게 일어났던 일을 전혀 기억하지 못하기 때문이다. 택시 기사 연구는 해마가 자전적 기억 외에도 특히 공간 기억에 대응하며, 길을 잃었을 때에 대비하고 있는 것처

　　　　　　　　　　　길 잃은 사피엔스를 위한 뇌과학

럼 보인다는 사실을 보여주었다. 반면 매과이어가 강도 높은 훈련을 받고 많은 양의 데이터(공간과는 관련없는)를 습득하는 의사[8]와 세계 기억력 챔피언[9]들의 뇌를 조사한 결과, 해마의 크기가 평균보다 크지 않다는 사실을 발견했다. 해마가 손상된 환자들이 작업 기억에 아무런 문제가 없고 다른 능력을 습득하는 데도 문제가 없음에도 불구하고 자신이 누구인지, 어디에 있는지도 모르고, 대부분 길을 찾지도 못하는 것은 우연의 일치가 아니다.

공간과 기억은 밀접하게 관련이 있어 보이지만, 어떤 식으로 관련되어 있을까? 한 가지 아이디어는 해마가 공간과 위치에 대한 기억을 다른 기억을 체계화하는 뼈대이자 지도로 이용한다는 것이다. 이렇게 생각하면, 기억을 떠올리는 것은 기억을 재구성하는 것이고, 뇌 이곳저곳의 이질적인 요소들을 끌어당기는 것이다. 마치 텐트의 구조물에 천을 씌우는 것처럼 말이다.

우리의 기억 중 대다수는 장소와 관련이 있다. 생각해보면 어떤 사건(생일 파티, 첫 데이트, 친구와의 점심 식사 등)을 떠올릴 때 그 사건이 일어났던 장소를 빼놓고 생각하기는 어렵다. 기억에서 장소의 중요성을 가장 잘 포착한 것은 문화인류학자 키스 바소의 20세기 후반 애리조나에 거주하는 서부 아파치족에 관한 연구이다. 서부 아파치족은 대부분의 원주민 집단처럼 그들의 지식과 역사를 이야기에 담아 후손에게 전달하는 방식으로 보존한다. 이야기를 듣는 사람이 사건이 일어나는 곳의 물리적인 환경에 자신들이 있는 모습을 그려내지 못한다면, 사건을 상상하지 못해 '어디서도 일어나지 않는' 허무맹랑한 발상으로 비춰질 것이다. 그들에게 "장소가 없는 사건은 일어날 수 없다. 모든 일은 어딘가에서 일어나야 한다. 어떤 사건이 발생한 위치는 사건 자체의 필수 요소이며, 따라서 사건이 발생한 위치를 파악하는 것은 사건의 발생을 제대로 묘사하는 데 (그리고 효과적으로 묘사하는 데) 필수적이다. 이러한 이유 때문에……장소가 없는 이야기들은 전해지지 않는다."[10] 바소의 말이다.

무엇이든 어떤 장소를 연상한다면 기억하기가 쉬워진다. 그리고 잘 떠오르지 않는 기억을 끄집어내는 좋은 방법은 무언가를 알게 된 장소로 돌아가보는 것이다. "공간은 기억을 되살리는 훌륭한 단서입니다. 거실에 있다가 무언가를 가지러 주방으로 갔는데 무엇을 가지러 왔는지 기억나지 않는다면, 다시 거실로 돌아가면 갑자기 떠오를 겁니다." 마이브리트 모세르는 말한다. 구전 지식처럼 들릴지도 모르지만, 수많은 연구 결과가 이를 뒷받침하고 있다. 가장 특이한 경우는 스털링 대학교의 심리학자들이 발견한 것으로, 잠수부들이 해저에서 일련의 단어를 외우면 바다 표면에 있을 때보다 훨씬 기억을 잘하는 반면, 수면 위에서 단어를 외우면 그 반대의 결과가 나왔다.[11]

장소 연상은 '로시loci(라틴어로 '장소'라는 뜻 - 옮긴이)법' 혹은 '기억의 궁전memory palace' 법이라고 알려진 고대의 암기법이 기반으로 삼고 있는 원리인데, 여기서는 친숙한 길을 따라가면서 나오는 장소에 단어나 물체가 연결된다. 이 방법은 그리스와 로마의 연설가들이 사용했는데, 이들은 도시나 저택의 방을 걸어 다니는 상상을 하면서 주요 지점과 관련된 기억을 떠올린다. 거의 대부분의 기억력 챔피언들은 수천 가지 단어나 숫자를 순서대로 암기할 수 있는 시스템의 도움을 받고 있다. 특별한 뇌가 있는 사람만 할 수 있는 것은 아니다. 연구원들은 로시법을 사용하면 누구라도 암기를 잘 할 수 있다는 사실을 알게 되었다.[12] 기억 여행에는 어느 길(이를테면 개와 산책하는 길이나 집에 있는 방을 둘러보는 것도)이든 사용할 수 있다. 이는 창의력에도 도움이 되고, 눈에 띄는 장면을 떠올리는 데도 도움이 된다. 조슈아 포어의 책《1년 만에 기억력 천재가 된 남자》[13]에서 기억력의 최고 명인 에드 쿡Ed Cooke은 쇼핑 목록에 적혀 있는 '코티지치즈cottage cheese'를 잊지 않는 좋은 방법은 현관 앞에 놓인, 물건이 가득 들어 있는 욕조tub에서 물놀이를 하고 싶은 사람을 상상하는 것이라고 제안한다(코티지치즈가 담긴 통을 tub라고 부른다.- 옮긴이). 이미지가 생생할수록 잊히지 않는다.

로시법은 해마의 공간적 특성을 이용하는 것처럼 보이며, 그것이 잘 작동한다는 사실이 매과이어에게는 전혀 놀랍지 않다. "무언가에 기반하여 뇌를 만든다면, 공간 인지 시스템을 기반으로 하는 것이 좋습니다."라고 그녀는 말한다. 그녀는 뇌에 손상을 입은 환자들과 함께 연구하는 과정에서, 해마의 공간 관련 기능과 장면을 구성하는 능력이 길 찾기뿐 아니라 과거를 기억하고 미래를 상상하는 데에도 아주 중요하다는 확신이 생겼다. 그녀는 장면들을 인지의 '통화currency'라고 생각한다. 이는 해마에 손상을 입으면 기억상실증에 걸리는 것은 물론이고 일반적인 정신 활동까지 저하되는 이유를 설명해준다.

매과이어는 해마를 기억뿐 아니라 인지의 중심으로 보는 자신의 관점이, 다수의 지지를 받고 있긴 하지만, 논쟁의 여지가 있다는 사실을 인정한다. 해마 연구의 권위자였던 하워드 에이헨바움Howard Eichenbaum 은 해마가 공간에서 길을 찾는 데 그치지 않고 '인생의 길잡이'가 주요 역할인, 고도로 복잡한 기억 시스템이라 여겼다.[14] 해마 덕분에 뇌가 어떤 사건의 공간과 시간을 포함한 다양한 요소들을 한꺼번에 처리할 수 있게 되었고, 인지 지도는 물리적인 공간에 대한 지도가 아니라 인 지에 대한 지도라고 믿었다.[15] 에이헨바움은 2017년 세상을 떠나기 전 마지막으로 쓴 글에서 이렇게 말했다. "해마는 길을 찾아갈 때 기본적 이고 필수적인 역할을 하지만, 기억을 체계화할 때 더 광범위한 역할 을 한다는 것이 드러난다."[16]

해마가 복잡한 기억과 여타의 인지적 처리를 체계화하기 위해 공 간 시스템을 사용한다는 개념은 해마가 진화하여 선사시대 인류의 선 조가 서식지를 탐험할 수 있게 되었고, 결과적으로 (1장에서 본 것처럼) 인류의 생존 가망성이 높아졌다는 흥미로운 가능성에서 유래한 것이 다. 상상이나 자전적 기억처럼, 더 정교한 인지 기능들은 해마의 현존 하는 공간 구조를 기반으로 구축하게 진화되었을지도 모른다. 이는 물 리적인 길 찾기를 도와주는 뇌 네트워크가 어떻게 정신적인 길 찾기 까지 도와주는지, 그리고 어떻게 랜드마크 사이의 관계를 이해하는 능 력을 가지고 한 사건의 수많은 구성 요소를 하나의 일관된 기억으로 결합할 수 있는지 설명해줄 것이다.[17]

우리는 해마가 진화하면서 먼저 나타난 것이 공간적 재현인지, 기억 인지, 혹은 나란히 함께 발달했는지 확신할 수 없다. 화석 기록이 그러 한 비밀을 말해줄 것 같지는 않다. 어쨌든 야생에서 생존하는 데 공간

길 잃은 사피엔스를 위한 뇌과학

을 지각하는 것이 얼마나 중요한지 고려한다면, 우리는 포유동물의 뇌가 진화 과정에서 매우 이른 시기에 공간을 지각하게 되었을 것이라고 꽤 확신할 수 있다. "어떤 동물, 이를테면 쥐 한 마리가 해결해야 하는 문제를 생각해봅시다." 케이트 제프리가 말한다. "당연하게도 집으로 돌아오는 길을 찾을 수 있어야 합니다. 또한 이곳저곳에서 벌어졌던 일들을 기억해야 하지요. 그래야 같은 실수를 두 번 하지 않을 테니까요. '지난번에 여기 왔었는데 벽 너머에 고양이가 한 마리 있었지.' 혹은 '지난번에 여기 왔을 때 왼쪽으로 갔었는데, 안 좋은 일이 생겼어. 이번에는 오른쪽으로 가야겠어.' 공간과 그 공간에서 일어나는 일들은 자연스럽게 뇌 안에서 함께 움직일 것입니다."

뇌는 어떻게 기억할까

자전적 기억에 관하여 한 가지 이해할 수 없는 것은, 우리의 삶은 연속적인 경험으로 이루어져 있지만 우리는 삶을 일련의 동떨어진 에피소드로 기억한다는 점이다. 지난 토요일을 떠올려보라. 영상을 빨리 감을 때처럼 연속적인 움직임으로 나타나지는 않을 것이다. 그보다는 중요한 장면을 요약해놓은 하이라이트 장면 모음처럼 기억한다.

우리의 뇌는 하나의 에피소드를 어떻게 구성할까? 그러니까, 언제 녹화 버튼을 누르는 것일까? 주요 결정 요소 중 하나는 장소이다. 같은 장소에서 일어난 일들은 동일한 에피소드의 일부로 기억된다. 다른 장소로 이동하면 다시 녹화가 시작된다. 바꿔 말하자면 공간의 경계가 사건의 경계를 나타낸다. 최근 요크 대학교의 실험심리학자 에이단 호너Aidan Horner 연구팀은 공간이 얼마나 장기 기억에 중요한지 보여주기 위해 복잡한 가상현실 실험을 했다. 연구팀은 실험참가자들에게 48개의 방이 문을 통해 연결된, 컴퓨터가 만들어낸 가상의 집에서 길을 찾아달라고 요청했다. 각각의 방에는 테이블 두 개가 있었고, 테이블마다 한 가지 물체가 놓여 있었다. 참가자들은 차례대로 테이블에 놓인 물체를 눈여겨보며 집을 통과해야 했다. 얼마 후 연구원들은 참가자들이 물체와 물체를 발견한 순서를 얼마나 잘 기억하는지 알 수 있는 일련의 테스트를 실시했다. 예를 들어 유모차 사진을 보여주면 참가자들은 유모차 이전과 이후에 있었던 물체가 무엇이었는지 말해야 했다.

참가자들은 기억하려는 물체들이 같은 방에 있었을 때 훨씬 잘 기억한 것으로 나타났다. 상황이 가장 중요했다. 예를 들어 유모차와 여자아이를 동일한 공간에서 마주쳤다면 유모차와 여자아이를 연관 짓는 것은 쉽다. 문을 통과하여 걸어가는 것은 기억의 시작과 끝을 나타내는 것처럼 보인다. 그리고 그 시작과 끝 사이에서 벌어진 사건은 기억 속에서 단단하게 결합된 상태로 남는다.[18]

문을 통과하는 것은 우리의 기억을 정리하는 데 근본적인 영향을 미치는 것으로 보인다. 그것은 금세 사라지는 단기 기억이나 작업 기억에는 재앙이 될 수 있다.[19] 무엇을 가지러 부엌에 왔는지 기억이 나지 않을 때가 '출입구 효과doorway effect'의 영향을 받은 것이다. 한 가지 이론은 경계를 넘어서면 단기 기억 장치를 초기화하고 그 내용을 장기

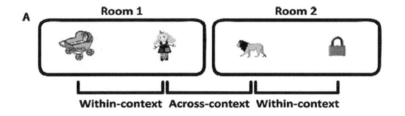

그림 8 에이단 호너의 '출입구 통과하기' 실험.

기억으로 전달한다는 것이다. 호너의 실험에서 본 것처럼 과거가 가장 잘 기억되는 것은 어떤 시기가 시작하거나 끝날 때이다.

이러한 단서에 따르면 공간의 경계는 인간과 동물의 육체적인 행동뿐만 아니라 정신적인 상태에도 중요하다. 우리가 이미 본 것처럼 인간을 포함한 모든 포유동물은 새로운 환경을 탐험할 때 경계에 이끌리며, 경계는 인지 지도의 주요 특징이다. 해마에 있는 위치 세포의 가장자리, 벽, 경계에 대한 민감도는 경계 세포에 의해 주도된다. 바로 이 세포들이 일화 기억episodic memory의 경계 역시 규정한다고 추론할 수 있을 것이다. 신경과학자들이 예측하듯이, 해마가 고유의 위치 세포 활성화 시퀀스(고유한 인지 지도)를 각 공간에 지정한다면, 그 공간에서 벌어지는 사건들 역시 지도에 국한되어 있는 것도 가능해진다.

이것은 각 일화 기억마다 다양한 인지 지도들이 있다는 의미일까? 이 이야기를 호너에게 했더니 그는 이의를 제기했다. 그러한 현상이 매혹적이긴 하지만 아직 검증되지 않았음을 고려하면 충분히 이해할 만했다. "분명히 가능성은 있지만, 확신할 수는 없습니다."라고 그가 말했다. 하지만 2017년 유니버시티 칼리지 런던의 인지신경과학연구소에 있는 그의 동료 댄 부시Dan Bush는, 실험 참가자가 즉시 같은 방으로 되돌아온다면 문을 통과하는 것이 장기 기억 강화에 도움을 주거나 그 기억을 떠올리는 것을 방해하지 않는다는 사실을 보여주었다. 부시는 이것이 장기 기억에 관한 인지 지도 가설을 지지한다고 생각한다. 같은 공간에서 발생한 사건은, 비록 방해를 받는다 해도 함께 기억난다. 위치 세포의 동일한 시퀀스에 의해 부호화되기 때문이다. 하지만 신경과학자들이 살아 있는 인간의 뇌를 개별적인 뉴런의 수준에서 연구하기가 쉽지 않기 때문에 이 이론을 완벽하게 증명하는 것은 요원한 일인지도 모른다.[20]

공간을 인식하듯 관계를 인식한다

이제 뇌의 공간 시스템이 우리가 과거를 떠올리는 데 도움을 준다는 사실이 분명해졌기에, 그러한 시스템이 우리가 미래에 대한 생각을 하는 데 도움을 준다 해도 놀랄 일이 아니다. 우선 뇌의 공간 체계는 우리가 상상의 여행을 할 수 있게 해준다. 호너 연구팀은 또 다른 가상현실 체험을 이용해서 테스트했다. 그들은 다시 한번 실험 대상자들에게 가상의 풍경을 돌아다니면서 물건 여러 개를 찾아달라고 요청했다. 그런 다음 눈을 감고 똑같은 일을 하는 모습을 상상하게 했다. 그들의 뇌를 촬영한 뒤 연구원들은 내후각 피질에서의 두 가지 뉴런의 활동(현실적인 활동과 상상의 활동)에서 격자와 비슷한 모양의 패턴을 발견했다. fMRI 스캐너는 개별적인 뉴런의 행동을 가려내지는 못하지만, 이러한 패턴은 대개 인지 지도의 주요 구성 요소인 격자 세포에 의해 유래하는 경우가 많다. 이는 격자 세포 덕분에 물리적으로나 정신적으로 공간을 여행할 수 있게 되었다는 것, 즉 현실 세계에서뿐만 아니라 상상 속에서도 여행할 수 있다는 것을 의미한다.[21]

최근에는 격자 세포가 길이나 방향을 찾는 것과 아무 관련 없는 추상적인 일에도 관여한다는 사실을 보여준 연구도 있었다. 매우 독창적인 이 연구에서 옥스퍼드 대학교의 알렉산드라 콘스탄티네스쿠Alexandra Constantinescu, 질 오라일리 Jill O'Reilly, 팀 베렌스Tim Behrens 등은 한 가지 훈련을 설계했는데, 실험참가자들은 이 훈련을 할 때 키보드로 새의 그림자를 다양한 형태로 보이도록 조작해야 했다. 목과 다리를 늘이거나 줄여서 황새나 왜가리, 논병아리, 백조, 부비새 등을 만들 수 있었다. 잠시 이런 놀이를 한 뒤에, 실험참가자들에게 새가 형태를 바꾸는 모습을 시각적으로 상상해보라고(목과 다리를 다양한 비율로 늘이거나 줄여서) 했다. 그동안 연구원들은 fMRI 촬영기기를 통해 뇌를 모니터했다. 그들이 알고 싶었던 것은 내후각 피질이나 후뇌량팽대 피질, 전전두엽 피질prefrontal cortex 등 일반적으로 공간에 관한 지식을 조직화하는 뇌의 영역이 개념적 지식을 조직화하는 데도 관여하는가 하는 것이다. "뇌의 그러한 부분들이 공간과 관계가 없는 흥미로운 일을 많이 합니다. 저는 격자 세포가 그러한 영역에서 무엇을 하는지 알고 싶습니다." 언젠가 내게 보낸 이메일에서 베렌스는 이렇게 말했다.

많은 사람이 깜짝 놀랄 수밖에 없는 fMRI 결과가 나왔다. 뇌가 추상적인 활동을 공간에 관한 일로 받아들인다는 것이었다. 마치 격자 세포가 1차원에 있는 형상을 2차원상의 운동으로 보여주는 것 같았다. 새의 목을 늘이자 격자 세포가 하나의 궤적을 따라 활성화됐고, 다리를 늘였을 때는 수직의 궤적을 따라 활성화됐다. 둘을 함께 늘이자 그 중간에서 활성화하는 모습이 나타났다. 그때의 각도는 참여자가 상상하는 목-다리의 비율에 따라 달라졌다. 격자 세포는 말 그대로 참가자에게 문제를 보여주는 것처럼 보였다. 베렌스에 따르면, 이것이 의미하는 것은 공간 인지 기능의 기본적인 역할을 하는 것으로 알려진 격자 세포가 추상적인 문제를 해결하는 데에도 이용된다는 뜻이다.[22] 뇌의 공간 체계는 단지 공간을 나타내기 위해서가 아니라 수많은 유형의 지식을 체계화하기 위하여 지도를 이용하는 것처럼 보인다. 외부 세계를 탐험하는 것만큼이나 내부 세계를 탐험하는 데 도움을 준다.[23]

이러한 연구 결과 덕분에 인지 기능의 특성에 관한 추론이 활발해졌다. 많은 논란을 불러일으킨 주장 중에는 언어(내가 보기에는 가장 근본적인 추상적 지식 체계)는 그 자체가 공간적인 뼈대 위에 구축된 것이라는 의견도 있다. 이 이론이 더더욱 흥미로운 것은 이를 주장한 사람이 바로 위치 세포를 발견한 엄격한 실증주의자 존 오키프라는 사실이다. 오키프는 전 생애를 해마 연구와, 동물과 공간의 상호작용에 관한 연구에 바쳤지만, 그 분야만 고집한 것은 아니었다.

50여 년 전 오키프는 위치 세포에 관한 초기 연구에서 인지 지도 체계가 언어에 대한 심층구조로서 기능할 가능성을 고려했다. 그는 언어

길 잃은 사피엔스를 위한 뇌과학

가 진화하면서 인간은 중요한 자원의 위치와 그곳까지 가는 방법 등 물리적인 구조에 관한 정보를 함께 나눌 수 있었고, 뇌의 다른 부분과 함께 해마(특히 많은 언어 처리가 일어나는 왼쪽 해마)[24]가 그 일을 담당(기억과 같은 방식으로)했을 것이라 생각했지만, 직관적인 생각일 뿐 단서가 있는 것은 아니었다. 그는 모든 언어가 전치사를 중심으로 만들어진다는 사실을 지적한다. 거의 모든 전치사가 장소와 물체 사이의 공간적인 관계를 표현한다.

자주 사용하는 전치사로는 'behind(~의 뒤에)', 'in front of(~의 앞에)', 'beside(~의 옆에)', 'beyond(~너머)', 'at(~에)', 'to(~으로)', 'from(~에서)', 'in(~안에)', 'out(~의 밖에)', 'under(~아래)', 'over(~위에)', 'above(~위로)', 'below(~아래)', 'through(~을 통하여)', 'across(~을 가로질러)' 등이 있다. 전치사는 명사와 명사, 대명사와 대명사를 이어주지만, 많은 언어에서 전치사는 접두사나 접미사가 되기도 한다. 전치사는 방향과 거리를 나타낸다. 기하학에서 벡터가 하는 일과 똑같다. '런던에서 파리까지 운전하기(driving from London to Paris)'처럼 문자적인 의미만이 아니라, '숭고함에서 조롱의 대상으로(from the sublime to the ridiculous)'처럼 은유적으로도 그렇다. 오키프의 추정에 따르자면, 왼쪽 해마는 우리에게 공간적 지도뿐 아니라 의미론적 지도도 제공한다. 그리고 그는 아직도 그것을 증명할 단서를 찾지 못했다고 인정하지만,[25] 다른 사람들이 찾아냈을 수도 있다. 2017년 덴마크 오흐루스 대학교의 니콜라 부코비치Nikola Vukovic가 이끄는 신경과학자 팀은, 우리가 누군가의 말을 들을 때 뇌의 공간 관련 영역을 이용해서 '나는 바나나 껍질을 벗기는 중이다.'나 '너는 토마토를 자르는 중이다.' 같은 대명사 기반 문장을 처리하며, 문장의 관점에 따라 구체적으로 뇌의 어느 영역이 활성화될 것인지 결정된다는 사실을 보여주었다.[26] 예를 들어 화자가 '너you'라는 대명사를 사용하여 청자의 관점에서 나온 생각을 요구한다면, (일반적으로 '자기중심적' 길 찾기를 주도하는 뇌의 영역 중 하나인) 두정엽 피질parietal cortex이 행동에 돌입한다. 화자가 1인칭 시점으로 말을 하여, 어쩔 수 없이 우리가 화자의 관점을 고려하게 한다면(공간적인 관점의 비중을 높이게 한다면), 오키프가 예측한 것처럼,[27] 대부분 왼쪽 해마가 처리한다.

공간적 은유는 어디에나 존재한다. 누군가 내게 '추억의 길을 걸어보라', '지난 일은 모두 잊어라put it all behind you', '앞을 내다보라', '상대방 입장에서 생각해보라'라고 말한다면, 뇌의 아주 오래된 부분이 말하고 있는 것이다. 우리는 사회적 관계를 표현할 때 늘 '가까운 친구', '사이가 멀어지다', '지인들circle of acquaintance', '출세주의자social climber' 등과 같은 부류의 말을 사용한다. 이러한 공간적인 표현은 우리가 사물이나 랜드마크에 대한 관계를 기하학적으로 상상하는 만큼, 개인적인 관계를 묘사하는 데 도움을 준다.

우리가 공간에 관한 어휘를 관계에 적용하고, 우리의 뇌가 공간을 보여주듯 관계를 보여준다는 사실은 알고 보면 놀라운 것이 아니다. 1장의 내용 중 기억이 나는 사람이 있을지도 모르겠지만, 신석기시대에 수백 킬로미터에 걸친 지역에서 사회관계망을 유지해야 했기에 우리의 길 찾기 능력도 진화했을 수 있다. 박쥐와 쥐를 이용한 실험에서는

길 잃은 사피엔스를 위한 뇌과학

위치 세포가 자신의 위치뿐만 아니라 남의 위치까지 보여준다는 사실을 알 수 있었다.[28] 그들에게 친구들의 위치는 중요하다. 인간에게도 그런 특징이 있었는지 판단할 수는 없지만, 그러한 특징이 없었다면 이상한 일이었을 것이다.

최근 뉴욕 마운트 시나이 의과대학의 다니엘라 실러Daniela Schiller가 이끄는 신경과학자 팀은 인간의 뇌가 복잡한 사회적 상호작용을 처리할 때, 공간적인 접근법을 이용한다는 단서를 발견했다. 실러는 뇌에서 감정이 어떻게 발생하는지 연구한다. 그녀는 특히 인간이 마음의 상처를 입었을 때(그녀의 아버지는 홀로코스트 생존자이다) 어떻게 대처하는지에 대해 관심이 많다. 그녀가 알아낸 사실에 따르면 상처를 극복한 대부분의 생존자가 성공적이면서 생산적인 삶을 살았는데, 이들에게는 공통적인 특징이 있었다. 사교 능력이 발달했다는 것이었다. "그들이 자신의 상처에 대해 설명하는 것을 보면 사회 환경을 매우 예리하고 성숙하게 이해하고 있음을 알 수 있습니다. 예를 들어 병사의 의도가 무엇인지, 혹은 이웃 사람들이 사실은 적군이었다는 사실을 그들은 알고 있었습니다. 그들에게는 사회 환경에서 각자 어디에 위치해 있는지 알아내는 능력이 있었고, 이 능력은 생존에 도움을 주었지요." 그녀가 내게 말했다.

실러는 이러한 유형의 사회적 지능이 뇌의 작용에 어떻게 반영이 되는지, 그리고 사람들 사이의 관계를 뇌가 어떻게 추적하는지 알고 싶었다. 그래서 실러와 그녀의 동료들은 '관계 게임relationship game'을 고안했다. 이 게임에서는 참가자들이 가상의 캐릭터와 상호작용을 하는 동안 fMRI 촬영 장비로 그들의 뇌를 촬영한다. 게임이 진행되면 연구팀은 모든 역학 관계에 영향을 미치는 두 가지 요소인 권력(다른 사람에게 복종적인가, 권위적인가?)과 소속감(얼마나 기꺼이 비밀을 공유하는가?)을 조작했다. "나와 아주 가까운 친구 두 사람이 있다고 해보지요. 그중 한 사람이 큰 권력을 얻고, 두 사람이 예를 들어 나의 상사가 된다고 해봅시다." 실러가 설명했다. "이는 곧 두 사람을 향한 나의 소속감에 영향을 미칩니다." 즉, 내가 두 사람을 얼마나 신뢰하는지에 영향을 미친다.

실러는 참가자들이 캐릭터와 상호작용을 하는 동안 왼쪽 해마의 혈류가 변화한다는 사실을 알아냈다. 그녀는 해마가 사회성(이 경우에는 권력과 소속감)의 크기를 측정할 때 공간의 크기를 재는 것처럼 측정한다고 생각한다.[29] 이 연구가 공간 인지와 사회성 인지 사이의 연관성을 발견한 최초의 연구는 아니었다. 2004년 텍사스 대학교의 연구원들은 멕시코 사람들에 대해 부정적이었던 학생들이 멕시코가 실제보다 훨씬 멀리 떨어진 곳에 있다고 생각한다는 사실을 발견했다. 실러의 이론에 따르면, 그 학생들은 사회적 거리를 대신해서 지리적 거리를 사용하고 있는 것 같았다.[30]

실러의 연구는 사회적 인지의 공간적인 특징에 관해서는 물론이고 감정적인 회복력에 관하여서도 중요한 것을 말해주었다. 참가자 가운데 대인 관계에 자신감이 넘치는 사람들(신경증 및 사회적 불안 테스트에서 가장 낮은 점수를 받은 사람들)의 해마의 활동은 허구의 캐릭터와의 관계를 가장 정확히 측정했다. 실러가 우연히 발견한 것은 사교 능력,

길 잃은 사피엔스를 위한 뇌과학

혹은 심리적 회복력에 관한 신경 신호인 것 같았다. 그리고 그것은 뇌의 길 찾기 중추 바로 한가운데에 있었다.

길 잃은 사람과 우울증 환자의 공통점

뇌가 사회적 과제를 다룰 때 공간 문제를 다룰 때와 유사한 방법으로 해결하려고 한다면, 이러한 두 가지 능력이 밀접한 관계를 맺고 있다고 볼 수도 있다. 과연 그럴까? GPS가 없어도 낯선 도시에서 길을 잘 찾는다면, 수수께끼 같은 직장 내의 사회적 관계를 능숙하게 풀어낼 수 있을까? 직감적으로 맞는 말처럼 들리지만, 이러한 비약에 대한 단서는 아직 없다. 많은 요인이 해마가 처리하는 것 이상으로 사회 지능에 영향을 미친다. 그렇긴 하지만 정신 건강이 이러한 해마의 기능에 달려 있다는 것에는 의심의 여지가 없다. 우울증, 정신분열증, 반사회적 인격 장애, 정신적 외상 후 스트레스 장애(PTSD), 자폐증 등은 모두 해마의 기능 장애와 관련이 있다. 이러한 질환으로 인한 만성 스트레스가 해마를 수축시키는 것으로 보인다(수축 때문에 그러한 질환이 나타나는 것일 수도 있지만). 이것은 왜 정신 질환이 인지에 무차별적으로 영향을 미치는지 설명해줄 것이다. 수축된 해마는 혈관이 막혔을 때처럼 여러 생체 기능을 떨어뜨린다.

정신 질환이 사회적 인지에 미치는 영향('사회적 지도'를 읽고, 사회적 관계를 형성하고 이해하는 능력의 감소)은 정신 질환의 가장 파괴적인 특징이 될 수도 있다. 우울증은 무엇보다도 외로움의 병이다. 중증 우울증 환자들은 가상의 세계에서 산다. 그들은 마음속의 동굴에서 인생이 흘러가는 것을 지켜본다.《나의 우울증을 떠나보내며》에서 대프니 머킨은 외로움을 "뼈에 달라붙어…… 내가 움직일 때마다 그림자처럼 따라 움직인다."라고 묘사했다.[31] 우울증에 관한 최초의 회고록《보이는 어둠》(주목할 만한 점은 이 책이 1990년이 되어서야 출간되었다는 것이다)을 쓴 윌리엄 스타이런은 우울증을 "어마어마하게 고통스러운 고독"이라고 생각했다.[32] 그러한 고립과 그 고립이 어떻게 끝날지에 대한 공포는 상상조차 쉽지 않다. 그것은 길을 잃는 것에 대한 공포이다. 스타이런에게 자신의 우울증과 가장 잘 어울리는 은유는 단테의《지옥》에 나오는 세 줄이었다.

인생이라는 여정을 가는 도중에
어두컴컴한 숲속에서 길을 잃었네
쭉 뻗은 길이 시야에서 사라졌다네[33]

어두운 숲이나 황야, 산 등지에서 길을 잃은 사람이라면 생각까지 왜곡시키는 본능적인 공포심에 대해 증언할 것이다. 정말로 길을 잃게 되면 원초적인 무언가가 느껴진다. 신석기시대의 우리 선조들에게 길을 잃는다는 것은 죽음을 뜻했을 것이다(당연히 일부는 살아남는다). 길을 잃는다는 것은 우울증에 걸리는 것과 다르지만, 감정적으로나 심리적으로는 공통점이 있다. 왜곡된 의사 결정과 나를 둘러싼 모든 것에

길 잃은 사피엔스를 위한 뇌과학

그림 9 귀스타프 도레는 단테의 쓸쓸한 역경을 동판에 새겼다.

서 느껴지는 소외감, 죽음에 대한 확신 등이 그것이다. 그들은 또한 언어를 공유한다. 우울증 환자들은 자신을 바다에서 표류하는 버림받은 사람으로 묘사한다. 정신적으로나 육체적으로 길을 잃었다는 것은 은

유적으로, 그리고 인지적으로도 잘 어울려 보인다. 우울증에는 안전지대가 없다.

이따금 표류하는 느낌이 다시 찾아오면 우울증 환자들은 심리적으로나 육체적으로 길을 잃는다. 캘거리 대학교의 연구원들은 신경과민증이나 낮은 자존감으로 고통받는 사람들일수록 인지 지도를 생성하거나 랜드마크 사이의 공간적인 관계를 마음속에 그리기가(어떤 장면에 대한 '조감도bird's-eye view'를 만들기 위해) 유난히 어렵다는 사실을 보여주었다. 아마도 그 이유는 해마의 위치 세포를 약화하는 스트레스 호르몬 때문일 것이다.[34] 다른 연구에서는 PTSD 환자들에게 유사한 장애가 있다는 사실을 보여주었다. 이러한 경우 2차 피해보다는 실제로 공간 감각에 결함이 생겨 우울증이 나타나는 것일 수도 있다. 일반적인 경우와는 달리 트라우마를 유발했던 상황을 해결하지 못해 일관적인 기억을 생성하지 못한다. 그 결과 괴로운 기억들이 끊임없이 떠오르는 고통스런 삶을 살게 된다.[35]

심리적 질환과 인지적 질환은 공간과 관련된 기이한 습관으로 이어질 수 있다. 실종자를 추적하는 수색 및 구조 전문가는 다양한 장애에 따른 고유한 방랑 패턴을 식별해왔고, 이는 어느 곳을 수색해야 할 것인지 결정하는 데 도움을 준다.[36] 예를 들어 치매가 있는 사람들은 보통 돌아다니기 시작하기 전부터 방향감각을 잃어버리는데, 직선으로 움직이는 경우가 많다. 영국의 수색 및 구조 당국의 보고에 따르면 치매 환자들은 실종자 중 두 번째로 많은 집단에 속한다.[37] 이들보다 두 배 이상 많은 첫 번째 집단은 우울증 진단을 받은 환자들로 의도적으로 길을 떠난 사람들이다.

사람들은 희망을 잃으면 왜 걷는 것일까? 아마도 잃어버린 길을 찾으려는 것일 수도 있다. 아니면 더 이상 희망을 찾을 수 없는 곳에서 벗어나려는 것일지도 모른다. 아니면 완전히 사라져버리려는 것일 수도 있다. 구조대원들은 어느 곳을 먼저 수색해야 하는지 알고 있다. 자살하는 사람들은 대개 자신에게 친숙한 곳을 마지막으로 찾아간다. 소풍을 갔던 곳, 전망이 좋은 장소, 가장 좋아하는 숲속 산책길 등. 의미 있는 장소에는 구원이 있다. 마지막으로 그곳을 보기 위해 왔을지라도.

우리의 심리 상태가 공간 또는 장소와의 상호작용을 파괴할 수 있다면, 그 반대 역시 가능하다. 제한적인 환경이 정신적 붕괴를 유발할 수 있다. "한 사람을 파괴하는 방법은 여러 가지가 있지만, 가장 간단한 방법은 장기간 홀로 가두어놓는 것이다." 철학자 리사 겐터Lisa Guenther가 2013년 같은 주제에 관한 연구에서 썼던 글이다.[38] 경비가 삼엄한 교도소의 수감자나 납치된 사람처럼 좁은 공간에 오랫동안 갇혀 있던 사람들은 큰 분노를 느끼게 된다. 일반적인 경우 공황 발작, 편집증, 외부 자극에 대한 과민증, 강박적인 사고, 왜곡된 인식, 환각, 사고 및 기억 장애 등이 나타나고, 드물게 극심한 정신 질환과 영구적인 정신적 피해 등을 겪기도 한다. 더블베드 크기의 공간에 갇혀 살게 되면 상당수가 공간과 관련된 인지 기능이 파괴되는 것으로 보인다. 이것은 단지 인간의 존엄성과 이동성뿐만 아니라 존재에 대한 모욕이다.

무엇보다도 혼자 있게 감금하는 것은 사회적 공간을 박탈하는 행위이다. "잿빛 바다가 앞뒤로 끝없이 펼쳐져 있다. 사방을 둘러싼 공허

함과 외로움이 너를 지워버리겠다고 위협한다."[39] 이것은 세라 슈어드 Sarah Shourd가 썼던 말이다. 그녀는 2009년부터 2010년까지 이란의 교도소 작은 감방에서 410일 동안 갇혀 있었다(그녀가 공간의 부재를 어떻게 무한대까지 뻗어나간, 지옥과 다름없는 적막감으로 재구성했는지 보라). 슈어드가 경험한 것은 사회학자들이 '사회적 죽음social death'이라고 부르는 것으로, 그녀가 아는 모든 사람이 그녀를 잊었고, 그녀가 돌이킬 수 없을 만큼 다르게 변했음을 말한다. 우리의 정체성은 사회적으로 구성되기에 타인과의 의미 있는 접촉이 없다면 우리는 우리가 누구인지 알기 위해 힘겨운 과정을 거치게 된다. 겐터는, 할 수 있는 일이라고는 방 안을 왔다 갔다 하는 것밖에 없는 곳에 누군가를 가두는 일은 우리가 당연하게 생각하는 것, 즉 "타인과 공동으로 소유하고 교류하는 공간으로서의 세계에 대한 열린 인식"을 그 누군가에게는 거부하는 것이라고 말한다.[40]

결국 독방에 수감된 많은 죄수들은 사람과의 접촉에 굶주려 하다 그 생각 때문에 길을 잃고 위협받는 상태가 된다. 죄수들은 사회적 지도를 형성할 능력 혹은 의지를 잃고, 이로 인해 출소 후 정상적인 생활을 하기 어려워진다. 오늘날 미국에는 약 8만 명의 죄수들이 여러 유형의 독방에 갇혀 있다.[41] 2011년 유엔의 고문 관련 특별조사위원이 고문이 유발하는 정신 손상 때문에 전 세계에 고문 금지를 요청했음에도 말이다.[42]

길 잃은 사피엔스를 위한 뇌과학

공간적 상상력의 힘

공간의 상실이 우리를 파괴할 수 있지만, 공간을 현명하고 창의적으로 사용하면 구원이 찾아올 수도 있다. 독방에 갇힌 사람들 중에는 상상의 나래를 펼쳐 육체적인 현실의 공포를 초월하여 정신을 온전히 유지해나가는 사람도 있다. 마이클 쥬얼Michael Jewell은 살인죄로 텍사스 교도소에서 40년간 복역했는데, 판타지 시나리오를 창작하여 시나리오 속의 열린 공간을 돌아다니며 낯선 사람들과 교류해 7년간의 독방 생활을 견뎌냈다고 말했다. 그는 잡지 〈노틸러스〉에 이렇게 말했다.

공원에 있는 제 모습을 상상할 수도 있겠지요. 벤치에 앉아 있는 누군가를 우연히 만날 수도 있고요. 그 사람에게 앉아도 되느냐고 묻습니다. 나는 "날씨가 정말 좋군요." 따위의 인사를 합니다. 그러면 상대는 "정말 그러네요."라고 답을 하지요. 대화를 하는 동안 조깅을 하는 사람, 자전거를 타는 사람, 스케이트보드를 타는 사람이 지나갑니다. 대화는 30분이나 한 시간 동안 이어지기도 합니다. 눈을 뜨고 일어서면 생기가 돌고 기운이 나기까지 합니다.[43]

공간에 대한 상상의 혜택을 느껴보기 위해 창문도 없는 감방에 갇힐 필요는 없다. 일상에서도 상상은 우리에게 도움이 된다. 명상을 할 때 잡생각을 하지 않는 방법은 잡생각들이 물을 건너가거나 하늘로 올라가는 모습을 상상해서 말 그대로 나 자신과 거리를 두는 것이다. 많은 작가들은 글을 쓰기 전에 줄거리의 배경을 시각화한다. J.R.R. 톨킨은 캐릭터와 줄거리를 전개하기 위해 《호빗》과 《반지의 제왕》의 상상의 무대인 '중간계'의 지도를 여러 개 만들었다. 톨킨은 "현명하게도 한 장의 지도에서 시작해서 줄거리를 지도에 맞추었다."고 말했다.[44] 이야기를 창작하고 말하는 것은 위기나 회복의 시기에 우리들 자신의 서사를 진화시키는 한 방법이 될 수 있다. 사회학자 아서 프랭크는 《몸의 증언》에서 이야기는 "병에 걸려 자신이 삶의 어디쯤에 와 있고 어디로 가고 있는지 깨닫지 못하는 환자의 상처를 아물게 해준다. 이야기는 지도를 새롭게 그려 새로운 목적지를 찾는 한 가지 방법이다."[45]라고 했다.

우리가 공간을 활용하면 효과적으로 인지 지도를 사용할 수 있다. 이 말은 우리가 할 수 있을 때마다 물리적인 공간과 교류해야 한다는 뜻이다. 우리는 무의식적으로 자주 이런 행동을 한다. 전화로 수다를 떨면서, 대화가 어떤 식으로 흘러가고 있는지 복기하면서 인도 위에서 이리저리 서성이는 사람을 보라. 그 사람은 자신이 어느 곳을 왔다 갔다 했는지 기억하지 못할 것이다. 하지만 그런 행동은 도움이 된다. 물리적인 공간에서 문제를 파악하고 해결하면 문제를 깊이 생각하고 기억하기가 수월해지기 때문이다. 스탠퍼드 대학교의 인지심리학자 바버라 트버스키Barbara Tversky는 복잡한 공간을 볼 때 손으로 그 공간을 그리면, 그 공간을 더 잘 기억한다는 사실을 발견했다.[46] 몸짓은 생각 이상의 것을 전달한다. 단어만으로 충분하지 않을 때 몸짓은 의미와 개념을 나타낼 수 있다. 이 역시 그리 놀라운 일이 아닐지도 모른다. 트

길 잃은 사피엔스를 위한 뇌과학

그림 10 톨킨이 그린 중간계의 지도.

버스키가 말한 것처럼 "언어가 있기 오래전부터 공간이 있었다."[47]

우리가 주변 환경과 소통하거나 공간적 상상력을 발휘할 때 해마는 무엇을 하고 있을까? 아마도 온 힘을 다해 정신없이 일을 하고 있을 것이다. 활동적인 해마는 인지 능력이 건강하다는 사실을 암시하며, 특정 공간 활동은 해마를 훈련하는 데 특히 효과적이다. GPS를 이용해 길을 찾아가는 것은 맹목적으로 남에게 이끌려가는 것과 마찬가지이기 때문에, 해마를 훈련하는 데 효과적이지는 않다(사실 뇌의 완전히 다른 부분을 사용한다). 이와는 대조적으로, 지형을 연구하고, 내가 가려고 하는 곳과 내가 있는 곳의 상대적인 위치를 그려서 (다시 말해, 인지 지도를 구축하여) 길을 찾는 것이 인지 능력이 풍부해지는 길이다. 이것은 특히 우울증이나 PTSD 등의 장애로 해마에 손상을 입은 사람들에게 좋을 수 있다. 신경증과 공간 관련 능력 사이의 연관성을 밝혀낸 캘거리 대학교의 연구원들은 정신 질환이 있는 환자에게 탐험을 하도록 권장하면 해마에 있는 위치 세포의 성장을 자극하여 증상 완화에 도움이 될 것이라고 믿는다.[48] 생물학적인 측면을 고려하지 않더라도, 공간을 탐색하는 것(랜드마크 사이의 관계에 초점을 맞추어야 한다)은 건강한 정신생활의 본보기가 될 수 있고, 외로움 심지어 우울증을 막아주는 보호막이 될 수 있다. 심리치료사들은 정신적인 고통과 함께 나타나는 내향적 성향에 맞서기 위해 환자들에게 그동안 직접적으로 경험하지 못했던 사람이나 관점을 접하면서 관계를 쌓으라고 조언한다.[49]

외로움에서 벗어나 자신이 갈 길을 찾을 수 있다는 생각은 역학자들과 공중보건 관계자들이 이러한 상태를 이해하게 된 방식과 일치한다. 2009년 미국 대학 세 곳의 연구원들은 외로운 사람들의 분포를 매사추세츠주 수천 명의 사회관계망 안에 나타냈다.[50] 연구원들은 외로운 사람들은 한곳에 뭉쳐 있는 경우가 많다는 사실을 발견했고, 이는 내가 외로울 때 자주 접했던 사람 역시 외로운 사람일 가능성이 높다는 뜻이다. 그것이 외로움을 떨쳐내기가 그토록 어려운 이유이다. 영국의 일부 지역 당국은 '외로움의 지도'를 제작하여 고립된 주민들을 파악하고 식별하는 것을 돕기 시작했다. 다음 단계는 이들이 더 큰 우정을 쌓도록, 이상적으로는 사회관계망에 포함되지 않은 주민들과 관계를 맺도록 도와주어야 할 것이다.

길 잃은 사피엔스를 위한 뇌과학

우리가 스스로 길잡이가 되어 긍정적인 정신 상태로 자신을 인도할 수 있다는 말은 너무 좋은 말이라서 거짓말처럼 느껴지지만, 내면의 지도가 인류의 진화와 발전에 얼마나 중요한 역할을 했는가를 생각해 본다면 내면의 지도 훈련이 불러오는 건강한 결과는 당연한 것이다. 우리는 공간적 존재이다. 따라서 우리가 어떻게 환경을 경험하는지가 우리에게 미치는 영향은 크다. 다음 장에서는 그러한 상호작용, 즉 뇌가 낯선 장소를 이해하는 방식, 길을 찾기 위해 사용하는 정신적 전략, 우리를 주변에서 벗어나지 않게 하는 인지 메커니즘(과 그 메커니즘이 늘 작동하지는 않는 이유) 등을 조금 더 가까이 들여다볼 것이다. 세상은 넓고, 기이하며, 이따금 두렵다. 우리의 기술과 정교함에도 불구하고, 우리가 영원히 떠돌아다니고 있지는 않는다는 것이 놀랍기도 한다.

5장

낯선 곳에서 길을 찾는
몇 가지 전략

인간의 길 찾기 능력은 다른 동물보다 좋다고 볼 수 없다.

그 이유는 우리가 선천적으로 길을 잘 못 찾기 때문이 아니다.

단지 우리 안에 있는 지도의 잠재력을 제대로 활용하지 않기 때문이다.

얼마 전에 아내와 함께 남미를 배낭여행하던 중, 칠레 북부의 방대한 사막 동쪽 끝에 있는 오아시스 주변에 황토로 지어진 마을인 산페드로데아타카마San Pedro de Atacama를 여행했다. 그곳에서 우리는 주변을 구경할 겸 자전거를 빌려서 10킬로미터를 달려 악마의 골짜기라는 뜻을 지닌 쿠에브라다 델 디아블로Quebrada del Diablo라는 사암 협곡에 갔다. 그곳에는 침식된 골짜기 사이로 평원이 잘 내려다보이는, 동쪽으로는 안데스산맥이 펼쳐진 절벽으로 올라가는 길이 하나 있었다. 정상까지 800미터 남은 지점에서, 우리는 우리처럼 더위에 자전거를 타고 모래로 된 오르막길을 오르는 것이 과연 좋은 방법인지 의문을 품기 시작한 네 명의 유럽 여성들을 지나쳤다.

오후가 되어 골짜기를 내려오는 길에 경찰관 두 명이 협곡에서 '여성 실종자 네 명'을 보았는지 묻고 있었다. 그 여성들이 실종된 후에는 보지 못했다고, 우리는 경찰관에게 말했다. 잠시 후 산페드로로 돌아가는 길에 무장한 지프 한 대가 파란 빛을 번쩍이며 우리를 지나쳐 갔고, 젊은 칠레 남자가 숨을 헐떡이며 맹렬한 속도로 자전거를 타고 가다가 자신의 자전거를 빌려 간 '아가씨들'을 보았는지 물었다. 여자들 중 한 명이 한 시간 반 전에 그에게 전화를 걸어 길을 잃어서 쿠에브라다 협곡에서 나오지 못하고 있다고 말했다고 했다. 마을로 돌아왔을 때 사람들은 모두 여자들 얘기뿐이었다.

아타카마는 세계에서 가장 건조한 사막으로, 밤이 길고 춥다. 사람들이 왜 젊은 여자들을 걱정했는지 잘 알 수 있었다. 우리가 그 여자들을 봤을 때는 반바지와 티셔츠 차림에 슬리퍼를 신고 있었고, 오후를 버틸 만한 정도의 물을 들고 있었다. 지역 주민들은 관광객들이, 이름은 불길하지만 쿠에브라다 델 디아블로에서 길을 잃는 경우는 거의 없다고 말했다. 주요 경로는 두세 갈래로 갈라지지만 결국 같은 장소에서 만나게 되어 있어서, 길을 잘못 들어서기가 어려웠다. 해가 질 때까지 여자들이 발견되지 않자, 경찰은 강력한 탐조등과 함께 오토바이를 탄 경찰관들을 협곡으로 보냈다.[*]

길 잃은 사람들을 비웃기는 쉽지만, 누구나 길을 잃을 수 있다. 낯선 길을 따라 GPS 없이 A지점에서 B지점으로 가는 것(그리고 다시 돌아오기)은 가장 복잡하고 까다로운 인지 과제 중 하나이다. 이 과제를 성공적으로 해내려면 주변을 잘 살피고, 풍경의 특징을 잘 기억해야 하고,

---

[*] 나중에 들은 소식으로는 결국 그날 밤 그 여성들은 무사히 발견되었다고 한다.

길 잃은 사피엔스를 위한 뇌과학

거리를 계산하고, 움직임을 조절하고, 자신의 위치를 알고, 방향의 변화에 주의를 기울이고, 경로를 계획하고, 경로의 변화에 대비하고, 여러 유형의 감각 정보를 처리해야 한다. 당연하겠지만, 그러려면 뇌의 많은 부분이 관여해야 한다. 후뇌량팽대 피질은 랜드마크의 영속성을 구축하고 우리가 향한 방향과 지역의 형태local geometry 사이의 관계를 파악한다. 해마와 내후각 피질은 인지 지도를 구축하고 경로를 처리한다. 전전두엽 피질은 의사 결정과 기획을 지원한다. 해마곁장소영역parahippocampal place area과 후두부장소영역occipital place area은 시각적 장면을 해석하고, 후두정엽 피질posterior parietal cortex은 시각-공간 인식과 조정을 담당한다. 이들 영역 중 어떤 곳에 문제가 있거나, 해마에 회백질이 줄어들거나, 중요한 문제에 관심을 기울이지 않거나, 불안해지거나, 오른쪽 대신 왼쪽으로 가거나, 동료들의 말다툼 때문에 집중하지 못하거나, 자기 집이 전혀 엉뚱한 곳에 있다고 우긴다면, 길을 잃은 것이나 마찬가지이다. 사람들은 문제가 생기기 전까지는 길을 찾아가는 것이 단순하다고 생각한다.

확신이 서지 않는다면 에릭 더 레드Erik the Red를 만나봐야 한다. 에릭은 매사추세츠 공과대학의 컴퓨터 과학자인 레슬리 팩 카에블링Leslie Pack Kaebling이 설계한 길 찾기 로봇이다. 에릭이라는 이름은, 여러 가지 폭력 행위를 저질러 노르웨이에서 추방된 뒤 그린란드를 '발견'했던 한 바이킹족 탐험가에게 따온 것이다. 로봇 에릭 역시 탐험가이지만, 그의 야심은 훨씬 소박하다. 사무실에서 가구에 부딪치지 않고 사람들 책상에 물건을 전달해주는 것이다. 제작된 지 거의 20년이 되었다는 사실을 고려하면 에릭은 이러한 일들을 상당히 잘하는 편이다.

에릭의 길 찾는 능력은 인간에 비하면 원시적인 수준일지도 모르지만, 환경을 학습하고 랜드마크를 인식하고 기본적인 공간 기억을 쌓으려면 여전히 여러 가지 기술이 필요하다. 에릭은 광학적 흐름을 모니터하고 사물의 가장자리와 윤곽을 파악하기 위해서 비디오 스트리밍을, 거리를 측정하기 위해 레이저빔을, 단거리 통신을 위해 적외선 '휘스커whisker' 센서를, 지형도를 위해 음파 기술을, 충돌을 감지했을 때 보고하기 위해서는 충격 센서를 이용한다. 이러한 입력 신호에 따라 의사 결정을 내리게 해주는 알고리듬이 장착되어 있다. 에릭이 현재보다 약 1000배 이상 복잡한 계산을 처리한다면 인간의 길 찾기 시스템에 어느 정도 가까워질 것이다.

인간의 길 찾기 시스템

인간에게는 그 어느 인공적인 시스템과 비교할 수 없을 만큼 정교하고 뛰어난, 축복받은 내부의 길잡이가 있다. 우리는 그것을 어떻게 사용하는 것일까?

심리학자들은 사람들이 낯선 지형에서 길을 찾을 때 두 가지 전략 중 하나를 따른다는 사실을 발견했다. 모든 것을 자신의 위치와 연관시키는 '자기중심적' 방법, 혹은 지형의 특징과 그러한 지형들이 서로의 위치를 알리기 위해 어떤 방법을 사용하는지에 의존하는 '공간적'

방법이 그것이다. 자기중심적 방법은 다음과 같은 일련의 지시를 따르는 것과 같다. 교차로 몇 곳을 지나면 방향을 바꾸는가? 그곳에서 좌회전을 해야 하나, 우회전을 해야 하나? 이와는 대조적으로, 공간적 방법은 조감도의 시점을 이용하는 것이다. 저 언덕을 기준으로 우리 집은 어디인가? 남쪽으로 가야 하나 서쪽으로 가야 하나? 자기중심적 방법은 내 직관을 따르는 것이고, 공간적 방법은 큰 그림을 보는 것이다.

두 방법 모두 일정 수준까지 효과가 있으며, 많은 사람들이 두 가지 방법을 번갈아 사용한다. 자기중심적 길 찾기가 더 간단하고 빠른 경우가 많아서 동일한 경로를 반복하여 이용할 때(예를 들면 매일 통근하는 경우) 사용하면 좋다. 하지만 언제나 이 방법에 의존해서는 안 된다. 신호 역할을 하는 것이 현실과 맞지 않을 경우(도로가 차단되었거나 랜드마크가 없어졌다면) 대체할 만한 지리적 지식이나 우회로를 계산할 방법이 없기 때문이다. 공간적 전략만이 주변 환경과 그 주변 환경에 대한 나의 상대적인 위치를 알 수 있게 해준다. 자기중심적 관점은 한 장의 평범한 사진처럼 한 지점에서의 해석이다. 공간적인 관점은 데이비드 호크니David Hockney의 풍경처럼, 심도가 깊고 다중적인 관점을 지니고 있다.

짐작했겠지만 두 가지 방법은 뇌의 서로 다른 부분을 사용한다. 자기중심적으로 경로를 따라가는 것은 두 영역과 관계가 있다. 그중 하나인 뇌의 중심부 가까운 곳에 있는 조직 꼬리핵caudate nucleus은 운동 조절과 습관적인 행동을 학습하는 데 관여한다. 그리고 다른 하나인 후두정엽 피질은 뇌의 뒷부분에서 공간적인 사고의 여러 가지 역할을 담당한다. 반면 공간적 길 찾기는 뇌의 지도 제작자인 해마가 주도한다. 꾸준하게 공간적 접근법으로 길을 찾는 사람들의 해마에 있는 회백질이 더 큰 이유는 아마도 해마를 더 많이 훈련시켰기 때문일 것이다. 자기중심적 방법으로 길을 찾는 사람들의 경우, 같은 이유로 꼬리핵이 더 크다.

당연한 결론이지만 뇌는 우리가 뇌를 어떻게 사용하는지에 따라 반응한다.* 길 찾기의 심리학에 관한 연구에서 일반 대중 가운데 자기중심적 길잡이와 공간적 길잡이의 비율은 약 50대 50이다.[1] 그러한 비율 안에서 나이, 성별, 문화, 도시에서 성장했는지, 아니면 시골에서 성장했는지, 건강 상태, 그리고 심지어 왼손잡이인지 오른손잡이인지에 따라 엄청난 차이가 나타난다(다음 장에서 우리는 왜 이러한 요소들이 그렇게 중요한지 알아볼 것이다).

숙련된 길잡이들(낯선 지역에서도 방향감각과 자신의 위치를 잃지 않으며 길을 찾을 수 있다는 의미에서)이라면 아마도 기본적으로 공간적 전략을 사용할 것이다. 효과적인 길 찾기를 하려면 인지 지도가 필요한데, 자기중심적 전략으로는 인지 지도를 만들기가 어렵기 때문이다. 예상한 것처럼 숙련된 길잡이들은 공간적 방법을 사용하기 때문에 해마가 더 발달했을 것이다. 적어도 대학생을 대상으로 한 연구에서는 이런 결과가 나왔다.[2] 아직까지 이누이트족 노인과 폴리네시아의 선

---

* 또한 자기중심적 길잡이들은 밀도가 높은 꼬리핵을 이용하여 출발할 수 있고, 공간적 길잡이들은 밀도가 높은 해마를 이용해서 출발할 수 있다.

길 잃은 사피엔스를 위한 뇌과학

원, 오스트레일리아 원주민, 알래스카의 모피 사냥꾼, 미 육군 특공대원, 지도제작자, 오리엔티어링 챔피언 등을 비롯해서 '타고난 길잡이'로 유명한 이들의 뇌를 분석한 사람은 없지만, 이들의 해마 부위는 잘 발달했을 것이다. 만일 그렇다면 그것은 연습의 결과일까, 아니면 '길 잡이의 재능'을 타고난 것일까? 우리는 알 수 없다.

유전자도 분명히 일조했을 것이다. 2016년 몬트리올 맥길 대학교의 신경과학자 베로니크 보봇Veronique Bohbot이 이끄는 연구팀은 아포지단백Apolipoprotein E(APOE) 유전자의 특정 버전이나 대립형질을 보유하고 있는 사람들은 해마가 크고 공간 전략을 이용할 가능성이 높다는 사실을 보여주었다.[3] 이 결과가 특히 흥미로운 이유는 연구원들이 연구 중인 APOE2로 알려진 대립형질이, 발병 위험을 두 배로 높이는 APOE4와는 달리, 알츠하이머병으로부터 보균자를 보호한다고 알려졌기 때문이다. 내후각 피질과 후뇌량팽대 피질, 해마 등은 가장 먼저 알츠하이머병의 영향을 받는 부분이며, 공간 능력의 쇠퇴는 알츠하이머병의 초기 증상 중 하나이다. 보봇은 APOE2의 보균자가 알츠하이머병에 더 잘 저항할 수 있는 한 가지 이유는 그들의 해마에 있는 추가적인 회백질이 알츠하이머병이 일으키는 신경 퇴화를 막아주기 때문이다. 또한 추가적인 회백질은 공간 전략을 사용했기 때문일 수도 있다. 그럴 경우 "우리는 유리한 유전자가 없는 사람들이, 해마를 성장시켜주는 공간 전략을 사용하도록 훈련시켜 그들을 방어해줄 수 있다."[4]

보봇은 단순히 길을 따라가는 것보다, 비록 뇌의 힘을 많이 필요로 하더라도 공간적 방법을 이용하여 우리 주변에 대한 인지 지도를 구축하는 것이 더 효율적이라고 믿는 많은 연구자 중 한 명이다. 인지 지도를 만든다고 해서 낯선 곳에서 집까지 가는 길을 자동으로 찾아주지는 않지만, 우리가 사는 동네에 대한 믿을 만한 공간 기억을 구축하게 해준다. 벌은 인지 지도를 이용하여 보금자리를 찾고, 코끼리는 물웅덩이를 찾는다. 철새는 인지 지도를 이용해 여행의 종착지를 알 수 있다.[5] 대다수 21세기 인간의 길 찾기 능력은 다른 동물보다 좋다고 볼수 없다. 그 이유는 우리가 선천적으로 길을 잘 못 찾기 때문이 아니다. 단지 우리 안에 있는 지도의 잠재력을 제대로 활용하지 않기 때문이다. 실제로 우리는 나이가 들어갈수록 인지 지도를 덜 사용한다. 보봇은 어린 시절에는 84퍼센트가 공간 전략을 사용하지만 어른이 되면 절반 이하로 줄어든다는 사실을 발견했다.[6] 하지만 우리가 인지 지도를 필요로 할 때, 인지 지도는 늘 그 자리에 있었다. 그리고 수십만 년 동안 우리의 선조들은 인지 지도를 사용했다. 세상을 배우고, 해마를 건강하게 관리하는 데, 그리고 아마도 인지 능력 쇠퇴를 피하는 데 이보다 더 좋은 방법은 없다.

경로적분

동물 세계의 수많은 길잡이 전문가들 가운데 사막개미보다 뛰어난 동물은 별로 없다. 사막개미들은 개미집을 나와 이곳저곳을 돌아다니다가 운 좋게 먹이를 구하면, 전에는 한 번도 가본 적이 없는 일직선을

길 잃은 사피엔스를 위한 뇌과학

따라 서둘러 집으로 이동한다. 사막개미는 자기 몸 길이의 1만 배가 넘는 100미터 이상 떨어진 곳까지 먹이를 구하러 나왔다가도 집으로 돌아가는 경로를 (경로적분을 이용하여) 계산할 수 있다. 이것이 얼마나 대단한 능력인지 이해하기 위해 사람에 비유하자면, 어떤 사람이 무작정 하루 밤낮을 헤매 돌아다니고 난 다음에 GPS의 도움 없이 바로 집 문 앞까지 가는 방향을 알아내는 경우를 상상하면 된다. 이것은 대다수 인간의 능력을 뛰어넘는 것이다.[7]

경로적분을 하기 위해서는 어떤 동물이 자신의 동작을 자신의 감각에만 의존해서 감지해야 한다. 이러한 정보는 직선 및 각 가속도를 감지하는 전정계(인간의 경우는 내이內耳)와 속도를 감지하는 광학적 흐름, 시간의 인지, 근육과 관절에서의 피드백을 통하여 생겨난다. 인간의 경로적분 능력을 테스트하는 표준적인 방법은 불투명한 고글을 쓰고 삼각형의 두 변을 따라 걷게 한 다음, 출발점을 찾아보라고 하는 것이다. 인지신경과학자 콜린 엘러드Colin Ellard는 이러한 임무를 수행할 때 인간이 보여주는 능력은 '우연과 크게 다르지 않은 수준'이라는 사실을 발견했다.[8] 인간은 한 걸음 움직일 때마다 계산 오류를 저지르며, 이러한 오류는 곧바로 쌓인다.

경로적분의 가장 순수한 형태는 궁극적으로 자기중심적 전략이다. 우리는 내비게이션 장비가 없거나 랜드마크 혹은 경계가 없는 환경에서 여행할 때(예를 들어 바다나 사막, 혹은 완전한 어둠 속에서) 아주 가끔 경로적분을 이용한다. 하지만 대부분의 결과는 좋지 않다. 다행히도 경로적분을 사용해야 하는 경우, 우리를 도와줄 환경적 단서가 많다.

어두워진 공원에서 지름길을 선택하는 것은 도전이지만, 눈에 띄는 나무나 독특하게 생긴 길을 슬쩍 눈여겨본다면 자동운동self-motion과 시각 데이터를 결합해 오류를 수정할 수 있다. 현실 세계의 경로적분은 자기중심적 전략과 공간적 전략의 결합이다. 이것은 부끄러운 일이 아니다. 사막개미도 주위 환경에서 도움을 얻는다. 편광을 감지하는 능력을 이용해 태양의 위치에 대응하는 각도를 확인할 수 있다.

우리가 경로적분을 하고 있을 때 해마와 주변에서는 무슨 일이 일어날까? 기억하겠지만 각도와 관련된 것은 머리방향 세포가 관여해야 하고, 거리와 관련된 것은 격자 세포가 있어야 한다.[9] 따라서 이 두 가지 뉴런이 모두 활성화된다고 가정할 수 있다. 하지만 머리방향 시스템은 랜드마크가 있어야 안정적으로 작용한다. 그리고 과거에는 인지 지도에 절대적으로 필요한 거리 행렬distance matrix을 제공하는 것으로 여겨졌던 격자 세포는, 현재 경계선 근처를 벗어나지 않는 것으로 알려져 있다. 이와 같은 사실은 우리가 저런 특징들을 모르고 길을 나설 때 상황이 금세 나빠지는 경우가 많다는 것을 설명해줄 수 있다.[10]

감각을 총동원하다

코네티컷의 시골에서 성장한 니컬러스 기우디스Nicholas Giudice는 어린 시절 자전거를 타고 동네나 숲을 돌아다녔다. 평범하게 들리겠지만 기우디스는 태어날 때부터 눈이 거의 보이지 않았다(그의 시력은

길 잃은 사피엔스를 위한 뇌과학

20/2000이었는데, 이 말은 시력이 정상인 사람이 2000피트 떨어진 곳에서 보이는 것을 그는 20피트 떨어진 곳에서 볼 수 있다는 뜻이다). 기우디스는 현재 메인 대학교 공간정보과학 교수이며, 가상현실 등의 기술을 이용해 사람들이 세상을 이해하기 위하여 다양한 감각을 어떻게 이용하는지에 관한 연구를 하고 있다.[11] 기우디스는 말한다. "저는 언제나 공간에 따라 사람들의 행동이 어떻게 달라지는지 관심이 많았습니다. 제가 다르게 행동한다는 사실을 알고 있었거든요. 어린 시절 사람들에게 언제 저 소리를 들었는지, 언제 우회전을 했는지 기억하느냐고 물었습니다. 그러면 사람들은 말했지요. '대체 무슨 말을 하는 거니?'"

대화를 할 때 기우디스는 매우 집중해서 듣는다. 사람들이 하는 말에만 주의를 기울이는 것이 아니라, 사람들이 무슨 행동을 하는지, 어디에 앉아 있고, 무슨 생각을 하는지 주의 깊게 관찰한다. '보지 못해도 살아남기'라는 인생 전체를 아우르는 계획이 자신의 일생일대의 과업이 되었다는 점에서 그는 평범한 사람은 아니다. 그럼에도 불구하고 그는 스스로를 비웃는 행동 따위는 하지 않는다. 그는 자신이 가장 잘 보는 것 두 가지가 있는데, 하나는 불이고 다른 하나는 금발이며 둘 다 자신을 곤경에 빠뜨린 적이 있다고 농담 삼아 말한다. 그는 '가차 없는 중력과 싸우지 않아도 되는 때'가 최고라고 생각하면서도, 자신이 항상 주위 환경을 한 장의 지도라고 상상하는 공간적인 인간이라고 묘사한다. 대학 사무실에서 인터뷰를 하는 그는 검정색 가죽 안락의자에 파묻혀 있었고, 독일산 셰퍼드 버니가 그 발치를 지키고 있었다.

기우디스의 주장은 세상을 볼 때 세상의 공간적 특성을 완전히 인식

할 필요는 없다는 것이다. "사람들이 시각 정보라고 부르는 것은 대부분 실제로는 공간 정보입니다. 방을 둘러보십시오. 방에 있는 것은 모서리, 평면, 표면 등과 이들 사이의 관계입니다. 그러한 것들은 시각적인 것이 아니라 공간적인 것입니다. 색상은 시각적이지요. 어떤 공간을 만지게 하면 그 공간을 이해하는 데 볼 때보다 시간이 오래 걸리겠지요. 하지만 학습할 시간을 충분히 준다면 시각과 촉각 모두 결과가 좋다는 사실을 발견했습니다. 비시각적인 감각을 통하여 만들어진 인지 지도가 시각을 통하여 만들어진 인지 지도와 운영적으로나 기능적으로 차이가 없다는 단서가 많습니다."[12]

다음과 같은 간단한 사고실험을 해보자. 가장 좋아하는 술집 테이블에 앉아 있다고 상상해보자. 바로 내 앞에는 빈 접시와 포크, 뚜껑을 딴 맥주병이 하나씩 놓여 있다. 접시는 테이블 가장자리에서 5센티미터 떨어져 있고, 포크는 접시의 왼쪽 부분에서 5센티미터, 맥주병은 접시의 오른쪽 윗부분(1시 방향)에서 5센티미터 떨어진 곳에 있다. 대상이 서로 어떻게 관계를 맺는지 알 수 있는 몇 가지 방법이 있다. 확실한 방법으로는(시력에 문제가 없다면) 대상을 바라보는 것이다. 역시나 정확한 다른 방법은 손으로 만져보는 것이다. 또는 누군가에게 묘사해달라고 할 수도 있다. 어떤 방법을 선택하든 마음의 눈으로 본 공간 관계는 아주 똑같이 보일 것이다.[13]

기우디스는 이러한 훈련을 통하여 공간 인지(어떻게 주변의 공간을 알게 되었나)는 시각적 처리와는 별도로 운영된다는 것을 보여주고 싶어 했다. 우리는 사용할 수 있는 감각을 이용하여 내부의 지도를 만들

길 잃은 사피엔스를 위한 뇌과학

수 있다. 신경영상neuroimaging 연구에서도 같은 이야기를 한다. 해마곁 장소영역은 다양한 관점에서 같은 장소를 인지하게 해주는 3차원 장면 처리에 관련된 뇌의 영역으로, 그곳에서 받는 공간 정보가 시각에서 오든 촉각에서 오든 모두 효과적인 것으로 밝혀졌다.[14] 쥐를 이용한 실험에서 위치 세포가 빛과 소리, 접촉을 이용하여 인지 지도를 만들 수 있고, 인간도 역시 그럴 것이라는 충분한 근거가 있다는 것을 보여주었다. 세타 리듬은 동물이 이동할 때 해마의 위치 세포의 활성화를 동기화하는 저주파 진동으로, 눈이 보이는 사람에게나 눈이 보이지 않는 사람에게나 활성화되어 있다.[15]

뇌는 우리가 뇌에 공급하는 정보가 무엇이든 그 정보로 세계지도를 만들 수 있다. 눈이 보이지 않으면 엄청난 정신적 노력이 필요하겠지만 말이다. 눈이 보여서 좋은 점 한 가지는 내가 있는 곳뿐만 아니라 조금 전에 내가 있었던 곳까지 한눈에 알 수 있다는 것이다. 눈이 보이지 않는 사람이 이것을 이해하기는 매우 어렵다.

"눈이 보이는 사람에게 눈을 가리고 돌아다닌다면 무엇이 가장 두려울 것 같냐고 물으면 물건에 부딪히거나, 거리에서 넘어지거나, 길위의 장애물을 피해 가는 것이라고 말합니다." 기우디스는 말한다. "눈이 보이지 않는 사람에게 이런 것은 문제될 것이 없습니다. 지팡이나 안내견, 혹은 다른 사람의 도움을 받으면 되거든요. 어려운 점은 자신이 어디에 있는지 파악하여 공간을 업데이트하고, 인지 지도를 새롭게 하는 것입니다. 청각과 촉각은 시각에 비해 자발적인 운동이나 거리와 방향 등에 대해서 훨씬 적은 정보를 전달합니다. 눈이 보이지 않는 사람들에게 산책은 멍하니 있거나 쉬기 위한 시간이 아니라, 꾸준히 주변에 무엇이 있는지 파악하고, 공간에 관한 문제를 해결해야 하는 도전의 시간입니다." 시각장애인들은 소리에 대해서 백과사전적 지식을 가지고 태어나거나, 운동과 거리가 어떤 관련이 있는지 선천적으로 이해하는 것이 아니다. 그들은 이러한 어휘를 아무런 사전 지식 없이 처음부터 배워야 한다.

기우디스가 외국의 한 도시를 방문하면 거기서 얻는 경험은 눈이 보이는 그 어느 누구 못지않게 풍부할 수도 있지만, 이는 쉽지 않은 일이다. 예를 들어 호텔 바로 건너편에 있는 빵집까지 가기 위해서 그는 눈이 보이는 사람은 눈치도 채지 못할 연속적인 신호에 주의를 기울여야 한다. 도로시설물을 경계하라는 발자국의 반향, 사람들이 인도에 놓인 테이블에서 식사하는 소리, 보행자가 길을 건널 수 있음을 가리키는 발밑의 점자블록, 도착했음을 알려주는 빵 냄새 등등.

일부 시각장애인들은 마치 박쥐처럼 세상을 학습한다. 혀 차는 소리 또는 지팡이를 두드릴 때 나는 반향을 이용하여 앞에 있는 것을 음향적으로 재현하는 것이다. 이쪽에는 나무 한 그루, 저쪽에는 벽, 이쪽에는 보행자들. 대니얼 키시Daniel Kish는 이러한 기법을 널리 알리기 위해 그 누구보다 많은 일을 해왔고,[16] 그의 반향위치측정법echolocation 덕분에 '배트맨'이라는 별명도 생겼다. 키시는 반향위치측정법이 어둠 속에서 성냥불을 켜는 것과 같다고 여긴다. 눈이 보이는 사람들은 빛으로 이미지를 만들어내지만, 그는 메아리로 이미지를 만든다고 말한다.[17] 2015년 '음향을 이용하여 길을 찾는 방법'이라는 TED 강연에서,

길 잃은 사피엔스를 위한 뇌과학

그는 반향위치측정법을 이용하여 "360도를 볼 수 있는 방법을 설명했다. 그 방법은 내 앞의 모습뿐만 아니라 뒤의 모습까지 잘 보게 해주었다. 길모퉁이에서도, 표면에서도 잘 작동한다. 일종의 뚜렷하지 않은 3차원 기하학이었다."[18]

누구나 반향위치측정법을 사용할 수 있다. 눈을 감고, 천천히 벽을 향해 걷다가, 벽에 닿기 전에 멈추어보라. 대부분의 사람들은 쉽게 할 수 있다. 움직이는 소리는 상당히 정확한 거리감을 느끼게 해주기 때문이다. 기우디스는 이것을 '안면시야facial vision'라고 부른다. 실제로는 청력을 이용하긴 하지만 말이다(만일 손가락으로 귀를 막고 한다면 대부분 얼굴이 먼저 벽에 닿을 것이다.).

메아리를 이해하려면 그 형태에 주의를 기울여야 한다. 연구자들은 반향위치측정 능력이 눈이 보이는지 여부와는 무관하며, 개인차가 매우 크다는 사실을 발견했다. 그러한 차이는 작업 기억과 공간 인지 같은 인지 능력보다는 집중력과 관련이 있다.[19] 시각장애인들은 걱정 없이 홀가분한 마음으로 돌아다니기 어렵다. 곧바로 길을 잃거나 의지할 곳을 찾아야 할 것이다. 시각장애인에게 밖에 나가 돌아다니는 것은 육체적인 훈련일 뿐 아니라 인지 능력 훈련이기도 하다.[20] 이처럼 끊임없이 자각하여 얻을 수 있는 보상은 주위 환경에 대한 생생하고 다층적인 인상이다. 우리의 감각을 총동원한다면 우리가 장소에 대해 얼마나 알게 되고 길을 잘 찾게 될지 궁금해진다.

우리가 방향을 착각하는 이유

사람들의 길 찾기 특성은 매우 흥미로울 때도 있다. 몇 년 전 어느 날 오후 아내가 될 사람과 데이트하던 시절, 우리는 그녀가 살던 집 근처인 일링Ealing의 어느 공원 벤치에서 만나기로 약속했다. 나는 그곳을 찾을 수가 없었다. 그녀가 지하철역 북쪽에 약속 장소가 있다고 설명했는데, 사실은 서쪽에 있었기 때문이었다. 내가 이에 관해 묻자 그녀는 어느 건물이나 지하철역에서 나와 거리에 발을 내딛을 때는 언제나 정면이 북쪽이라고 생각한다고 말했다. 믿기 어렵지만 지도제작국에서 일하는 내 지인을 포함한 다수의 사람들이 이런 이상한 생각을 품고 있다. 하지만 듣기보다 비합리적이지는 않다.

우리는 길을 찾을 때 몸과 우리를 둘러싼 환경에서 나오는 정보를 이용한다. 하지만 실제로 어딘가 가기 위해서는 저 두 가지 정보를 결합하여 물질적인 세계와 연결해야 한다. 그러기 위해서는 방향감각을 주고 머리방향 시스템의 기준점이 되는 높은 빌딩이나 큰길 같은 무언가에 자신을 맞추는 것이 가장 쉽다. 지도에 익숙한 사람이라면 기준이 되는 네 방향, 특히 북쪽(어느 쪽인지 안다면)이 도움이 될 것이다. 길 찾기 테스트 결과에서 알 수 있는 것은 많은 사람들이 북쪽을 향해 탐험을 할 때 어떤 장소를 쉽게 알아낸다는 점이다. 아마도 북쪽이 위쪽을 향한 지도에 익숙하기 때문인 듯하다.[21]

지도를 볼 때 일반적으로 북쪽이 앞에 있다. 모두 지도제작 문화의 유물일 뿐이고 방향에는 아무런 영향을 미치지 않는다. 중세 유럽의

길 잃은 사피엔스를 위한 뇌과학

지도는 기독교적 감수성에 따라 '동쪽이 위'에 있고, 초기 이슬람 지도는 메카Mecca가 있는 방향을 향하게 되어 있었다. 중요한 것이면 모두 위로 올라갔다. '북쪽이 위'에 있는 지도는 유럽 탐험가들이 북극성과 (북쪽을 가리키는) 항해용 나침반을 이용하여 아주 먼 곳까지 여행하기 시작했던 16세기에 흔히 볼 수 있었다. 이후 북쪽에 대한 생각은 쟁취해야 할 곳, 또는 영원히 닿을 수 없는 곳처럼 중요하다는 인상을 남겼다. 표준 나침반 바늘은 늘 북쪽을 가리키면서도 더 가야만 북쪽에 이르게 된다고 우리를 설득한다. 유일한 예외는 북극에 있을 때인데, 그곳에 도착하면 나침반 바늘은 목적을 잃어버린 채 정신 나간 사람처럼 빙글빙글 돌아간다.[22]

이 책의 자료를 조사하는 동안 나는 '노스센스North Sense'라는 기기를 팔에 장착했다. 이 기기는 북쪽을 향하게 되면 진동이 울려 지구의 자기장을 감지하게 해준다. 유용한 방향 감지 기기였지만 일종의 닻처럼 벗어날 수 없는 무엇이 되었다. 노스센스를 떼어내자 지구에서 떨어져 나간 기분이 들었고, 내가 얼마나 만유인력을 그리워하는지 깨닫고 놀랐다.[23] 그 기기가 '사우스센스South Sense'였어도 같은 인상을 받았을까? 아마도 아닐 것이다.

그러한 상징성의 무게를 못 이겨 동요하는 순간 아무 방향이나 북쪽이라고 착각하는 것은 당연해 보인다.[24] 자신의 심적 지도가 실제보다 단순하거나 대칭에 가깝다고 왜곡하는 경향과 비슷하다. 이는 초보자는 물론 경험 많은 길잡이에게서도 흔히 볼 수 있다. 우리의 뇌에는 장소를 보여주고 기억하는 정교한 메커니즘이 있지만, 큰 그림을 그려야 할 때 우리는 희망적 사고의 대가가 된다. 우리는 완만한 곡선을 직선으로 상상하고 사선斜角을 수직으로 상상한다. 우리는 수직축과 수평축을 따라 도시를 재배치한다. 이는 왜 많은 영국인이, 자신들의 나라가 서쪽으로 20도 기울어져 있다는 사실을 잊고서, 에든버러가 브리스틀보다 동쪽에 있다고 잘못 생각하고 있는지 설명해준다. 계곡과 도로 같은 눈에 잘 띄는 지형물을 회전시키면 손쉽게 기본 방향에 맞출 수 있다. 우리는 일상적으로 중점적인 랜드마크 주변의 거리를 과소평가한다. 이로 인하여 랜드마크 주변 공간이 축소되는 기이한 현상이 나타난다.[25]

1970년대 지리학자 D.C.D. 포코크Pocock는 그의 고향인 잉글랜드 북동부의 도시 더럼Durham의 관광객과 지역 주민에게 주변의 지도를 그려달라고 부탁했다. 제각각 다른 방향을 향하고 있는 여러 개의 다리가 놓인, 굽이쳐 흐르는 강의 경사진 언덕에 위치한 중세의 대성당이 있는 도시 더럼의 구조는 뉴욕만큼이나 뒤틀려 있다. 그럼에도 불구하고 참가자들은 대각선을 평행선으로, 불규칙한 모습을 대칭으로 묘사했다. 그들은 포코크가 '보기 좋은 것을 따르는 경향'이라고 부른 것에 굴복하여, 마음의 눈으로 그곳을 깨끗이 청소한 것이다.[26] 도시를 잘 아는 사람들은 도시를 미화하는 데 애를 쓰며, 예술적 표현을 최대한 허용했던 것 같다.

40년 뒤 심리학자 단 몬텔로Dan Montello는 캘리포니아 대학교 샌타바버라 캠퍼스에서 비슷한 실험을 했다. 미국의 태평양 해안선은 대부분 남북 방향으로 뻗어 있지만, 샌타바버라 부근은 동서 방향으로 이어져 있어 주민들조차 그들이 생각하는 미국 지도(대부분의 미국 사람들은 태평양 해안선이 남쪽으로 멕시코 국경까지 이어져 있다고 생각한다)와 다르다고 느꼈다. 몬텔로가 학생들에게 북쪽을 가리켜보라고 하자 상당수의 학생들이 해안을 따라 서쪽을 가리켰고, 서쪽을 가리키라고 하자 남쪽을 가리켰다. 학생들은 눈에 띄는 경계선을 찾아 방향의 기준점으로 삼는 '가장자리 편향edge bias'에 빠진 것이었다. 몬텔로는 '샌타바버라 남쪽 해안에 사는 사람들의 상당수가 해가 남쪽에서 뜨고 북쪽으로 지는 것처럼 보인다는 사실을 알고 있는지' 궁금해졌다.[27]

우리는 왜 그토록 지리를 우리 입맛에 맞게 바꾸려고 할까? 아마도 우리는 지도의 선과 경계를 조정하고 재배치하여 쉽게 알고 기억하고자 하는 것일지도 모른다. 아니면 그러한 개선이 어떤 장소와 하나가 되려는 과정의 일부일 수도 있다. 어딘가에서 느끼는 안정감이 길을 찾을 때 가끔 저지르는 실수의 위험보다는 클 것이다. 무엇보다도, 누가 집에서 길을 잃을까?*

여기까지 읽어왔으니 우리가 어떻게 길을 찾는지, 우리가 길을 찾을 때 뇌에서는 어떤 일이 벌어지는지, 그리고 우리를 둘러싼 세상과 교류하고 친숙해지는 데 사용하는 전략에 대해 잘 알 것이다. 다음 장에서는 가장 흥미롭고 논란의 여지가 많은 질문에 대해 알아볼 것이다. 왜 어떤 사람들은 다른 사람보다 길을 잘 찾을까? 연구자들은 개인 사이에 길 찾기 능력과 공간적인 능력에서 유의미한 차이가 있다는 사

---

*　어떤 사람들은 실제로 집에서 길을 잃는다. 10장에서 그런 사람들에 대해 알아볼 것이다.

실을 발견했다. 이제 그러한 차이가 얼마나 큰지, 그 차이의 원인은 무엇이고 왜 중요한지, 그리고 어떻게 하면, 반대 여론에도 불구하고, 길을 잘 찾을 수 있는지 알아보기로 하자.

6장

여자의 길 찾기,
남자의 길 찾기

여자아이들이 남자아이들보다

장소를 경험할 기회가 없다는 사실이

성인이 되어서도 길 찾는 능력에 영향을 미칠지도 모른다.

직접 경험하지 않으면 어떤 일도 개선되기 어렵다.

얼마 전에 여동생이 뉴캐슬이 잉글랜드에 있는지 스코틀랜드에 있는지 물었다. 이 모습을 영국의 독자들이 봤다면 한쪽 눈을 치켜떴을 것이다. 그런데 여동생이 뉴캐슬에서 남쪽으로 불과 수 킬로미터 떨어져 있고 스코틀랜드 국경에서 남쪽으로 100킬로미터는 족히 떨어진 더럼이라는 도시에 있는 대학교를 3년이나 다녔다는 사실을 알게 된다면 두 눈을 치켜떴을 것이다. 우리 가족에게는 너무나 익숙한 그녀의 모습이었다. 햄프셔의 시골에서 자란 여동생은 친구나 친척을 만나러 운전을 하고 가다가 길을 알려달라고 전화하기 일쑤였다. 자신이 어디에 있는지, 어떻게 그곳에 가게 되었는지 거의 알지 못했다. 지리와 방향은 그녀에게 도움이 된 적이 없었다. 이미 짐작했겠지만 위성 항법 장치는 여동생에게 생명의 은인이다.

내 여동생 같은 사람이 많을 것이다. 그리고 그 반대인, 타고난 길잡이도 있을 것이다. 내 사촌은 한 번 가본 길은 몇 년 뒤에도 기억한다. 왜 어떤 사람들은 길을 잘 찾을까 하는 문제는 길 찾기 역사의 핵심 미스터리이다. 인간의 방향감각과, 주변 환경에 대한 내면의 지도를 그리는 능력을 연구하는 연구자들은 수시로 어마어마한 개인의 차이를 보고한다. "그러한 능력이 좋은 편이라면, 주위 환경을 얼마나 빠르게 지도처럼 재현하는지 놀랍다는 것이고, 나쁜 편이라면 그토록 많이 보여주어도 놀라울 정도로 길을 찾지 못한다는 것입니다." 단 몬텔로가 말한다.

누군가가 길을 잘 찾는지 알아내는 좋은 방법은 그냥 물어보는 것이다. 우리는 자신의 공간 능력을 꽤 잘 평가한다(일단 우리는 경험이 많다). 그리고 끊임없이 방향을 찾지 못하는 것을 인정해도 창피해하지 않는다. 조금 더 깊이 들어가려는 심리학자들은 흔히 고전적인 '경로 적분' 테스트의 변형을 사용한다. 심리학자들은 테스트에서 참가자들에게 별개의 두 길을 탐험해달라고 부탁한다. 이 두 길은 하나의 경로로 연결되어 있다. 그런 다음 각자가 길을 걸었을 때의 환경에 대해 질문한다. 예를 들어 여러 경로 중 한 곳에 있는 어떤 랜드마크 옆에 서 있다고 생각하며, 다른 경로에 있는 랜드마크를 가리키라고 부탁한다. 아니면 랜드마크 사이의 거리를 예측하거나, 두 가지 경로가 서로 얼마나 연관되어 있는지 보여주는 지도를 그려달라고 부탁한다. 이러한 연구들은 대부분 참가자들이 세 집단으로 나뉜다는 것을 보여준다. 랜드마크 사이의 관계를 즉각 알아내 전체 지역에 관한 인지 지도를 그려내는 사람들, 각각의 경로에 있는 랜드마크는 잘 기억하지만 두 랜

길 잃은 사피엔스를 위한 뇌과학

드마크 사이의 관계는 잘 연결하지 못하는 사람들, 두 가지 모두 가망이 없어 보이는 사람들이다.[1]

길 찾기 능력과 성격의 관계

길 찾기 능력이 이토록 눈에 띄게 차이가 나는 이유는 무엇이고, 그러한 차이에 유전이나 양육, 경험 등이 얼마나 많은 영향을 미치는 것일까? 이 질문에 대답하기 어려운 이유는 낯선 환경에서 길을 찾는 행동에는 뇌의 여러 영역과 많은 개별적인 인지 기능이 관여하기 때문이다. 의사 결정이나 주의 같은 기능은 당연하게도 길 찾기의 핵심 역할을 한다. 마음속으로 3차원 형상을 회전하거나 신문지가 접힌 모습을 시각화하는 능력 등은 그보다는 중요하지 않을지 모르지만, 지도 읽기에는 도움이 될 수 있다. 지도를 물리적으로 회전시켜서 정면에 맞게 조정하지 않고 북쪽이 위로 가게 하여 지도를 읽을 수 있다면 아마도 마음속으로 능숙하게 회전하는 능력이 있는 것이다.[2]

한 가지 공간 기능에 능숙하다고 해서 나머지 역시 뛰어나다고 할 수는 없다. 이케아 가구를 잘 조립한다 해도 방향감각이 떨어질 수 있다.[3] 말은 이렇게 했지만 숙련된 길잡이들은 처음부터 끝까지 모든 면에서 유능한 경우가 많다. 숙련된 길잡이들은 주위 환경에 주의를 기울이고, 적절한 시기에 결정을 내린다. 이전에 왔던 장소를 다른 시각에서도 알아볼 수 있고, 일반적으로 남의 관점을 잘 이해한다.[4] 작업 기억력이 좋으며, 이동 거리, 얼마나 자주 방향을 바꾸었는지, 랜드마크의 위치 등을 기록할 수 있다.[5] 길 찾기에 능숙한 사람들의 해마(상세한 공간 정보가 처리되는 뇌의 일부)는 평균보다 크다.[6] '장 독립성field independence' 테스트 점수가 높다. 이 테스트는 크고 복잡한 형태 안에서 간단한 형태를 얼마나 쉽게 찾아내는지 측정하며, 랜드마크와 경로 및 기타 특징들을 한 장의 심적 지도로 정리하는 데 유용한 능력이다.[7] 또한 길 찾기에 공간 혹은 '조감도' 접근법과 자기중심적 경로 기반 접근법을 모두 능숙하게 이용하며, 언제 둘을 바꾸어야 하는지 안다.

길을 잘 찾는다고 해서 반드시 공간에 관련된 비범한 능력이나 기타 유형의 능력이 있는 것은 아니다. 지능이 높은 것과 방향감각은 무관하다는 것을 내 여동생을 보면 알 수 있다. 여동생은 더럼 대학교에서 자연과학부를 우수한 성적으로 졸업했다. 하지만 길을 잘 찾는 데 유용한 인지 능력이 삶의 다른 영역에서 가치를 헤아릴 수 없을 만큼 소중할 수 있다. 어린이용 공간 테스트에서 거둔 성적은 과학, 기술, 공학, 수학 등 이른바 STEM(Science, Technology, Engineering, Mathmatics) 과목과 이러한 분야에서 직업적인 성공을 거둘 수 있는지에 대한 좋은 지표이다. 건축가나 그래픽디자이너, 외과의사, 엔지니어, 기계 기술자, 항공교통 관제사가 되고 싶은 사람이 어려서부터 머릿속에서 사물의 형태를 잘 회전시킬 수 있다면 좋은 기회를 잡을 것이다(말할 필요도 없겠지만, 동기부여를 비롯한 다른 많은 특성 역시 중요하다).[8]

우리의 공간 능력은 돌 무렵까지 빠르게 발달하며, 그 능력은 매우 잘 변한다.[9] 어린아이가 물건의 형태를 느끼고, 물건을 쌓고 무너뜨리

　　　　　　　　　　　　길 잃은 사피엔스를 위한 뇌과학

고, 공간 퍼즐을 풀고, 무엇을 하고 있는지에 대해 말하고 몸짓을 하고, 액션 비디오 게임을 하고,[10] 무엇보다도 탐험을 하기에[11] 한 살이라는 나이는 절대 어린 나이가 아니다. 노라 뉴컴Nora Newcombe은 필라델피아에 있는 템플 대학교의 심리학자로, 오랫동안 어린아이의 발달에 공간적 사고가 미치는 영향을 조사했다. 그녀는 부모와 교사가 가능할 때마다 공간적 사고를 장려해야 한다고 믿는다. 그녀는 2010년 동료인 안드레아 프릭Andrea Frick과 함께 쓴 논문에서 "공간과 관련된 임무와 과제는 어디에나 존재한다."고 말했다. "그 시트는 어느 쪽으로 씌워야 침대에 맞는가? 왼쪽 신발 끈이 위로 가는가 혹은 아래로 가는가? 식료품이 한 봉지에 다 들어갈까? 베이글을 다른 방향으로 자르면 어떤 모양이 될까? 그렇게 해도 토스터에 들어갈까? 이러한 질문은 어린아이에게 도전과 함께 공간에 관하여 배우고 생각하는 다양한 기회를 제공한다."[12]

이러한 소규모 공간에서 행동과 사고를 잘한다고 해서 길을 잘 찾을 수 있는 것은 아니다. 넓고 탁 트인 곳에 무방비 상태로 나와 있을 때, 의사 결정과 집중력, 자신의 움직임에 대한 기록의 필요성 등 수많은 기능이 작동한다. 뉴컴은 머릿속에서 어떤 물체를 회전할 수 있는 능력은 커다란 공간에서 길을 찾는 것과는 '상당히 다른' 능력이라고 믿는다. "그러한 수많은 기능은 대개 서로 다른 뇌의 영역에 의존한다. 그 기능들은 연관되어 있지만, 많은 인지적 구조가 연관되어 있는 것만큼은 아니다."라고 그녀는 말한다. 예를 들어 항공 교통 관제사는 3차원 공간에서 대상물을 능숙하게 조작해야 하지만, 최고의 길 찾기

샌타바버라 방향감각 척도

이 설문지는 여러분의 공간 및 길 찾기 능력과 선호도, 경험에 관한 몇 가지 진술로 구성되어 있습니다. 각각의 진술에 대하여 동의하는 정도에 따라 숫자에 동그라미를 표시해주시면 됩니다. 강력하게 동의하신다면 숫자 '1'에 동그라미 표시를 해주시고, 절대 동의할 수 없다면 숫자 '7'에, 또는 그 중간이라면 정도에 맞게 동그라미 표시를 해주시기 바랍니다. 만일 동의하는 것도 동의하지 않는 것도 아니라면 숫자 '4'에 표시를 해주시면 됩니다.

강하게 동의한다 1 2 3 4 5 6 7 절대 동의하지 않는다

- 나는 방향을 아주 잘 가르쳐준다.
- 나는 물건을 놓고 온 장소를 잘 기억하지 못한다.
- 나는 얼마나 떨어져 있는지 정확히 판단한다.
- 나는 '방향감각'이 아주 좋다.
- 나는 내 주변 환경을 동서남북을 기준으로 생각하는 편이다.
- 나는 낯선 도시에서 길을 자주 잃는다.
- 나는 지도 보기를 즐겨 한다.
- 나는 방향을 이해하는 데 문제가 있다.
- 나는 지도를 아주 잘 읽는다.
- 나는 내가 운전하지 않을 때는 길을 거의 기억하지 못한다.
- 나는 방향을 가르쳐주는 것을 좋아하지 않는다.
- 내가 있는 장소를 아는 것은 내게 그다지 중요하지 않다.
- 나는 오랫동안 여행을 할 때 대개 다른 사람이 여행 계획을 세우게 한다.
- 나는 한 번만 가본 낯선 길도 대부분 기억할 수 있다.
- 나는 내 주위 환경에 대한 아주 좋은 '심적 지도mental map'가 있다.

그림 11 길 찾기 능력의 표준 테스트로 활용되는 샌타바버라 방향감각 테스트 설문지.

길 잃은 사피엔스를 위한 뇌과학

전문가가 될 필요는 없다.

머릿속에서 회전하기 같은 소규모 공간 능력이 길 찾기 능력을 정확히 예측하지 못한다면, 예측할 수 있는 것은 무엇인가? 최근 널리 사용되고 있는 샌타바버라 방향감각 척도를 만든 메리 헤거티Mary Hegarty는 사람들의 공간 능력 차이의 많은 부분을 성격의 차이로 설명할 수 있다는 사실을 발견했다. 1만 2000명이 넘는 개인을 대상으로 한 연구에서 방향감각이 뛰어난 사람들은 외향성, 성실함, 개방성에서 높은 점수를 받았고, 신경증적 성향에서는 낮은 점수를 받았다.[13]

생각해보면 이것은 그리 놀라운 일은 아니다. 힘과 열정(외향성), 부지런함과 섬세함(성실함), 호기심과 창의력(개방성)은 모두 길을 찾을 때 유용한 자질이다. 이러한 자질은 강제로 주위 환경과 관계를 맺게 하기 때문이다. 정서 불안(신경증적 성향)은 없어도 살 수 있다. 생기가 넘치고, 자제할 줄 알며, 모험을 좋아하고, 자신감이 넘치는 사람은 내성적이고, 산만하고, 편협하고, 겁이 많은 사람보다 길을 잃을 가능성이 훨씬 낮다(모험을 좋아하는 기질 때문에 제일 먼저 위험에 처할지도 모르지만). 마찬가지로 신경과민이라면 새로운 장소를 탐험하고 싶어 하지 않을 것이기에 공간에 대한 자신감을 키울 기회를 놓치게 될 것이다.* 길 찾기 능력이 성격에 좌우된다는 발상은 흥미롭다. 우리는 성격에 따라 사람들과 교류하는 방식도 달라진다고 생각한다. 하지만 헤거

---

* 헤거티에 따르면 빅파이브 성격 특질 중 방향감각과 무관한 것은 친화성이 유일했다. 단체로 여행을 하는 경우, 큰 관련이 있을 것이다.

티의 연구에 따르면, 성격은 환경과의 상호작용 형태 또한 결정한다. 이는 성격이 한 생애 동안 지속적으로 유지된다고 가정했기 때문에, 길 찾는 실력이 형편없는 사람들이 개선되기는 어렵다는 것을 의미한다. 다행히도 이것은 사실이 아니다. 우선 성격은 변한다. 사람들은 (이를테면 연애 중에는) 더 성실해지기도 하고, (치료를 받아서) 신경과민이 줄어들기도 하고, (나이가 들어서) 친화력이 더 좋아지기도 한다. 최근 발표된 한 연구에서는 635명을 청소년기부터 노년기에 이르기까지 지켜보았으나 14세에서 77세까지의 성격 사이에는 전혀 상관관계가 없었다.[14]

또 하나 고려해야 할 것은 성격이 행동의 유일한 동인이 아니라는 점이다. 많은 것이 맥락에 달려 있다. 내가 누구와 함께 있는지, 내 감정 상태는 어떤지, 여기에는 어떻게 오게 된 것인지 등등. 낯익은 장소에서는 침착해 보이는 사람이 미지의 세계와 마주치면 지나치게 긴장할 수 있다. 우리가 길을 찾고 있을 때 많은 것들이 결과에 영향을 미칠 수 있다. 그중 일부(작업 기억, 공간 지각, 지도 읽기 능력 등)는 쉽게 개선된다. 이는 내성적인 사람도 좋은 길잡이가 될 수 있다는 뜻이다. 또는 성실하지만 형편없는 탐험가가 될 수도 있다. 불안은, 다음에서 보듯 길잡이의 가장 큰 적이지만, 나아지려고 노력하면 할수록 좋은 결과를 얻을 수 있고 자신감은 커질 것이다. 사람들의 길 찾기 능력의 차이가 아주 크다는 것을 부인할 수는 없지만 이것을 비난보다는 하나의 기회로 삼는 것이 현명하다. "대다수의 사람들이 나아질까요?" 몬텔로는 이렇게 답한다. "분명히 그럴 겁니다."

길 찾기 능력이 말해주는 것

2016년 신경과학자, 심리학자, 치매 연구자, 게임 개발자 등으로 구성된 한 팀이 사람들의 길 찾기 능력이 나이가 들면서 얼마나 줄어드는지 조사하기 위해 〈바다 영웅의 모험Sea Hero Quest〉이라는 모바일 게임 앱을 출시했다.[15] 목표는 공간 인지 능력에 치명적인 영향을 미치는 알츠하이머병을 분석하는 데 쓸 수 있는 '건강한' 길 찾기의 기준을 만드는 것이었다.[16] 그들은 참가자들이 10만 명 이하일 것으로 예상했지만, 앱의 인기는 예상을 훌쩍 뛰어넘었다. 이 앱은 치매 연구에 기여한 것은 물론이고, 길 찾기 능력에 있어 개인차에 관한 가장 큰 규모의 연구가 되었다. 지금까지 그 앱을 다운로드받은 사람은 400만 명이 넘는다.

〈바다 영웅의 모험〉은 길 찾기 능력(지도를 얼마나 잘 활용하여 목적지를 찾아가는지)과 경로적분 능력을 테스트한다. 게임을 이용한 모든 연구에서처럼 길을 찾아가는 데 이러한 게임이 얼마나 '현실'과 유사한지에 대한 의문이 존재한다. 참가자들은 눈과 손가락만 이용해서 움직이기 때문에, 경로적분에 중요한 것으로 여겨지는 전정계나 몸놀림에서 피드백을 받지 못하고 대부분 광학적 흐름에 의존한다.[17] 하지만 프로젝트의 데이터 분석을 이끌고 있는 휴고 스피어스는 사람들의 게임 성적과 현실의 길 찾기 능력을 비교하여 둘 사이에 밀접한 연관이 있다는 사실을 발견했다. 길을 잘 찾는 사람들은 게임에서도 좋은 성적을 얻는다.[18]

〈바다 영웅의 모험〉이 소중한 연구 도구가 된 이유는 많은 참가자들이 모집단에 따라서 길 찾기 능력이 어떻게 달라지는지 설명해줄 익명화된 인구통계 정보를 연구원과 공유하기로 했기 때문이다. 스피어스 연구팀은 한 사람의 공간 능력이 그 사람의 성별, 거주하는 국가, 도시 혹은 시골에서 성장했는지, 교육 수준, 왼손잡이인지 오른손잡이인지, 자신이 얼마나 길을 잘 찾는다고 생각하는지, 통근 거리, 수면 시간 등과 관계가 있는지 조사했다. 이러한 정보는 의사가 치매를 진단할 때, 이를테면 대학 교육을 받았고 시골에 살며 하루에 일곱 시간 수면을 하는 50세 왼손잡이 영국 여성의 잠재적인 길 찾기 능력을 알아보는 데 유용할 것이다. 그리고 의사가 아닌 다른 사람들에게도, 길을 찾는 데 우리의 생활과 문화, 배경, 습관 등이 얼마나 영향을 미치는지 이해하는 데 도움이 될 것이다.

결과는 놀라웠다. 예를 들어 공간 기억 및 경로적분 능력이 19세에서 노년기로 접어들 때까지 매년 조금씩 줄어들고 있다.[19] 이전 연구에서는 중년기가 되어서야 감소하기 시작했다. 데이터는 또한 국적에 따른 유의미한 능력의 차이를 보여주고 있다. "마치 올림픽 메달 순위 같습니다."라고 스피어스는 말한다. 핀란드가 가장 순위가 높고, 바로 뒤를 이어 다른 북유럽 국가들과 캐나다, 미국, 뉴질랜드, 오스트레일리아가 바짝 뒤쫓고 있다. 영국과 북부 유럽 국가들, 러시아, 남아프리카 등은 2위 그룹을 형성하고 있다. 그다음으로 유럽, 남미, 중동, 동남아시아 등이 있다. 인도와 이집트는 최하위권을 형성한다. 스피어스는 이러한 지리적 분포가 1인당 국내총생산과 일치한다는 사실을 알아냈다. 이는 경제 발전의 어떤 측면이 공간 능력에 직접적인 영향을

길 잃은 사피엔스를 위한 뇌과학

미칠지도 모른다는 것을 의미했다. 반면 북유럽 국가들이 우수한 성적을 거둔 것은 오리엔티어링이라는 실외 스포츠의 인기에서 기인한 것일 수 있다. 연구자들은 한 국가의 길 찾기 성적과 세계 오리엔티어링 대회에 참가한 선수들의 성적 사이에 연관 관계가 있다는 사실에 주목했다.[20] 그것은 또한 자유 놀이를 중시하는 유치원이나, 많은 북유럽 국가의 학교에서 실제로 아이들에게 길 찾는 법을 가르치고 있다는 사실 때문일 수도 있다.

여자의 길 찾기, 남자의 길 찾기

길 찾는 능력의 차이에 관한 논의에서 남자가 여자보다 길을 잘 찾는다는 주장만큼 논쟁을 불러일으키거나 널리 오해받고 있는 것도 없다. 대부분의 연구자들은 그런 주장이 일반적으로 사실이라는 데에는 동의한다. 스피어스의 〈바다 영웅의 모험〉 프로젝트를 포함한 거의 모든 연구에서 남자의 공간 인지 능력이 여자보다 약간 뛰어났다.[21] 남성은 3차원 물체를 머릿속에서 회전하기 같은 과제를 상당히 잘 해내는 것으로 나타났고(평균적인 남성이 여성의 75퍼센트보다 점수가 높았다),[22] 길 찾기와 경로적분 같은 현실의 과제에서도 여성보다 나은 결과를 보여주었다.[23] 이러한 차이는 7세가 되면 뚜렷하게 드러났고, 그 이전에도 많이 볼 수 있다.[24] 모든 공간 능력에서 이런 결과가 나온 것은 아니다. 여성과 남성은 머릿속으로 종이접기에서는 동등한 결과를 보여

1. 머릿속으로 회전하기

A   B   C   D

2. 머릿속으로 접기

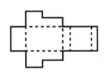

A   B   C   D   E

그림 12 소규모 공간 능력의 대표적인 테스트인 머릿속으로 회전하기와 접기. 머릿속으로 회전하기 테스트는 왼쪽 끝에 있는 물체를 회전하여 오른쪽에 있는 물체 중에 일치하는 물체를 찾아낸 다(정답은 B, C). 머릿속으로 접기 테스트는 왼쪽 끝에 있는 물체를 접어서 오른쪽에 있는 물체 중에 일치하는 물체를 찾아낸다(정답은 A).

주었고(3차원 회전에서는 다르게 나왔던 결과가 왜 종이접기에서는 동등하게 나왔는지는 수수께끼이다), 물체의 위치를 기억하는 능력은 여성이 남성보다 일관되게 뛰어났다.[25]

이러한 성차가 존재한다는 사실을 반박하는 것은 어렵지만,[26]* 성차의 이유가 무엇인지는 전혀 알려져 있지 않다. 많은 사람들이 자신의 과거를 진화에서 찾는다. 우리의 여러 인지 능력이 진화하던 선사시대에 사냥을 담당했던 남자들은 식량을 구하기 위해 넓은 지역을 멀리

---

* 이와 함께 어느 집단의 공간 및 길 찾기 능력에서 개인차가 성차 때문에도 생긴다는 사실은 중요하다. 나이, 경험 등을 비롯한 기타 요소들이 유의미한 영향을 미친다.

길 잃은 사피엔스를 위한 뇌과학

까지 돌아다녔다. 뛰어난 공간 능력이 있었던 사람들은 더 넓은 지역을 돌아다닌 결과 최고의 사냥꾼이 될 수 있었고, 또한 짝을 찾으러 더 멀리까지 갈 수 있었다. 그리하여 그러한 능력은 없어지지 않고 살아남았다. 반면 여성들은 집 가까운 곳에 머물면서 과일과 뿌리채소 등 식탁에 올릴 재료를 찾는 데 많은 시간을 썼다. 먼 곳까지 이동할 필요가 없었지만, 식량이 있는 위치를 기억해야만 했기에, 여성은 오늘날 위치를 잘 찾아낸다. 이론적으로는 그렇다.[27]

수렵 채집 이론은 설득력이 있지만 공간의 차이를 설명해주지는 못한다. 만일 그럴 수 있었다면 공간 능력에서 비슷한 성차를 보이는 들쥐처럼, 다른 종의 수컷 생존율이 상당히 높거나, 더 넓은 영역을 차지하여 생존이나 번식에서 이득이 있었을 것이라 기대했을 것이다. 하지만 그러한 이점이 있는지 분명하지 않다.[28] 수렵 채집인의 조상들이 흔히 묘사되는 것처럼 사냥을 하고 채집을 했는지도 분명하지 않다. "진화심리학자들은 고고학 및 민족지학의 기록에서 자신들에게 유리한 것만 선택하고 있다."고 구석기시대의 인간 행동을 전공한 캐나다의 인류학자 아리안 버크는 말한다. "여성이 멀리 이동하지 않았고 길을 찾을 때 공간 전략을 사용하지 않았다는 단서는 없습니다."

수십만 년 전에 일어났던 일에 대해 확신하기는 쉽지 않기 때문에 연구자들은 지금까지도 수렵 채집 생활을 하며 사는 극소수의 부족에 집중하려 한다. 2014년 유타 대학교의 인류학자들은 나미비아 북서부의 건조한 산악지대에 사는 트웨twe 부족과 침바Tjimba 부족에서 나타나는 성차에 관한 진화 이론을 뒷받침하는 단서를 발표했다. 이들 부족의 남자들은 여자보다 더 먼 곳까지 이동하고 공간 테스트에서도 좋은 결과를 얻는다고 연구자들은 말한다. 그리고 가장 먼 곳까지 이동할 수 있고 가장 뛰어난 공간 능력을 지닌 사람은 다수의 파트너에게서 많은 아이를 낳을 수 있다. 일종의 '이동에 대한 보상'이라고 연구자들은 말한다.[29]

하지만 돌아다니는 행동과 사회적 성별에 따른 역학 관계가 전혀 다른 현대 수렵 채집인들의 사례도 많다. 인류학자들은 나미비아 북동쪽에 거주하는 주호안Ju/'hoan족 같은 몇몇 집단의 삶을 기록해왔다. 그들은 남편과 아내가 함께 사냥하고 덤불을 지날 때는 서로 같은 거리를 맡아 경계한다.[30] 베네수엘라의 남서쪽에 사는 푸메Pume라는 종족은 전통적인 수렵 채집인의 노동 분배법을 고수하지만, 여성들이 더 멀리까지 원정을 나가 남자들보다 더 많은 망고를 수확한다(평균적으로 여성은 16.1킬로미터, 남성은 14.6킬로미터).[31] 볼리비아 북부 저지대에 사는 한 원주민 부족 치마네Tsimane에는 여성과 남성이 정글을 헤쳐 수 킬로미터를 걸어 과일이나 생선, 꿀, 장작, 약초 등을 구하는 일이 빈번하다. 최근 그들을 방문한 인류학자들은 성별에 관계없이 어디에 있더라도 중요한 장소가 있는 위치를 정확히 가리킬 수 있다는 사실을 발견했다.[32] 콩고 공화국의 울창한 열대 다우림에 사는 음벤젤레 바야카Mbendjele BaYaka 부족의 여성과 남성도 이러한 능력이 있다. 치마네 부족과 마찬가지로 음벤젤레 부족의 여성은 남성만큼 먼 곳까지 나가서 식량을 구한다.[33]

버크는 정착하기 전까지는 수렵 채집 집단의 성인들은 이동성이 매

길 잃은 사피엔스를 위한 뇌과학

우 높았을 것이라고 말한다.[34] "젊은이들은 남녀 모두 지형에 대한 지식을 쌓고, 친구를 사귀고, 어쩌면 미래의 짝을 만날 기회를 잡으려고 할 겁니다." 길 찾기 능력이 우리의 수렵 채집인 조상들에게 꼭 필요한 생존 도구였다는 것은 의문의 여지가 없지만, 여성도 남성만큼이나 길 찾기 능력이 필요했을 것이다.

공간 능력에서 나타나는 성차를 진화 이론으로 설명하지 못한다면, 그러한 성차가 생물학적인 차이에서 비롯되었을 가능성은 아직 남아 있다. 한 가지 가설은 남성에게만 존재하는 테스토스테론 같은 호르몬의 주요 기능인 성기능 발달에 대한 부수적인 효과로 공간 인지 능력이 발달했다는 것이다.[35] 일부 실험적인 연구자들은 혀에 테스토스테론 한 방울을 떨어뜨리면 여성의 위치 파악 능력이 좋아지는 것처럼 보인다고 지적했다.[36] 또 다른 연구자들은 여성의 길 찾기 전략이 생리 주기 동안 변한다는 사실을 밝혀냈다. 즉, 에스트라디올 및 프로게스테론 수준이 낮을 때는 꼬리핵이 주도하는 자기중심적으로 경로를 따라가는 전략을 주로 사용하지만, 에스트라디올 및 프로게스테론 수치가 높아지면 해마가 주도하는 공간적인 전략으로 바뀐다는 것이다.[37] 대단한 발견이라고 할 수는 없다. 성 호르몬은 인지의 여러 측면에 영향을 미치며, 우리는 모두 호르몬의 노예들이다. 실제로 그 테스토스테론 연구는 혀에 테스토스테론 한 방울을 떨어뜨렸더니 여성이 남성처럼 길을 잘 찾게 됐었다는 것뿐이며, 언제나 호르몬을 통해 그러한 우월한 능력을 갖게 되는 건 아니라는 것이다. 많은 연구에서 태아의 테스토스테론과 어린아이의 공간 관련 과제 수행 능력을 연관시키려고 했지만,[38] 결과에 대해 합의가 이루어진 적은 거의 없다. 테스토스테론을 이용한 설명은 진화를 이용한 설명만큼 불만족스러워 보인다.

테스트의 남녀차별

여성과 남성이 세상을 다르게 바라본다는 것에는 의문의 여지가 있지만, 길을 찾을 때는 사실인 것처럼 보인다. 수십 년 동안의 연구에서도 공간 능력이 왜 성별에 따라 달라지는지 규명하지 못했지만, 결론적으로 넓은 공간에서 길을 찾을 때 전혀 다른 전략을 선호한다는 것을 보여주었다.[39] 여성들은 랜드마크에 더 큰 관심을 두고, 그 주변에 경로를 계획하고, 자신의 위치를 중심으로 주위를 바라보는 경우가 많다. 반면 남성들은 태양이나 동서남북 방향 같은 현재 지역과 무관한 기준점을 이용하거나, 새가 내려다보는 시선으로 생각하는 경우가 많다. 남자에게 방향을 물어본다면, 방향과 거리 정보를 얻을 수 있을 것이다. 여자에게 묻는다면, 길을 따라 지나치면서 보게 될 것들에 대해 들을 가능성이 크다.

이것은 물론 조악한 일반화이지만(수많은 남성이 랜드마크 사이의 경로로 여행을 계획하고, 수많은 여성이 세상을 지도 보듯 읽는다), 테스트 결과에서는 성별의 차이로 설명하는 것이 도움이 될 수 있다. 길 찾기의 정확도에 관한 테스트들은 대부분 공간의 기하학적 특성을 잘 이용해서 자신의 위치를 알아내거나 지름길을 찾는 사람들을 선호한다. 바꿔

길 잃은 사피엔스를 위한 뇌과학

말해 남성을 선호한다. 이와는 대조적으로, 수많은 랜드마크가 포함된 실험에서 여성은 남성만큼이나 잘하거나 남성보다 성적이 좋다.[40] 이것은 이를테면 도심처럼 특징적인 지형으로 가득한 장소나, 숲처럼 멀리 있는 경계가 보이지 않는 지역에서 길을 찾을 때는 성별의 차이가 사라질 것이라는 의미이다. 볼리비아 북부에 사는 치마네족과 콩고의 음벤젤레 바야카족의 남녀가 모두 멀리 떨어진 곳의 위치를 가리키는 능력이 비슷하게 발달한 이유는 그들이 사는 저지대 환경에는 가까운 곳에 랜드마크(나무)가 많고 눈에 띄는 경계가 거의 없어서 공평한 경쟁의 장이 마련되었기 때문인지도 모르겠다.[41]

길 찾기 능력이 차이 나는 이유

수많은 유형의 지형에서 랜드마크로 길을 찾는 것('우체국 앞에서 좌회전하세요')은 공간적 접근법('남서쪽 방향으로 500미터 가세요')을 사용한 것만큼이나 효과적이다. 두 가지 전략 모두 내 주변 공간에 대한 인지 지도를 그리게 해서, 지름길로 가로질러 갈 수 있을 만큼 주위 공간을 잘 알게 해준다. 물론 공간적 접근법을 사용하면 훨씬 빠르지만 말이다. 이런 사실에도 불구하고 일반적으로는 남성이 여성보다 길을 잘 찾는다는 가정 때문에 많은 여성이 여성은 공간과 관련된 일을 잘 못한다고 믿게 되었다. 이러한 인식(이른바 '고정관념 위협stereotype threat')이 여성들의 발목을 잡고 있는 것은 아닐까?

메리 헤거티는 그렇게 생각한다. 헤거티는 순수하게 공간적인 능력을 평가하는 대신 공감 능력(전통적으로 여성의 강점)을 평가하는 것으로 테스트를 재구성하자 여성의 점수가 높아지고, 상대방의 관점으로 생각하기 테스트에서 얻은 남성의 성적만큼 여성의 성적이 좋다는 사실을 발견했다. "공간 능력을 측정하는 방법이 여성의 능력을 과소평가하고 있을 수도 있다."고 그녀는 경고한다.[42] 이러한 편향이 테스트 점수를 왜곡하고 있다면, 공간적으로 사고하는 능력에 의지하는 이공계 관련 직업에 여성 종사자가 적은 것에 대한 책임이 있다고도 할 수 있다. 젊은 나이에 무언가를 잘하지 못한다는 사실을 '발견'하는 것은 그 일을 추구하지 않게 하는 강력한 동기부여가 된다. 여자들은 태어날 때부터 남자들보다 공간 능력과 기술적인 측면이 부족하다고 믿는 부모와 교사에 의해 문제가 더해져, 대개 여자아이들은 다양한 능력을 키울 수 있는 장난감과 놀이(트럭 레고 블록, 비디오 게임, 지도 읽기 등등)에서 멀어지게 된다. 결과적으로 과학이나 수학 같은 과목에서 처음에는 남자아이들과 비슷한 수준이었던(그리고 길 찾기에서도 충분히 실력이 있었던[43]) 여자아이들이 중학교에 들어가게 되면 상당수가 뒤처지거나 흥미를 잃기 시작해서 대학에 갈 나이가 되면 이과 과목에 관심이 없어지게 된다.[44]

하지만 모든 곳이 다 그렇지는 않다. 남녀평등 수준이 높은 노르웨이, 스웨덴, 아이슬란드 같은 나라에서는 수학 과목(공간과 밀접한 관련이 있는 과목)의 성별 차이가 존재하지 않는다[45](그럼에도 이과 과목 관련 직업에는 여전히 남성이 여성보다 많다). 남녀평등과 이러한 분야에서 여

길 잃은 사피엔스를 위한 뇌과학

학생의 학업 성취도는 직접적인 연관이 있는 것으로 보인다. 여성들이 교육과 이과형 일자리에 더 많이 접근할수록, 경제와 정치에 참여할 기회가 많아질수록, 수학 성적이 낮을 가능성이 줄어들고 과학이나 의학, 공학 분야에서 일을 하려는 여성이 많아질 것이다. 롤 모델도 도움이 될 수 있다. "여성이 과학 연구 분야에서 활동하는 사회 환경에서 성장한 여자아이들은 이과가 그들에게 가능성의 영역 안에 있다는 분명한 메시지를 받게 된다."고 어느 2010년 논문에서 미국의 심리학 연구팀이 설명했다. 반대로 여자아이의 엄마, 이모, 자매 중에 이공계 일을 하는 사람이 없다면 이과 영역을 남성의 영역으로 여기게 되고 수학에 대한 자신감이 떨어져 좋은 성적을 거두지 못하게 된다."[46]

남녀평등과 행동 사이의 연관성은 모든 공간 능력에 적용되는 것으로 보인다. 휴고 스피어스의 〈바다 영웅의 모험〉 연구에서 남성과 여성의 길 찾기 능력의 차이가 가장 작았던 나라는 핀란드와 스웨덴처럼 여성이 동등하게 자원과 기회에 접근할 수 있는 곳이었고,[47] 사우디아라비아, 레바논, 이란 등 여성의 권리가 크게 제한된 나라에서는 길 찾기 능력의 성차가 컸다. 분명한 것은 여성이 가장 좋은 성과를 올린 것은 자신의 운명을 온전히 통제할 수 있을 때라는 사실이다. 2011년 수행된 연구 결과에 따르면 토지와 재산이 여성에게 상속되는 모계사회인 인도 북동부의 카시Khasi족 여성들은, 남성만큼 공간 관련 문제 해결을 잘한다. 이와는 대조적으로 이웃에 사는 카르비Karbi족은 전통적인 부계사회인데, 남성이 공간 능력에서(경제적으로도) 우위를 차지하고 있는 것으로 보인다. 캐나다 북극지방의 이누이트족 여성 역시 매우 독립적인 생활을 하고 있다.[48] 이는 남성과 여성의 공간적 사고의 차이는 생물학적 현상보다는 문화에 더 큰 영향을 받는다는 사실을 의미한다. 바꿔 말해 생물학적 성차보다는 사회학적 성차라는 것이다.[49]

낯선 공간을 불안해하는 여성들

문화는 사람들이 행동하는 방식을 다양하게 만들어낼 수 있다. 아이들이 성장하는 환경은, 청소년과 성인 시절에 접하게 되는 사회경제적 규범만큼이나 아이들의 공간 능력 및 길 찾기 능력에 큰 영향을 미친다. 아이들이 세상을 배우는 한 가지 방법은 탐험하는 것이다. 우리가 앞서 본 것처럼 아이들의 평균적인 '행동 범위'가 지난 반세기 동안 크게 줄어들었다. 하지만 여자아이들은 이미 불리한 입장에 처해 있었다. 여자아이들은 남자아이들보다 늘 자유가 적었기 때문이다. 다양한 이유가 있겠지만, 여자아이들은 일반적으로 더 약하다는 인식이 있어서 부모가 여자아이들을 집 가까운 곳에서 벗어나지 못하게 했고 집 밖에 나갈 때는 데리고 다니는 경우가 많았다. 아니나 다를까, 돌아다녀도 된다는 허락을 받은 아이들은 집에만 있어야 하는 아이들보다 동네 지리를 훨씬 잘 알았고, 이는 왜 열한 살짜리 남자아이가 동갑내기 여자아이보다 일반적으로 자신이 사는 동네의 지도를 훨씬 자세하게 그릴 수 있는지 말해준다. 그리고 자유롭게 돌아다닐 수 있는 열한 살짜리 여자아이의 지도는 왜 같은 나이 남자아이의 지도만큼 상세한

길 잃은 사피엔스를 위한 뇌과학

지 알 수 있다.[50] 이누이트족 여성이 공간 훈련을 남성만큼 잘하는 이유 중 한 가지는 그들이 상상할 수 있는 한 가장 자유로운 북극의 툰드라에서 자랐기 때문일 수 있다. 어린 여자아이들은 식량을 구하고, 탐험하고, 자신의 세계를 넓히는 일을 남자아이들 못지않게 열심히 한다. 그리고 8세가 되기 전에 그만큼 많은 영역을 다루게 된다. 그 후 문화적 영향이나 부모의 영향이 여성들에게 피해를 주기 시작한다. 결국 여성의 앞길을 가로막는 것은, 생물학적 문제가 아니라 이러한 요인들이다.

여자아이들이 남자아이들보다 장소를 경험할(상황의 한복판으로 뛰어들, 내 손으로 해결할, 완전히 실패하고 나서 불가능한 일을 시도할) 기회가 없다는 사실이 성인이 되어서도 길 찾는 능력에 영향을 미칠지도 모른다. 직접 경험하지 않으면 어떤 일도 개선되기 어렵다. 이것은 왜 대부분의 여성이 길을 찾을 때 랜드마크의 순서를 따라가는 것을 선호하는지 설명해줄지도 모른다. 탐험을 하거나 지름길을 가로질러 가기는 어려운 전략이지만, 방향을 기억하기만 한다면 길을 잃을 가능성은 없다. 이 규칙을 벗어나는 유명한 예외로 패로Faroe제도가 있다. 패로제도는 북대서양 한복판에 있는 나무가 없는 열도이다. 이곳은 공간 전략을 사용하는 여성의 비율이 높은 흔치 않은 곳인데, 한눈에 들어오는 전망 덕에 누구나 쉽게 거리와 방향을 판단할 수 있기 때문이다.[51]

어린 시절 공간적인 억압을 받으며 자라난 사람에게 그 무엇보다도 서서히 나타나는 해악은 낯선 거리나 공터를 지나가야 할 때 보이는 자신감 저하이다. 많은 연구는 자신이 알지 못하는 장소에서 길을 찾을 때, 그리고 특히 혼자 길을 찾을 때 여성이 남성보다 더 불안해한다는 결과를 보여주었다. 여성들은 길을 잃지는 않을까, 지름길로 가도 될까, 지도를 읽을 수 있을까 불안해한다. 사적인 안전에 대해 조바심을 느끼는 것은 그럴 만한 이유가 있다. 신체적으로 공격당할 위험은 남성이 높긴 했지만, 여성이 감당해야 하는 결과는 끔찍할 수 있다. 여성들은 성희롱에 시달릴 가능성이 높고, 자신을 지키지 못한다는 기분이 들 수 있다. 이러한 사실은 범죄 발생율이 상대적으로 높은 미국 여성들 사이에서 길 찾기에 대한 불안감이 특히 심한 것에 대한 이유가 될 수 있다.[52]

이처럼 공간에 대한 불안과 안전에 대한 걱정이라는 이중고에 시달리던 여성들은 남성보다 덜 걷게 되었다. 그 격차는 나라마다 크게 다르지만 말이다.[53] 이처럼 걷기에 대한 성차가 나타난 데는 문화적인 이유가 있을지도 모르지만, 여성과 남성의 공간적인 능력이 비슷하게 나타나는 스웨덴에서는 성차가 사실상 존재하지 않는다.[54] 그리고 길 찾기가 쉬운 뉴욕 같은 도시에서는 아주 작다. 많이 걷지 않는 사람은 비만이 될 위험이 높기 때문에, 수많은 여성들이 느끼는 공간적인 불안을 무시해서는 안 된다. 악순환이 생기기 때문이다. 불안하면 의사 결정에 문제가 생기므로 길을 잃을 가능성이 크고, 그러면 불안감은 더욱 커질 것이다. 여러 나쁜 경험을 이야기하며 설득하지 않아도 사람들은 집에서 나가지 않게 될 것이다.

　　　　　　　　　　　　　　　길 잃은 사피엔스를 위한 뇌과학

챔피언 루시

여성은 태어날 때부터 길을 찾는 능력이 남성보다 떨어진다는 전통적인 관념은 오리엔티어링이라는 경쟁 스포츠 앞에서 완전히 부서지고 만다. 이 경기는 남녀 모두에게 비슷한 인기를 누리고 있다. 이 경기의 목적은 숲이나 황야 지대에 미리 준비된 일련의 기준점control point을 자신이 고안한 경로로 최대한 빠르게 거쳐 가는 길을 찾는 것이다. 기준점은 출발 직전 받는 작은 나침반과 지도에 표시되어 있다. 사람마다 시차를 두고 출발하기 때문에 기본적으로 혼자 달리게 된다. 가장 어려운 코스는 10킬로미터 혹은 그보다 길기 때문에 육체적으로 부담이 되는 데다 숲이나 불규칙한 지형에서 치러지기 때문에 길을 찾아가려면 아주 골치가 아프다.

오리엔티어링에서 좋은 성적을 거두기 위해서는 다양한 능력이 있어야 한다. 지도 읽기, 등고선 해석, 거리 판단 및 경로 계획. 그리고 이러한 것을 최대한 빨리 달리면서 해야 한다. 또한 즉석에서 의사 결정을 내릴 수 있어야, 늪지대나 통과할 수 없는 덤불을 만났을 때 경로를 재조정할 수 있다. 무엇보다도 긴 시간 동안 지도에, 얼마나 멀리까지 왔는지, 어디로 가야 할지 집중할 수 있어야 한다. 남성에게 유리하긴 하지만 단지 체격이 좋아 빨리 다닐 수 있어서일 뿐이다. 그것을 제외하면 오리엔티어링에서 남성과 여성 사이의 차이는 없다. 남성과 여성모두 능숙하게 길을 찾고, 경로를 계획하고, 집중한다.[55]

둔부의 근육이 발달한 육상선수가 단거리에 끌리고 지구력이 뛰어나면 장거리에 끌리는 것처럼, 오리엔티어링이 특별한 공간 능력이 있는 여성들에게만 매력적으로 느껴져서 그런 것은 아닐까 생각할 수도 있다. 하지만 오리엔티어링 선수들은 대부분 가족을 통해 오리엔티어링에 입문하게 된다. 네 살 무렵 첫 미니 코스를 경험하게 되고, 일고여덟 살 때 부모와 함께 정식 코스에 참가하고, 열 살 때 처음으로 경주에 나서는 식이다. 여자아이들은 남자아이들과 같은 훈련을 받으며, 당연하게도 남자아이들만큼 능숙해진다.

2016년 6월 서리 힐즈Surrey Hills에서 열린 영국 중장거리 오리엔티어링 대회에서 22세의 전문 오리엔티어링 선수 루시 버트Lucy Butt를 만났다. 루시는 그녀가 속한 연령 부문에서 우승한 바 있었고, 성인 부문으로 참가한 첫 대회에서 영국 챔피언이 되었다. 긴 시간 인터뷰를 하기에는 숨이 너무 가빠서 나중에 다시 만나기로 했다. 우리는 그녀가 사는 곳 근처인 판버러Farnborough의 한 술집에서 만났고, 그녀는 누구라도 쉽게 찾을 수 있게 장소를 설명해주었다. 루시가 들어왔을 때(그녀는 활기가 넘쳤고, 늘 바쁘게 사는 사람 같았다), 나는 문 옆에 서서 오래된 지역 지도를 보고 있었다. 그녀는 곧바로 지도에서 우리가 있는 곳의 위치를 구도로와 기차역을 기준으로 알려주었다. "저는 지도 보는 걸 좋아해요." 그녀는 웃음을 터뜨렸다. "내가 어디에 있는지 모르면 견디지 못해요. 물건이 어디 있는지 다른 물건의 위치와 비교해서 알고 싶어하지요. 실내에 있을 때도 말입니다. 내가 가는 방향이 어느 쪽인지 알아야 마음이 놓입니다."

루시는 걸음마 시절부터 오리엔티어링을 해왔는데, 오리엔티어링은 루시의 가족이 주말을 보내는 방식이었다(루시의 어머니와 언니 모두 전국대회에 출전했던 경험이 있었다). 루시가 가장 잘하는 스포츠는 언제 나 길 찾기였다. "도로에서 재능이 뛰어난 사람들과 경주를 한다면 저 는 꼴찌일 겁니다. 하지만 지도 한 장과 함께 숲속에서라면 애기가 달 라지지요." 루시는 월트셔 뉴포레스트에서 성장했는데, 그곳의 나무 가 가득한 평지에는 탁 트인 지역에서 볼 수 있는 랜드마크가 없었다. 나침반을 설정할 만한 것이 많지 않아서 루시는 미세한 특징에 집중 하는 법을 배웠다. 그리하여 남들이 어려워하는 안개 속에서 길 찾기 에 능숙해졌다. "어떻게 길을 찾는지 설명하지는 못할 것 같아요. 어떤 능력을 끄집어내서 하나씩 조사할 수는 없거든요. 머릿속에서는 모두 하나처럼 작동하니까요." 루시는 타고난 길잡이가 틀림없다. 하지만 반드시 타고난 길잡이일 필요는 없다.

우리는 모두 길을 잘 찾을 수 있을까

우리는 모두 길을 잘 찾을 수 있을까? 길을 잘 찾는 사람들의 뇌는 유달리 길을 찾는 데 적합하게 되어 있을 가능성이 크다. 이를테면 크 고 활력이 넘치는 해마가 있거나, 내후각 피질에서 강력한 격자 세포 발화 패턴이 꾸준히 나타날지도 모른다.[56] 하지만 길 찾는 능력은 더 좋아질 수 있다(그리고 뇌도 바꿀 수 있다)는 단서는 많다. 열심히 노력 만 한다면 말이다(스마트폰에 있는 GPS를 때때로 꺼줘야 한다는 뜻이다).

길을 찾는 것은 기억력이나 집중력, 자신감 등 여러 가지 기능을 필요로 하는 복잡한 인지 과정이다. 이러한 이유로 어릴 때 시작하는 것은 큰 이점이 된다. 성공한 길잡이 이야기는 대개 자동차 앞 좌석에 앉아 엄마나 아빠를 위해 지도를 읽어주거나, 거리에서 다른 아이들과 뛰어 놀거나, 농장에서 성장하거나, 보이스카우트에 가입하는 에피소드에서 시작한다.

2012년 영국의 채널4는 〈숨겨진 재능Hidden Talent〉이라는 텔레비전 프로그램을 방송했다. 이 프로그램은 무작위로 선발한 500명 중에서 가장 길을 잘 찾는 사람을 가려내는 것이었다. 우승자는 데번 출신 26세의 과학 교사 아델 스토리Adele Story였다. 프로그램을 위해서 공간 관련 과제(런던 소호의 미로 같은 거리를 기억하기 등)를 준비했던 신경과학자 휴고 스피어스는 그녀의 성적이 지금까지 테스트했던 그 누구보다도 뛰어났다고 말했다. 5년 뒤 나는 그녀가 했던 방법을 알아내고 그녀의 이야기를 듣기 위해 당시 두바이에서 살고 있던 그녀를 찾아갔다.

장차 최고의 길잡이가 될 사람의 인생을 기록한다면, 바로 아델의 이야기일 것이다. 아델의 아버지는 영국의 도로 사정을 꿰뚫고 있는 교통경찰이었고, 그녀는 자주 아버지의 보조 역할을 했다. 학교를 다니면서 그녀는 수많은 실외 활동과 모험을 할 수 있는 에든버러 공작상the Duke of Edinburgh's Award(청소년을 대상으로 자기계발, 신체단련, 사회봉사, 탐험 등 4개 영역의 활동을 통해 역량을 개발할 수 있도록 지원하고 포상하는 국제청소년성취포상제도. 1956년에 설립되어 현재 140여 개국으로 확대되었다 – 옮긴이)을 수료했다. 아델은 13세에 영국 공군사관후보생학교RAF

Air Cadets에 입학했고, 팔이 충분히 길었다면 조종사나 내비게이터가 되었을 것이다(일부 조종석의 제어판은 놀라울 정도로 좌석에서 멀리 떨어져 있다). 아델은 모터사이클 경주를 했고, 현수하강(자일을 타고 암벽을 내려가는 것 - 옮긴이), 암벽등반, 스카이다이빙, 카약 등을 즐겼다. 모두 어렸을 때부터 해왔던 것이었다. 그녀가 활동했던 축구 클럽 중 한 곳을 통해서 연락을 할 수 있었다. "운 좋게도 부모님이 전통적으로 남자아이들의 활동이라 여겨졌던 것을 해보라고 응원해주셨어요. 전 평범한 딸은 아닌 것 같아요." 그녀가 말했다.

아델이 스피어스의 테스트를 받으러 왔을 때 그녀는 자신을 뛰어난 길잡이라고 생각하지 못했고, 테스트는 그녀가 평소 길 찾기라고 생각하는 것과는 다른 느낌이었다. "오히려 패턴을 인식하고, 퍼즐을 풀고, 소호의 지리를 파악하기 위한 자신만의 체계를 만드는 것에 가까웠어요." 그녀가 말했다. 하지만 아델은 늘 자신이 있었다. "저는 깨끗이 포기할 겁니다. 그리고 다시 무엇이든 해볼 겁니다. 자신에게 채찍질을 하려고 노력합니다. 저는 시간이 있고, 하고자 하는 정당한 이유가 있다면 대부분 할 수 있다고 굳게 믿습니다."

때로는 믿음만 있으면 되는 경우가 있다. 이 책을 쓰기 위해 조사하던 도중 친구들에게 이메일을 보내 길을 잃어본 사람이 있는지 물었다. 한 친구에게 이런 답장을 받았다. "개를 산책시키거나 처음 가보는 나라를 여행할 때 나는 의도적으로 길을 잃어. 그러지 않으면 어떻게 멋진 장소를 발견할 수 있겠니?" 그 친구는 개를 산책시켰을 뿐인데 별을 따 온 것처럼 불가능한 일을 성취하게 된 본보기를 우리 모두에

게 보여주었다.[57]

이 장의 교훈 중 한 가지는 성격이나 양육, 경험이 우리가 얼마나 길을 잘 찾는지에 중요한 역할을 하지만, 우리는 모두 더 잘할 수 있다는 것이다. 무엇이든 발전하기 위한 가장 좋은 방법은 전문가에게 배우는 것이다. 다음 장에서 우리는 다양한 문화권의 훌륭한 탐험가들을 만나보고 육지와 하늘, 바다에서 이룬 그들의 영웅적인 성취에 대해 알아볼 것이다. 무엇 때문에 그토록 훌륭한 성취를 이루었고, 우리의 길을 찾기 위한 자신의 역량에 대해 어떤 가르침을 줄 수 있을까? 대부분의 경우 비법은 미스터리한 육감 같은 것이 아니라, 어느 정도는 우리가 모두 소유하고 있는 능력과 특질이다.

7장

위대한
탐험가의 길

세상에서 가장 위대한 항해사가

우리에게 주는 가르침은,

주변에서 무슨 일이 일어나고 있는지

주의를 기울여야 한다는 것이다.

두 차례의 세계대전 사이에 있었던 수많은 선구적인 비행의 업적 중에, 1930년 9월 태평양을 횡단하려 했던 해럴드 브롬리Harold Bromley의 시도가 가장 기이한 것으로 기억되고 있다. 그는 이미 혼자서 일본에서 미국까지 7700킬로미터를 날아가려고 시도했지만 세 번 모두 실패한 바 있었고, 그래서 존경받는 오스트레일리아의 조종사 해럴드 개티Harold Gatty에게 함께 가자고 하여 자신의 운명을 바꾸려고 했다.

그들은 성공하지 못했다. 4분의 1 지점까지 비행하는 동안, 연료 펌프가 고장 났고, 배기 장치에 균열이 생겼고, 기대했던 뒷바람은 불지 않았다. 또 낮게 깔린 안개 때문에 앞이 보이지 않는 상태가 계속되었다. 연료가 떨어지자 일본으로 방향을 되돌렸다. 이때 고장 난 배기 장치에서 나온 일산화탄소 가스가 조종석으로 스며들기 시작했고, 이로 인해 브롬리는 주체할 수 없이 웃음을 터뜨렸다. 그의 비행은 예상치 못한 방향으로 바뀌었다. 어느 순간 브롬리는 아무 이유 없이 비행기를 바다에 다이빙하듯이 돌진하게 했다. 개티가 스패너로 브롬리의 머리를 때리자 그는 가까스로 정신을 차릴 수 있었다. 두 사람 모두 남은 여정 동안 의식이 돌아왔다 나갔다를 반복했다. 여러 역경과 불투명한 시야에도 불구하고, 개티는 가까스로 경로를 이탈하지 않았고, 25시간 뒤에 그들이 떠났던 바로 그 해안선을 통과했다.

숙련된 조종사로서 개티의 평판은 높아지고 있었다. 다음 해에, 개티는 비행기 위니메이Winnie Mae를 타고 와일리 포스트Wiley Post와 함께 세계를 한 바퀴 도는 기록적인 비행을 했다. 8일 반이 걸렸고, 이는 독일의 비행선이 보유하고 있던 기록보다 13시간 빠른 기록이었다. 개티는 이번에도 대부분 안개 속에서 길을 찾아야만 했다. 그는 비행기의 속도와 기류를 이용하여 위치와 방향을 예측하는 추측항법*에 의지했다. 이 방법은 계속 오류가 생겼기 때문에 하늘이 갤 때마다 육분의를 이용하여 태양이나 특정 항성의 고도를 측정하고, 위도와 경도를 계산하기 위한 차트에 나오는 각도를 교차 참조하여 더 정확하게 평가했다. "우리는 계속해서 자욱한 회색빛 안개에 구멍을 뚫었다." 그는 위험했던 대서양 횡단비행에 관해 이렇게 썼다. "그것이 뒤에서 다가오면서 우리를 집어삼켰다. 생명의 흔적은 보이지 않았고, 어디로 가야 할지도 알 수 없었다."[1]

---

* 추측항법dead reckoning은 어떤 동물이 이동한 방향과 거리를 기록해서 위치를 추론하는 계산법인 '경로적분'과 관계가 있다(경로적분은 5장에 자세하게 설명되어 있다).

그림 13 조종사 와일리 포스트와 함께 한 해럴드 개티(왼쪽).

개티가 사용하는 기본 항법의 원리는 수세기가 지난 것이었다. 하지만 개티는 비행을 위해 처음으로 항법 원리를 수정하는 사람들 중 한 사람이었다. 개티가 함께 작업했던 뛰어난 해군 조종사 필립 윔즈Philip Weems는 개티를 "오늘날 세계에서 그 누구보다도 천문항법에 관해서 실용적인 연구를 많이 했던 나침반과 지도의 전문가"라고 설명했다.[2] 포스트는 둘 사이의 파트너십에 관해 이렇게 썼다. "위니메이의 손을 잡고 안내하는 것은 해럴드였다. 내가 한 일은 그의 지시를 따르는 것뿐이었다."[3] 개티를 규정하게 된 별명은 그의 제자였던 유명한 비행사 찰스 린드버그가 붙인 것이었다. 1927년 최초로 대서양 단독 횡단비행에 성공한 린드버그는 개티를 "길잡이의 왕자"라고 선언했다.[4]

길을 잘 찾는 이유는 무엇일까? 개티의 경우, 딱히 드러나는 건 없었다. 개티는 열세 살부터 열여섯 살까지 호바트에 있는 왕립호주해군지휘참모대학Royal Australian Naval College에 다녔는데, 그곳에서 수학 때문에 힘들어하다 항법 시험에서 낙제를 하고 말았다. 10대 후반에는 증기선에서 수습생으로 일하면서 밤하늘에 매혹되어, 배가 남쪽 밤바다의 파도를 가로지르는 동안 갑판 위 해먹에 누워 있곤 했다. 개티는 별의 위치와 운동을 독학해 천문항법에 관한 자신만의 체계를 만들기 시작했다.

이즈음 개티는 길을 잃는다는 것이 어떤 것인지도 깨닫게 되었다. 태평양을 오가는 유조선의 승무원으로 캘리포니아의 샌루이스오비스포에 상륙하게 된 그는 몇몇 선원들과 함께 지역 축제를 보러 갔었는데, 선원들이 부주의하게도 그를 남겨두고 떠나버린 것이었다. 어쩔 수 없이 어둠 속에서 약 30킬로미터를 걸어서 항구로 되돌아가야 했는데, 지름길을 따라갔지만 자신의 위치도 모른 채 가파른 골짜기에 이르고 말았다. "정처 없이 계속 돌아다녔다." 그는 훗날 이렇게 썼다. "내 일생이 걸린 일이었다. 지난 8년 동안 공부하고 일하면서 바쳤던 내 일생이."[5] 그는 결국 오스트레일리아로 출발하기 몇 분 전에 가까스로 유조선에 돌아왔다. 이날 이후 그는 다시는 길을 잃지 않겠다고 다짐하며 평생의 신조로 삼았다.

개티의 길 찾기 능력은 경험과 필요를 통해 발전한 것 같았고, 그런 일은 자주 볼 수 있다. 그에게는 모든 훌륭한 길잡이들이 공통적으로 지니고 있는 한 가지 특성이 있었다. 집중력이었다. 1957년 사망하

길 잃은 사피엔스를 위한 뇌과학

기 직전, 54세의 개티는 자연의 신호(태양, 달, 별, 바람, 강, 구름, 눈, 사구, 나무의 형태, 바다의 색깔, 바닷새의 습관을 비롯하여 개미총의 방향까지)를 이용하여 길을 찾는 법을 설명하는 책을 썼다. 세월이 흐르면서 이 책은 《자연의 길잡이 *Nature is Your Guide*》, 《육지나 바다에서 길 찾기 *Finding Your Way on Land or Sea*》, 《지도나 나침반 없이 길 찾기 *Finding Your Way Without Map or Compass*》와 같은 제목으로 출간되었다. 여기에 실린 일부 의견은 제2차 세계대전 당시 그가 썼던 미 공군 생존 매뉴얼에 처음 등장했던 것이었다. 이 생존 매뉴얼은 미국 육군 항공대 구명 보트의 필수 아이템이었다.[6] 개티는 타고난 길잡이는 뛰어난 감각이 필요한 것은 아니며, 타고난 감각을 이용하여 주변 세상을 관찰하기만 하면 된다고 믿었다. 다음은 개티가 비행기에서 관찰하여 알게 된 미국의 시골에 관한 글이다. 너무나 능숙해진 나머지, 그는 지도를 보지 않고도 자신이 어디에 있는지 알 수 있을 정도였다.

집에서 피어나는 연기, 휘어진 나무, 은빛의 나뭇잎 뒷면 등 많은 것들이 바람이 어디서 불어오는지 말해준다. 다른 날보다 월요일에 바람의 방향을 예측하기가 더 쉬운 것은 빨랫줄을 보면 알 수 있다. 월요일은 전 세계적으로 빨래를 말리는 날이기 때문이다. 그리고 뜻밖의 사소한 것에서 이 지역의 특징이라고도 말할 수 있는 특이함을 발견한다. 예를 들어 오하이오의 농장 지대에 있는 헛간을 비롯한 모든 건축물에는 공들여 만든 피뢰침이 있다.[7]

길 찾기에 최적화된 사람들

위니메이가 세계일주 비행을 하기 석 달 전, 영국의 비행사 프랜시스 치체스터Francis Chichester는 나무틀로 만들어진 비행기 집시 모스Gipsy Moth를 타고 뉴질랜드를 출발해 태즈먼해를 건너 오스트레일리아로 가는 최초의 단독 횡단비행에 성공했다. 곧바로 비행 역사의 한 장을 장식한 업적이었다. 그의 비행기는 약 2000킬로미터를 날아갈 연료를 주입할 수 없었기 때문에 중간에 노픽섬과 로드 하우Lord Howe섬을 거쳐 가기로 되어 있었다. 디딤돌 역할을 하는 이 두 섬은 양쪽 해안에서 거의 같은 거리에 있었다. 이들 두 섬은 너무 작아서 나침반이 조금만 오류를 일어켜도 그대로 지나쳐버릴 수 있었다. 치체스터는 일반적인 육분의를 이용해 자신의 위치를 조정하면서, 태양이 보일 때마다 사진을 찍었다. 그러기 위해서는 양손을 써야 하기 때문에 어쩔 수 없이 발이나 무릎, 팔꿈치로 비행기를 조종하는 불안한 자세를 취해야만 했다. 그에겐 개티의 풍속 측정 도구가 없었기에, 나침반의 북쪽을 기준으로 세 곳에서 측정한 비행 방향을 이용하여 비행기가 얼마나 이동했는지 예측하고 평균을 계산하는 자신만의 추측항법 시스템을 고안했다. 30분마다 반복해야 하는 부담스러운 일이었다.

치체스터가 하나의 섬도 놓치지 않기 위해 고안한 이 뛰어난 아이디어는 목표 지점을 왼쪽이나 오른쪽으로 수십 킬로미터 정도 '벗어난', 미리 정해진 위치에 거의 수직 방향으로 비행한 다음, 방향을 바꿔 이 선을 따라 목적지까지 가는 것이었다. 그는 이 아이디어를 '의도적인 오류 이론'이라고 불렀다. 개티도 위니메이를 조종할 때 유사한 방법을 사용했고, 선원들도 경도를 계산하는 방법을 알기 전에는 이 방법을 많이 썼다. 깔끔한 방법이었지만, 치체스터가 노퍽섬이길 희망했던 곳을 향하여 강하게 오른쪽으로 방향을 바꾸었을 때처럼, 인지 부조화를 야기할 수 있었다.

뉴질랜드에서 오는 항로에 거의 수직인 이 코스를 결정할 때, 나는 절망감을 느꼈다. 아무런 표시나 신호가 없는 바다 위를 몇 시간 동안 한 방향으로 비행하고 나자, 내 본능은 대양 한복판에서 느닷없이 방향을 바꾼다는 것에 거부감이 들었다. 내 항법 시스템이 조잡한 뇌의 망상에 불과해 보였다. 나는 오랫동안 같은 방향이었으므로 섬은 오른쪽이 아닌 전방에 있어야만 했다. 나는 공황 상태가 되었다. 내 안의 내가 다그쳤다. "맙소사, 내가 이런 말도 안 되는 회전을 하다니!" 나의 몸은 비행기를 옛날 코스로 되돌리고 싶어 했다. "흔들리지 말자, 흔들리면 안 돼." 큰 소리로 혼잣말을 했다. 내 시스템을 믿어야 했다. 이제 와서 다른 것을 시도할 수는 없었다.[8]

안개 속에서 지도 한 장과 나침반에 의지하여 낯선 황야를 가로질러 본 사람이라면 내 선택이 잘못되었다는 확신, 그러한 공황 상태에 대해 조금이나마 알 것이다. 앞이 보이지 않는 상태에서 미지의 세계로 들어갈 때, 내가 가진 도구를 믿는 데는 어마어마한 의지가 필요하지만, 믿는 수밖에 다른 방법이 없다.

처음 안개 속에서 비행하는 것은 조종사 훈련생에게는 가장 불안한 경험 중 하나이다. 내이와 눈은 협력하지 않고, 내가 얼마나 높은 곳에 있는지조차 알기 어렵다. 유일한 선택은 감각을 무시하고, 고도계와 인공 수평기 등 계기 장치의 도움을 받아 '기계를 이용하는 비행'을 하는 것이다. 치체스터는 언제 자신의 본능을 무시해야 하는지 알았다. 뉴질랜드를 떠난 지 800킬로미터가 지났을 때 노픽섬이 구름 사이로 모습을 드러냈다. 노픽섬의 넓이는 40제곱킬로미터가 채 안 되었다. 로드 하우섬은 서쪽으로 800킬로미터 떨어진 곳에 있었고, 크기는 노픽섬의 절반이었다. 치체스터는 로드 하우섬도 발견했다. 두 섬 중 하나라도 놓친다면 남태평양에 떨어져 죽을 수밖에 없었다.

　자신감은 길 찾기에서 큰 장점이며, 치체스터는 주저하는 법이 없었다. 비행을 배우고 있었을 때, 그러나 아직 집시 모스호에 나침반이 없었을 때는 전국의 철도를 따라 비행했다. 이른바 '브래드쇼 비행' 시스템이었다(철도 시간표 안내 책자인 《브래드쇼 가이드》에서 따온 것이다). 자서전 《한적한 바다와 하늘The Lonely Sea and the Sky》에서 그는 어느 흐린 날 어떻게 태양을 이용하여 구름 위로 올라갔는지 자신만만하게 말한다. "문제가 생기면 나는 비행기를 한 바퀴 회전할 수 있다. 수직으로 회전하여 구름 위로 나타날 것이다." 치체스터가 아직 신참이라는 사실을 잊기 쉽다. 이때 그가 어둠 속에서 내려왔다. 그리고 위치를 조정하기 위해서 철도역 위를 저공비행하면서 플랫폼에 쓰인 지명을 읽었다. "유난히 재수가 좋아서인지 나는 올바른 위치에 있었다. 아마도 처음으로 조종사들의 유명한 구호를 말했던 것 같다. '정확해spot on!'"9

　치체스터가 자신이 원했던 곳에 왔다는 사실을 알고 기뻐하는 모습은, 그와 개티, 그리고 에이미 존슨Amy Johnson, 아멜리아 에어하트, 앙투안 드 생텍쥐페리 같은 장거리 비행의 선구자들이 가능성의 한계를 확장하던 항공항법의 황금시대의 활기 넘치는 정신을 포착하고 있다. 세상은 발견되기 위해 그 자리에 있던 것처럼 보였다.

치체스터와 개티는 공통점이 많았다. 두 사람 모두 항법의 혁신자들이었고, 남들에게 자신의 기술을 전수하기 위해 노력했다. 개티는 자신이 설립한 항법 학교에서, 그리고 훗날에는 미국 공군에서 학생들을 가르쳤다. 치체스터는 영국 공군의 교관으로 전투기 조종사가 공습하기 전에 지도에서 랜드마크를 암기하게 하여 조종사들이 전장에서 눈을 떼지 않고 비행할 수 있게 했다. 두 사람 모두 목표를 높게 설정했고 기록을 보는 안목이 있었다. 치체스터는 결코 개티와 비행기 세계 일주 경쟁을 하려고 하지 않았다. 하지만 그에 필적할 만한 일을 성취했다. 65세의 나이에 혼자 배를 타고 최초로 남대양의 거대한 곳 주변을 서쪽에서 동쪽으로 항해했던 것이다. 두 사람은 좋은 친구 사이였다. 개티가 사망했을 때 치체스터는 〈왕립항법학회저널〉에 부고를 썼다. 그는 지난 20년 동안 개티에게 "항법 문제에 관하여 놀라울 만큼 빈틈없고 올바른 조언에서 도움을 받았고 …… (그는) 위대한 타고난 길잡이였다. 그리고 좋은 사람이었다."라고 회고했다.[10]

비행사들이 좋은 항법사가 되는 경우가 많은 이유는 자신의 아래에 보이는 경관을 이해하고 싶어서 조종석 창밖을 쳐다보는 일이 많기 때문이다. 현대의 GPS 장치는 비행기를 목적지까지 데려다줄 수 있다. GPS 장치는 길을 찾기 위한 정신노동을 많이 줄여주었지만, 조종사들은 여전히 랜드마크를 찾아내 그들 사이의 공간적인 관계를 이해해야 한다(바꿔 말하면, 인지 지도를 만들어야 한다). 캐나다의 심리학자들이 연구한 바에 따르면, 조종사들은 대부분의 사람들보다 새로운 장소에 대한 인지 지도를 잘 만들고, 길을 잘 찾고, 랜드마크 사이의 거리를 잘 예측한다. 그들이 테스트한 조종사들은 민간 항공에서 근무하며, 공간 능력에 따라 선발하지 않았기 때문에, 훈련이나 경험에 의해, 그리고 그 모든 시간을 공중에서 아래를 내려다보며 보내다가 좋은 항법사가 되었을 가능성이 크다.[11]

모든 사람이 개티나 치체스터, 혹은 짐 로벨Jim Lovell처럼 될 잠재력이 있다고 말하는 것은 아니다. 짐 로벨은 미국 해군 조종사이자 나사의 우주인으로, 아폴로 8호가 달 주변을 비행하는 동안 특정한 항성과 지구의 경계 사이의 각도를 측정하는 육분의를 이용하여 우주선의 궤도 38만 4000킬로미터를 확인했다. 위대한 길잡이들은 대부분 길만 잘 찾는 것은 아니다. 그들은 용감하고, 현장에서 혁신을 이룩하는 데 능하고, 자신의 능력에 대해 어느 누구보다 자신감이 넘친다. 이로 인해 후보자가 다소 줄어들겠지만, 항법에 대한 재능이 단지 유전에 의한 것이 아닐 뿐만 아니라, 기법과 관련 노하우 역시 난해한 기술이 아니다. 충분한 훈련을 받고 적성에 맞는다면 누구나 유능한 길잡이가 될 수 있다.

길 잃은 사피엔스를 위한 뇌과학

바람과 물이 전부인 곳

초기의 장거리 비행사들이 겪었던 길 찾기의 골칫거리는 수천 년 동안 선원들이 견뎌왔던 것과 비슷했다. 바다의 경우 불리한 점은 육지가 시야에서 일단 벗어나면 랜드마크가 없다는 것임을 누구나 알 수 있다. 초창기의 선원들은 별을 이용해서 위치를 알아내는 문제를 멋지게 해결할 수 있었지만, 별을 이용하는 방법이 불가능할 때는 추측항법이 그 자리를 대신했다. 이 방법은 늘 불안했다. 특히 얼마나 지나왔는지 추정하는 데 사용할 측정치가 바람과 물의 움직임뿐일 때는 더욱 심했다.

가장 기념할 만한 현대의 성공적인 탐험 이야기 중 하나는 1916년 남극 엘리펀트섬에서 사우스조지아섬까지 작은 보트를 타고 갔던 어니스트 섀클턴과 동료 다섯 명의 16일 동안의 항해이다. 그 전해에 섀클턴 외 27명은 세계 최초로 육로로 남극을 횡단하기 위해 잉글랜드를 출발했지만, 그들이 탔던 배 인듀어런스호가 빙하에 끼어서 결국 가라앉고 말았다. 선원들은 세 척의 구명선을 타고 북쪽의 빙하에서 넉 달 동안 표류하다 공해에 이르렀다. 그때 그들은 배를 타고 노를 저으며 남극반도에서 멀리 떨어진 곳에 있는 엘리펀트섬까지 갔지만, 그곳에서는 구조될 가망이 없었다. 최선의 희망은 북동쪽으로 1500킬로미터 떨어진 사우스조지아섬에 있는 고래잡이 기지에 소규모 원정대를 보낸 다음 구조대와 함께 돌아오는 것이라고 섀클턴은 판단했다. 그는 가장 뛰어난 다섯 명을 선발했다. 그중에는 선원들을 데리고

그림 14 섀클턴의 항법사, 프랭크 워슬리.

능숙하게 거친 파도를 헤치며 엘리펀트섬까지 왔던 길잡이 프랭크 워슬리Frank Worsley도 포함되어 있었다. 그들은 가장 튼튼한 구명선 제임스 케어드호를 준비시켰고, 한 달치 식량을 실은 다음, 북쪽의 얼음밭과 허리케인급의 바람, 그리고 어마어마한 파도를 향해 출발했다. "우리는 그 어느 때보다 힘들 것이라 생각했다." 워슬리는 훗날 이렇게 썼다. "남극의 겨울이 시작되었고, 우리는 이제 세계 최악의 바다를 건너려던 참이었다."[12]

그 여행이 어땠을지 생각해보기 위해 나는 탐험가이자 환경운동가인 팀 자비스Tim Jarvis를 만났다. 2016년 그는 동료 다섯 명과 복제품 배를 타고 제임스 케어드호의 여정을 재현했다. 섀클턴의 것과 동일한

길 잃은 사피엔스를 위한 뇌과학

장비와 식량, 의복, 항법 장치 등을 사용했다. 현대의 모험가 중에서도 자비스는 아주 집요한 사람이다. 2006년 그는 더글러스 모손Douglas Mawson의 탐험을 재현한 바 있다. 모손은 동료 두 명을 잃은 뒤 아사 직전의 쇠약한 몸을 이끌고 480킬로미터에 이르는 남극의 크레바스를 통과하여 안전한 곳으로 나왔다. 자비스는 이것이 육체적으로 가능한 일인지 알아보려고 그 시기에 나온 장비와, 모손의 보잘것없었던 식량과 똑같은 것을 준비했다. 자비스는 건장하고 의지력이 강해서, 그토록 긴 시간을 극한의 어려움을 견뎠던 사람과 너무나도 잘 어울렸다. 인내심이 강하고 결단력 있는 그가 바위투성이의 얼음을 가로질러 무거운 썰매를 끌거나 10미터에 이르는 파도를 뚫고 배를 조종하는 모습을 상상하는 것은 어렵지 않다.

16일 동안의 여행에서 가장 어려웠던 것은, 상상조차 할 수 없는 불편은 제쳐둔다면, 그들의 위치를 기록하는 것이었다. 그들은 워슬리가 그랬던 것처럼 커다란 나침반과 크로노미터, 태양의 고도를 측정하는 육분의, 시간과 각도를 위도와 경도로 바꿔주는 천체 차트 등을 가져갔고, 이 모든 것은 이론적으로 사우스조지아섬까지 얼마나 남았는지 알려주기에 충분했다. 하지만 워슬리가 그랬던 것처럼 태양을 거의 볼 수가 없었기에, 그들이 이동하는 속도와 해류를 이용해 위치를 예측해야 했다. 태양이 모습을 드러냈을 때는 높은 파도 때문에 육분의를 읽을 정도의 시간만큼도 고정할 수 없었다. "팀 전체가 달라붙었다. 한 사람은 육분의를 맡았고, 두 사람이 그의 다리를 붙잡았다. 또 다른 사람이 크로노미터를 보고, 또 다른 사람이 기록을 했고, 나머지 한 사람은 배를 운전했다. 손이 아주 많이 필요했다."

다음은 워슬리의 설명이다.

항법은 하나의 기술이지만, 아무리 노력해도 어울리는 이름을 붙일 수가 없다. 추측항법은…… 어림짐작을 일컫는 재미있는 장난이 되었다. 일주일에 한 번, 혹은 두 번 태양은 폭풍에 찢겨진 구름 속을 통하여 느닷없이 미소를 짓듯 깜박거렸다. 준비가 되어 있고 영리하다면, 놓칠 리가 없었다. 절차는 다음과 같았다: 우리의 은신처에서 밖을 내다보았다. 소중한 육각의는 파도를 뒤집어쓰지 않도록 품 안에 안고 있었다. 어니스트 경은 크로노미터와 연필, 책을 들고 돛 아래에서 자리를 지키고 있었다. 나는 "준비!"라고 외치고 좌석에 무릎을 꿇었다. 두 사람이 양쪽에서 나를 잡았다. 나는 태양을 수평선이 있어야 하는 곳까지 끌어내렸고, 배가 파도의 정점에서 위로 미친 듯이 뛰어올랐을 때 고도를 측정하고 소리쳤다. "정지!" 어니스트 경은 시간을 측정했고, 나는 결과를 계산했다.[13]

워슬리는 육분의로 네 가지 측정치를 얻어냈다. 자비스는 두 개를 얻었다. 양쪽 모두 첫 시도에 사우스조지아에 도착했다. 그들도 상당히 놀랄 만한 일이었다. "내 항해는, 부득이하긴 했지만, 너무나도 미숙하여 좀처럼 육지를 찾아내는 일이 없었다." 워슬리의 기록이다.[14] 한편 자비스는 자신이 확실하게 아는 것은 도착한 곳의 위치뿐이었다고 말한다. "늘 한 가지 의심이 떠나지 않았습니다. 나는 끝이 없는 바다를 여행하고 있고, 어디든 여행하고 있다는 사실을 절대 진정으로

길 잃은 사피엔스를 위한 뇌과학

믿지 않는 것이었죠."

5000년 전의 길 찾기

기원전 3000년에서 서기 1000년 사이, 육분의와 크로노미터가 발명
되기 수세기 전, 폴리네시아의 선원들은 중앙 및 남부 태평양의 180만
제곱킬로미터에 달하는 영역 중 주거가 가능한 거의 모든 섬에 정착
했다. 이러한 놀라운 성과는 주의 깊은 관찰과 지역 환경에 관한 깊은
지식이라는 '자연' 항법의 정확한 시스템 덕분이었다. 해럴드 개티는
위대한 폴리네시아인들의 탐험 여행이 대부분 매년 9월 알래스카에서
타히티를 거쳐 하와이까지 날아갔다 4월에 다시 되돌아가는 검은가슴
물떼새와 브리슬사이드컬류bristle-thighed curlew 같은 철새가 지나간 길을
따라갔을 것이라고 추측했다. 폴리네시아인들은 유럽 선원들이 대서
양에 발을 들여놓을 때까지, 정기적으로 4000킬로미터 이상 긴 여행
(타히티와 하와이 사이, 혹은 타히티와 뉴질랜드 사이)을 했다. 개티는 폴
리네시아인들이 "역사상 가장 위대한 길잡이이며…… 위대한 방랑을
시작하게 된 이유가 무엇이든 그들은 진정한 의미에서 직업적으로 배
를 타는 최초의 민족이었다."고 생각했다.[15]

폴리네시아인의 항법 체계에서 가장 인상적인 면은 추측항법에 전
면적으로 의존한다는 것이다. 뛰어난 실력을 갖춘 현대의 항해사일지
라도 자신이 탄 배의 움직임에 집중하면서 오랜 시간 동안 랜드마크

없이, 혹은 경도나 위도를 확인할 방법 없이 항로를 벗어나지 않기란 쉽지 않다. 폴리네시아인들은 파도의 패턴, 바람의 방향, 구름의 형태와 색깔, 깊은 바닷속 해류의 움직임, 새들의 행동, 식물의 냄새, 태양과 달과 별들의 움직임 같은 자연의 신호로 자신들의 위치를 알아내는 방법으로 항해한다. 그들의 전략은 목적지 근방에 도착한 다음 현지의 신호를 이용하여 항구로 돌아가는 것이다. 별 나침반은 수평선 근처에 있는 32개의 눈에 띄는 별의 위치를 보여주는 원형 지도로, 아주 중요한 도구이다. 적도 근방의 그 별들은 수직에 가까운 궤도를 따라 움직이며, 1년 내내 수평선의 같은 위치를 움직인다. 아는 별을 볼 수 있다면, 별 나침반은 내가 가는 방향을 꽤 정확하게 말해준다.

이러한 고대의 길 찾기 기법은 폴리네시아 항해 협회의 노력이 없었다면 대부분 잊혔을 것이다. 하와이의 열성적인 회원들로 구성된 폴리네시아 항해 협회는 1973년 선체가 이중으로 된 전통적인 카누의 복제품을 제작했고, 폴리네시아인 최후의 항해사 중 한 사람인 마우 피아일루그Mau Piailug를 설득하여 그가 보유한 기술을 전수받았다. 그들은 3년 뒤 자신들의 카누 호쿨레아Hōkūleʻa를 타고 타히티까지 항해했다. 전통적인 방식의 여행은 800년 만에 처음 있는 일이었다.

호쿨레아는 여전히 항해를 하고 있으며, 폴리네시아의 해양 문화를 소개하는 사절이 되어 태평양 이주에 항해사들이 담당했던 역할을 상기시켜주고 있다. 나는 2016년 말 뉴저지의 허드슨강에서 3년간의 세계 일주 여행을 거의 마무리해가는 호쿨레아호를 만날 수 있었다. 허리케인이 지나가길 기다리며 항구에 정박 중이었던 호쿨레아호는 옆

길 잃은 사피엔스를 위한 뇌과학

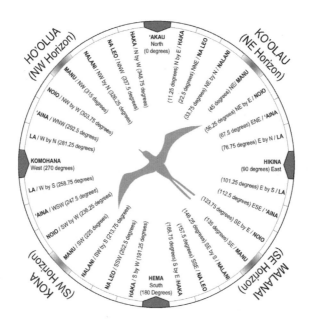

그림 15 폴리네시아의 별 나침반.

에 보이는 몇몇 요트보다도 작아 보였지만, 그중에 넓은 대양에서 GPS나 나침반, 차트, 수심 측정기, 심지어 시계도 없이 23만 킬로미터가 넘는 거리를 항해한 호쿨레아호의 성취에 필적할 만한 배는 없었다.

호쿨레아호가 항해할 때면 항해사는 별들이 보여주는 방향 지시에 둘러싸여, 배의 후미에 앉아 발에서 느껴지는 파도를 읽는다. 항해사는 '아버지'라고들 칭하지만, 수많은 여성들도 그 역할을 맡고 있다. 항해사는 막중한 책임감을 요하는 위치이다. 하와이어에서 '푸오pwo'는 항법의 대가라는 단어로 '빛'이라는 의미도 지니고 있다. 항해사는 사람들에게 빛을 비추어 그들을 인도하고 안전을 유지해야 한다. 또한 물려받은 지식을 관리하는 재산 관리인 역할도 해야 한다. 이 중 어느 하나라도 잊지 않도록 이전 항해사들의 이름이 카누 곳곳에 쓰여 있으며, 후미에는 미래의 항해사인 아이들에 대하여 '카푸 나 케이키Kapu na Keiki(아이들을 신성시하라)'라는 글귀가 보인다. 내가 찾아갔을 때에는 25세의 견습 항해사 케카이말루 리Kekaimalu Lee가 짙은 청록색 티셔츠에 하와이언 스타일의 바지 차림에 야구 모자를 거꾸로 쓰고 선상에 나와 있었다. 자신이 준비하는 것은 기술적인 연습보다는 인생을 위한 훈련에 가깝다고, 그는 내게 말했다. 단지 카누만이 아니라 그들의 문화가 영원할 수 있도록 책임지고 방법을 깨우치고 있었다. "처음 시작했을 때, 나는 내가 누구인지 안다고 생각했습니다. 하지만 카누를 다루는 법을 배우고, 우리 선조의 뒤를 이어 바다에서 육지를 찾아낸 후에야 비로소 나를 알 수 있었습니다."

그가 언급한 선조들은 단순한 항해사가 아니었다. 항해사는 그들 세대를 지켜주는 빛이었다. 태평양의 섬 주민들 중 항해사 역할은 언제나 최고의 대접을 받았다. 일이 까다롭기 때문이라는 게 일부 이유이다. 별 나침반은 내가 가는 방향을 말해줄 수 있지만, 내 위치를 알려주지는 않는다. 추측항법 시스템을 이용하여 내 위치를 알 수 있는 유일한 방법은 내가 어디에서 왔는지 기억하는 것이다. 항해사는 출발점을 떠난 순간부터 지나온 카누의 경로를 머릿속에 반드시 기록해야 한다. 우리는 오늘 얼마나 멀리 이동했고 파도는 우리가 지나온 경로에 어떤 영향을 미쳤을까? 그러기 위해서는 꾸준하게 관찰을 해야 한다. 이 모두가 제대로 이루어진다면 비록 정확한 위치를 알려주지는 못해도, 목적지나 출발지를 가리킬 수 있을 것이다. 만일 기억을 못한다면, 재난이 뒤따르게 된다. 후쿨레아의 최고 항해사 나이노아 톰슨 Nainoa Thompson은 스승이었던 마우 피아일루그가 했던 말을 떠올린다. "잊으면 안 돼. 이건 선택지가 아니야. 잊었다는 것은 길을 잃었다는 뜻이야. 그리고 길을 잃었다는 생각이 들었다면, 그땐 끝난 거다."[16]

바람과 별과 새의 나침반

수많은 원주민 문화에서 경로에 대한 기억, 신호, 지형, 장소, 장소의 이름 등은 생존에 필수적이었다. 북미 원주민들은 랜드마크에 대한 비범한 기억력을 가지고 있는 것으로 알려져 있다. 리처드 도지 미국 육군 대령은 19세기 후반 북미 원주민의 사회생활과 풍습을 문서로 남겼다. 그는 이렇게 기록했다. "인디언에게는 모든 언덕과 계곡, 바위와 덤불을 한번 보기만 하면 영원히 기억하는 특징이 뚜렷이 보였다." 그리고 다른 사람들에게 전달해줄 수 있었다. 결과적으로 "인디언은 천문학이나 지리학, 나침반에 대한 지식이 없음에도 여행에서 백인 세 사람 몫을 할 수 있다."[17]

현대의 이누이트족은 주변 환경을 기억의 창고에 저장할 때 비슷한 능력을 발휘한다. 1998년 이후 캐나다의 북극지방에서 이누이트족의 길 찾기 문화를 연구하고 있는 클라우디오 아포르타는 수천 킬로미터에 이르는 길을 훤히 아는 사냥꾼들을 만났다. 그들은 여러 세대에 걸쳐 변하지 않는 이 길을 따라가며, 길에 쌓인, 그해에 새로 내린 눈에 표시를 한다. 그러한 경로들은 구전으로 전해지며, 얼음의 특징, 해류, 장소의 이름, 그리고 결정적으로 가장 많이 부는 바람에 의해 생성된 눈의 패턴 등 여러 가지 랜드마크를 기준으로 설명된다. 서북서 방향에서 가장 많이 부는 거센 바람 우앙나크Uangnaq에 날려 쌓인 눈은 딱딱하고 혀처럼 생겼다. 니기크Nigiq는 꾸준히 불어오는 동남풍으로 두께가 고른 막을 남긴다. 그리고 카낭나크Kanangnaq라는 북북동풍과 남남서풍 아킨나크Akinnaq, 이 네 바람 사이에 부는 소규모 바람들이 있다.[18]

폴리네시아인들이 별을 자연의 나침반처럼 다루었듯이, 이누이트족은 바람을 이용한다. 이누이트족은 해양 항해사처럼 인류학자들이 '기억의 경관memoryscape'(단지 물질적인 세계만이 아니라 문화적인 측면까지 보여주는 것으로, 주위 경관에 담긴 문화 및 역사적 의미로 가득하다)이라고 이름 붙인 것을 개발한다. 이것은 오스트레일리아 원주민의 노랫길songline과 다르지 않다. 노랫길은 선조의 발자취를 매우 상세하게 묘사하여, 노래만 정확히 안다면 어디서든 길이나 물웅덩이, 휴식처 등을 찾을 수 있게 해준다.[19] 아포르타는 이누이트족이 1960년대 이후 영구 정착지에서 살아오긴 했지만 여전히 넓은 지역에서 사냥을 하고 있으며 도시 설계가 만들어낸 공간적인 제약을 거의 무시한다는 사실을 알아냈다. "그들은 걷거나, 스노모빌이나 만능차를 타고 달리거나 집 마당을 가로질러 정착지를 관통하는 길을 만든다."[20] 공간과 관계된 관습은 쉽게 사라지지 않는다. 그 관습이 문화적 정체성의 근본일

길 잃은 사피엔스를 위한 뇌과학

경우에는 특히 그렇다. 하지만 상황은 바뀌고 있다. 젊은 이누이트족은 모두 GPS로 길을 찾고, 나이 든 이누이트족은 기술을 이용하지 못하는 경우에는 길을 잃게 될 것이고, 따라서 그들의 풍경과 무관한 삶을 살게 되어 문화적인 연결의 끈이 끊어질 것이라 우려하고 있다.[21]

랜드마크들을 이어주는 광범위한 네트워크를 기억하기 위해서는 특별한 관찰 능력이 필요하다. 수많은 원주민 문화에서 길 찾기는 곧 관찰이다. 1930년대 초 그린란드에서 어느 이누이트족 사냥꾼 무리와 카약을 타고 가던 중 사방에 안개가 가득한 곳에서 길을 잃은 영국의 탐험가이자 산악인 프레디 스펜서 채프먼Freddie Spencer Chapman은 그들이 흰멧새의 노래를 길잡이 삼아 해안선을 따라가는 모습을 놀란 눈으로 바라보았다. 그들은 흰멧새 수컷이 내는 영토에 관한 다양한 멜로디를 구별하는 방법을 알고 있었기 때문에, 만의 돌출부에 둥지를 튼 새의 노래를 알아듣는다면 언제 해안 쪽으로 방향을 바꾸면 되는지 알 수 있었다.[22] 아포르타가 많은 연구를 수행했던 이글루릭섬에서 좋은 항해사는 '관심'을 뜻하는 '앙가이트투크Aangaittuq'라는 말로 알려져 있다. 앙가이트투크는 단지 한 사람의 길 찾기 능력만이 아닌 삶에 대한 전반적인 태도를 말해준다. "좋은 길잡이가 되는 것은 가족을 잘 부양하는 것과 다르지 않다." 아포르타가 말했다. "사냥과 길 찾기 모두 넓은 의미에서 주거의 일부이다."[23]

시베리아 북서부 지방의 순록 목축업을 하는 유랑족 네넷Nenet족은 자주 이동하기 때문에 정확한 경로를 기억하는 대신 '알려진 장소'들과 그들의 방향과 거리에 대한 정보를 담고 있는 심적 지도에 의존한다. 알려진 한 장소에서 다른 장소로 갈 때 일정한 코스에서 벗어나지 않기 위해서 네넷족은 바람의 방향과 바람이 몸에 어떻게 부딪히는지에 꾸준히 관심을 갖는데, 이러한 방식을 '바람 잡기'라고 부른다. 추측항법 시스템이 모두 그러하듯, '바람 잡기'는 일정하게 적용할 때만 효과가 있다. 가축을 관리하는 목동이 시간 관리를 제대로 하지 않으면, 특히 날씨가 안 좋은 날에는 길을 잃게 된다. 바람의 방향이 바뀌었는데 그 편차를 감지하지 못하는 경우에도 길을 잃을 수 있다. 사회인류학자 키릴 이스토민Kirill V. Istomin은 여러 달 동안 시베리아의 순록 목동을 대상으로 그들이 어떻게 환경을 인지하는지에 관한 연구를 했고, 그 결과 그들에게는 이러한 불확실성을 처리하는 특별한 방법이 있다는 사실을 발견했다. 나이 든 목동 한 사람이 그에게 설명해주었다.

툰드라 지대를 여행할 때 우리는 언제나 '맞는 방향으로 가고 있는 것일까?', '목적지를 놓친 것은 아니겠지?'라는 생각을 하게 됩니다. 모든 사람에게는 이러한 두려움이 있는데, 특히 벌써 어떤 장소에 도착했어야 하지만 주변에 표시가 보이지 않는다면 그러한 두려움은 정말 커집니다. 이제 그러한 두려움에 굴복해서는 안 됩니다. 용기를 내야 합니다! 쉬운 일은 아닙니다. 특히 어둠 속에 혼자 있다면 말이지요. 이런 생각이 들 수도 있습니다. 이를테면 '너무 왼쪽으로 온 것 같은데, 지금 선택한 코스보다 조금 오른쪽으로 왔어야 했어.' 심지어 결국 이런 생각을 완전히 확신하게 될 수도 있습니다. 특히 이미 도착했어야 하는데 목적지가 보이지 않는다면 말입니다. 하지만 코스를 바꿔서는 안 됩니다. 같은 코스를 계속 유지한다면, 내가

길 잃은 사피엔스를 위한 뇌과학

원하는 장소는 아닐 수도 있지만 그래도 내가 아는 장소에 도착할 겁니다.[24]

본능이 아니라 능력을 믿어야 한다. 우리는 얼마나 자주 이 말을 들어왔는가! 단 한 번이라도 코스를 바꾼다면, 길을 잃고 말 것이라고, 그 목동은 경고한다. 한번 바꾸게 되면 또 바꾸고 싶어지기 때문이다. "코스를 바꾸기 시작하면 멈출 수가 없습니다. 제 말을 믿으세요. 누구도 멈출 수가 없습니다. 그러면 제자리걸음이 시작됩니다. 순록들이 쓰러지고 난 후에도 제자리걸음을 할 겁니다. 툰드라에서 길을 잃고 죽은 사람들은 모두 그랬습니다. 용기가 없었고 두려움에 굴복했기 때문입니다."[25]

방향감각이 뛰어난 사람들의 특징

위대한 항해사들은 흔히 눈앞에 있는 길이 어떤 길인지 본능적으로 이해한다고 한다. 몇 년 동안 소수의 연구자들은 인간이 새나 곤충, 그리고 일부 포유류 동물처럼 지구의 자기장을 감지한다고 주장하기도 했다.[26] 실망스러운 사람도 있겠지만, 인간에게 방향감각이나 자기장을 감지하는 감각이 있었다는 단서는 찾아보기 어렵다. 실제로 인간은 그러한 감각이 필요하지 않다. 다른 감각만으로도(관리만 잘해준다면) 충분히 인간에게 필요한 길 찾기 욕구를 충족할 수 있기 때문이다.

해럴드 개티가 주목한 것처럼 방향감각이 뛰어난 사람들은 이러한 점에 능숙하다. 그들만의 특별한 감각은 관찰할 때 다른 모든 감각을 적용하는 능력이다. 집중력이 떨어지거나 기후 조건 때문에 시각, 청각, 후각, 촉각이 말을 듣지 않는다면, 그들도 다른 사람들처럼 방향을 잃어버릴 수 있다. 아프리카 남부에서 수렵 채집 생활을 하는 산San족은 길을 찾는 능력으로 유명하지만, 그들도 짙은 안개에는 틀림없이 발걸음을 돌리고 말 것이다. 호쿨레아호가 안개에 갇혀 적도의 무풍대에서 꼼짝하지 못할 때면, 폴리네시아인 항해사들 역시 바람이 다시 불어와 하늘이나 바다의 물결을 이용하여 위치를 확인할 수 있을 때까지 기다리는 것 말고는 선택의 여지가 없다.

공간에 대한 의식은 얼마나 많은 원주민들이 생각하고 말하는가에 기반한다. 쿠크 세이요르Kuuk Thaayorre어는 오스트레일리아 북동부의 케이프요크에 모여 사는 포름푸라우Pormpuraaw족이 사용한다. 이들은 대화할 때 왼쪽, 오른쪽, 앞, 뒤 등의 상대적인 용어 대신 기본 방향(동서남북)을 사용한다. 인지과학자이자 언어학자인 레라 보로디츠키Lera Boroditsky는 그들이 '너의 남동쪽 다리에 개미 한 마리가 있다.' 혹은 '컵을 북북서 방향으로 조금만 옮겨라.' 같은 식으로 말한다는 사실을 발견했다. 전통적인 인사는 '안녕hello'처럼 별다른 의미 없는 '어디 가니?'이며, 화자는 말 그대로의 대답('남쪽')을 기대한다. 결과적으로 다섯 살짜리 아이도 언제나 정면이 어떤 방향인지 말할 수 있다.[27]

그들은 어떻게 하는 것일까? 보로디츠키는 완전히 의식하면 된다고 말한다. 그녀는 세상에 존재하는 7000가지 언어 중 3분의 1이 공간에 대한 상대적인 설명보다는 절대적인 설명에 의존하거나, 공간과 관

　　　　　　　　　　길 잃은 사피엔스를 위한 뇌과학

련된 용어를 언어 구조에 통합하는 유사한 공간적 특성이 있다고 추정한다. 브리티시 컬럼비아 해안에서 해상 생활을 하는 콰키우틀족의 고유 언어에는 위치와 방향을 표현하기 위해 사용되는 접미사가 다수 포함되어 있어, 한 단어를 바탕으로 지리적 설명을 쉽게 만들 수 있다. 즉 '수달이 상륙하는 곳'은 간단하게 'xumdas'(as가 붙으면 '장소'를 지칭한다)가 되고, t!a로 끝나는 것은 모두 '바다로'를 가리킨다('neget!a'는 '바로 바다로'를 뜻한다).[28] 콰키우틀어 역시 쿠크 세이요르어 같은 지각_{知覺}의 언어이다. 이들 모두에게 공간과 관련된 새로운 사실을 아는 것은 그들이 번영하거나, 혹은 살아남거나, 아니면 적어도 세상이 어떻게 펼쳐져 있는지 이해하는 데 도움이 되었다.

의식은 대개 필요에서 비롯된다. 80여 년 전 심리학자 해리 드실바 Harry Desilva는 본능적으로 동서남북의 방향을 아는 것처럼 보이는 스무 살 청년을 인터뷰했다. 처음에는 공간과 관련된 특별한 능력을 소유한 서번트savant(지적장애나 뇌 기능 장애가 있는 사람들 가운데 특정 분야에서 뛰어난 재능을 보이는 사람 - 옮긴이)를 발견했다고 생각했으나, 사실은 청년의 어머니가 왼쪽과 오른쪽을 잘 구별하지 못해서 기본 방향으로 공간적인 관계를 표현했던 것이었다. 그녀는 이렇게 말하곤 했다. "옷장의 북쪽에 놓인 솔 좀 가져다줘라.", "가서 현관 동쪽에 있는 의자에 앉아라." 결과적으로 청년은 자신의 집에서 살아남기 위해 지리적 방향을 기억했던 것이었다.[29]

언제나 주의를 기울이기

세상에서 가장 위대한 항해사가 우리에게 주는 가르침은, 주변에서 무슨 일이 일어나고 있는지 주의를 기울여야 한다는 것이다. 리베카 솔닛이 《길 잃기 안내서》에 쓴 것처럼, 유지하는 것이 늘 쉽지는 않다.

날씨와 내가 선택한 경로, 가는 길에 있는 랜드마크, 뒤돌아보면 여행을 나올 때와 돌아갈 때의 모습이 달라 보인다는 사실, 해와 달과 별의 모습을 보고 위치를 알아내기, 흐르는 물의 방향, 글을 이해하는 사람이 읽을 수 있도록 야성을 글로 표현하기 등에 주의를 기울이는 기술이 있다. 길을 잃은 사람들은 대개 지구 자체의 언어인 이 언어를 읽고 쓰지 못하거나, 하던 일을 멈추고 읽지 않는 사람들이다.[30]

주의는 길 찾기의 핵심이다. 하지만 주의에는 더 큰 목적도 있다. 우리를 주변의 공간과 연결해서 현실에 붙잡아두는 것이다. "내가 여기에 있다."는 것을 알게 되면(그것을 느끼기 위해 나의 모든 감각을 동원한다) 몹시 안심이 될 수 있다. 특히, 대부분의 사람이 그러하듯, 여러 잡생각들로 긴 시간을 보냈다면 말이다. 의식을 통하여, 길 찾기는 일종의 명상이 된다. 그리고 유목 문화와 해양 문화에서 전문적인 항해사가 존경받는 것은 단지 기술 때문이 아니라 스승이나 리더로서의 역할 때문이다. 그들의 역할은 인생의 황무지에서 사람들을 인도하여, 육체적인 영역뿐 아니라 정신적인 면에서 그들에게 방향을 알게 해주

길찾기의 뇌과학

는 것이다. 모든 문화에는 항해사가 필요하다.

　유목 문화에서 길잡이를 고귀하게 여기는 한 가지 이유는 길을 잃는 것이 치명적이기 때문이다. 이것은 어느 문화에서나 마찬가지이다. 사람들은 길을 벗어날 위험이 있다는 사실에도 모두 깊은 반감을 느끼는 것 같다. 다음 장에서 우리는 이러한 반응을 하는 심리와 길을 잃은 사람들이 어떻게 행동하는지에 대한 수색 및 구조 전문가들의 매혹적인 통찰을 알아볼 것이다. 또한 숲에서 길을 잃은 한 여성의 이야기를 다룰 것이며, 이런 일이 얼마나 쉽게 일어나는지 보여줄 것이다.

8장

실종의
심리학

길을 잃는다는 것은

실존하는 적이자 영원히 존재하는 위협이다.

2015년 10월의 어느 날, 미국 메인주 레딩턴산 부근의 울창한 삼림 지대에서 근무하던 한 산림 조사원이 나무 그늘 아래 덤불에 텐트가 쓰러져 있는 모습을 보게 되었다. 배낭, 옷가지, 침낭 등이 눈에 띄었고 침낭 안에는 인간의 두개골로 추정되는 것이 들어 있었다. 그는 사진을 찍은 다음 숲을 빠져나가 상사에게 전화를 걸었다. 이 소식은 곧 메인주 산림관리소의 수색 및 구조 조정관 케빈 애덤에게 전달되었다. 그는 그 조사원이 발견한 것이 무엇인지 짐작했다. 그는 나중에 이렇게 썼다. "지도상의 위치와 사진에 나온 것을 고려하면, 제리 라게이 Gerry Largay가 틀림없었다."[1]

제럴딘 라게이는 66세의 은퇴한 간호사로, 조지아주 스프링어 Springer산에서 메인주 중심부에 있는 카타딘 Katahdin산까지 3300킬로미터가 넘게 이어지는 애팔래치아 트레일 Appalachian Trail을 걷는 도전을 하던 중에 2013년 7월 레딩턴 부근에서 실종됐다. 그녀가 사라지자 메인주 역사상 가장 큰 규모의 수색 및 구조 작전이 펼쳐졌다. 하지만 2년 동안 단 하나의 실마리도 찾지 못했다. 산림 조사원이 우연히 발견할 때까지 그 누구도 그녀에게 무슨 일이 일어났는지 전혀 상상할 수 없었다.

그것은 제리가 꿈꾸던 여행이었다. 그녀는 제인 리Jane Lee라는 친구와 함께 2013년 4월 23일 웨스트버지니아주의 하퍼스페리에서 출발했다. 그들이 세웠던 계획은 카타딘까지 북쪽으로 갔다가 차를 타고 유턴해서 반대 방향인 하퍼스페리로 돌아와, 계속해서 스프링어까지 남쪽으로 가는 계획이었다. 그들을 도와주는 사람이 한 명 있었다. 제리의 남편 조지가 차를 타고 그들을 그림자처럼 따라다니며, 미리 약속한 위치에서 필요한 물자를 공급해주었고, 이따금 모텔에 데려가 쉬게 해주었다. 일정은 잘 진행되고 있었고, 6월 말에는 뉴햄프셔에 도착했다. 제인이 가족에게 급한 문제가 생겨서 어쩔 수 없이 집으로 돌아갔지만, 제리는 혼자서 계속하기로 했다. 그녀는 속도가 너무 느려서 한 시간에 1, 2킬로미터를 겨우 이동했다(그녀는 자신의 여정에 '자벌레'라는 이름을 붙였다. 자신의 속도가 애벌레처럼 느리다는 것을 알고 있었다). 제리의 방향감각은 좋은 편은 아니었지만, 좋은 장비를 갖추고 있었다. 꼼꼼한 계획가(언제나 물을 마시면서 쉴 수 있는 곳을 알고 있었다)이자 사교적이고 따뜻한 성격 덕분에 하이킹을 하는 사람 중에 친구가 많았다. 그들 중 도로시 러스트Dorothy Rust는 〈보스턴 글로브〉에 이렇게 말했다. "제리는 자신감과 즐거움이 넘쳤고, 대화하는 것을 좋아했다."[2]

길 잃은 사피엔스를 위한 뇌과학

러스트와 그녀의 동행은 남쪽으로 가던 중에 제리가 실종된 레딩턴 산기슭 바로 남쪽에 있는 대피소인 포플라리지Poplar Ridge에서 제리와 마주쳤다. 그것이 그녀의 마지막 모습이었다. 7월 22일 아침 6시 30분 쯤, 제리는 짐을 꾸려 아침 식사를 하고, 배낭을 메고 있었다. 러스트는 그녀의 사진을 찍었다. 산림관리소의 사고 보고서에는 제리가 '파란 스카프, 빨간 긴소매 윗옷, 갈색 반바지, 등산화, 파란 배낭, 독특한 안경 차림에 함박웃음'을 짓고 있었다고 기록되어 있다. 그리고 이런 모습이 그 사진에 모두 담겨 있다. 제리는 길을 떠날 준비를 마친 것 같았다.

포플라리지를 출발한 지 45분 뒤 제리는 조지에게 출발했다는 문자를 보냈다. 두 사람은 다음 날 저녁 30킬로미터 정도 더 가면 나오는 교차로에서 만나기로 약속했다. 그녀가 약속 장소에 나타나지 않자 뭔가 일이 잘못되었다는 것을 알아챈 조지는 하루를 기다린 다음 산림관리소에 알렸고, 산림관리소는 준비된 절차에 따라 실종자 수색에 착수했다. 그 후 몇 주에 걸쳐 수백 명의 전문 구조대원과 훈련받은 자원봉사자가 레딩턴 주변의 숲을 수색했다. 하지만 아무것도 발견하지 못했다. 옷 한 자락 보이지 않았고 캠프의 흔적조차 없었다. 이후 26개월 동안 조사와 수색이 이어진 끝에, 시체가 발견되었다. 그제야 몇 가지 해답을 얻을 수 있었다.

산림 조사원의 섬뜩한 발견 다음 날, 케빈 애덤과 동료 관리인들은 무슨 일이 있었는지 확인하기 위해서 그녀의 캠프에 있던 유물을 회수하여 휴대폰 기록과 일기 등을 조사했다. 일기장은 방수가 되는 봉투에 싸여 있었다. 그들은 7월 22일 아침 제리가 포플라리지에서 수 킬로미터 떨어진 곳에서 화장실에 가기 위해 길을 벗어났다가 돌아오는 길을 찾아내지 못했다는 사실을 알게 되었다. 십중팔구 80보 이상 숲으로 들어가지 않았을 것이다(이것이 평소 그녀의 행동이었다). 얽히고설킨 나무와 덤불 때문에 방향을 잃자 제리는 여기저기 돌아다니기 시작했다. 오전 11시 1분에 조지에게 문자를 보냈다. "문제 발생. 화장실에 가려고 길을 벗어났다가 길을 잃음. AMC(애팔래치아 산악 클럽)에 연락해서 산길 관리인에게 도움을 청할 수 있는지 알아봐줘. 숲길의 북쪽 어디쯤이야. Xox."[3] 안타깝게도 그녀는 휴대폰 신호가 잡히지 않는 지역에 있었고, 이 문자는 물론 다른 문자들도 전송되지 않았다. 그녀는 다음 날 오후에 다시 시도했다. "어제 이후 길을 잃은 상태. 길에서 5, 6킬로미터 정도 벗어남. 경찰에 신고해줘. Xox." 그날 밤 제리는 가능한 한 높은 곳에 텐트를 쳤다. 정찰기와 헬리콥터가 그녀를 찾는 소리가 들리자, 그녀는 눈에 띄려고 최선을 다했다. 불을 붙이려고 노력했으며, 반짝이는 비상용 담요를 위로 쳐들었다. 그녀는 기다렸다.

8월 6일, 제리는 마지막으로 휴대폰을 사용했다. 일기장은 그 후로 4일 더 기록했다. 그때 그녀는 무슨 일이 닥칠지 알았다. 나중에 자신을 발견할 구조대원에게 글을 남겼다. "제 시체를 발견하게 되면 남편 조지와 딸 케리에게 연락해주세요. 제가 죽었다는 사실과 발견된 위치를 알려주신다면 남편과 딸에게 정말 고마운 일이 될 겁니다. 아무리 오랜 시간이 흐른 뒤라도 말입니다. 남편이나 딸에게 이 봉투에 들어 있는 내용물을 꼭 전해주시길 빕니다." 제리는 19일 이상 야생 지역에서 홀로 버티다가 무방비 상태와 기아에 굴복하고 말았다. 전문가들이 가능하다고 생각했던 것보다 긴 시간이었다. 수색견 팀이 제리와 100여 미터 떨어진 지점을 지나갔으며, 그녀의 텐트가 있던 곳에서 일직선으로 불과 800미터 떨어진 곳에 오솔길이 있었고, 그녀가 언덕을 따라 내려갔다면 오래된 철길이 있어 그 철길을 따라가면 양방향 모두 곧바로 숲을 벗어날 수 있었다.

길 잃은 사람의 심리와 행동

길을 잃는다는 것은 끔찍한 일이다. 사람들은 대부분 길을 잃을 위험에 처하면 불안해진다. 길을 잃는 것에 대한 두려움은 마치 뱀을 봤을 때 우리가 보이는 반응처럼 본능적으로 인간의 뇌에 각인되어 있는 것처럼 보인다. 수백만 년 동안 진화하면서 길을 잃었을 때 결말이 좋지 않았다는 사실을 알게 된 것이다.

그러한 두려움은 문화의 바탕에 깔려 있다. 고대의 신화는 물론 현대의 동화에서도 숲에서 길을 잃은 아이들이 모티브로 등장하는 경우가 많다. 픽션에서는 보통 일종의 구원이 나타난다. 로물루스와 레무스는 암늑대가 구해주고, 백설공주는 난쟁이들이 구조하고, 과자 집에서 죽을 운명에 처했던 헨젤과 그레텔마저 집으로 가는 길을 찾는다. 하지만 현실은 대개 더 냉혹하다. 18세기에서 19세기까지 길을 잃는 것은 미국의 황무지에 정착한 유럽 정착민 아이들의 가장 흔한 사망

원인이었다. "미개척지의 방대한 숲에서 정착민의 아이들이 실종되지 않고 캐나다의 여름이 무사히 지나가는 일은 거의 없었다."라고 캐나다 작가 수잔나 무디Susanna Moodie가 1852년 지적했다.⁴ 또 다른 개척민 작가인 무디의 언니 캐서린 파 트레일Catharine Parr Traill은 숲으로 들어갔다가 집으로 오는 길을 찾지 못한 아이들의 실화를 바탕으로 한 소설 《캐나다의 크루소Canadian Crusoes》를 썼다. 《캐나다의 크루소》는 온타리오에서 시작한다. 온타리오는 메인주의 서쪽에서 수백 킬로미터 떨어진 곳에 있다. 하지만 트레일이 묘사한 황무지는 제리 라게이를 삼켜버렸던 숲을 묘사한 것일 수도 있다. "길에서 느껴지는 완전한 고독, 양쪽 둑을 가로지르는 길게 늘어선 나무들의 기괴한 그림자, 이제 이것으로, 이제 그 거칠고 허황된 모습으로, 이 가여운 버려진 방랑자의 마음에 두려움이라는 낯선 감정을 일깨웠다."⁵

사람들에게 길을 잃는다는 것은 여전히 비극이다. 2002년 영국 임업위원회의 위임을 받아 실시된 설문 조사에서 많은 사람이 숲을 멀리하는 이유는 다시 숲 밖으로 나가지 못할까 봐 걱정이 되기 때문이었다. 위원회가 내린 결론은 "민담, 동화, 공포 영화" 등이 우리의 정서에 악영향을 미치고 있으며, "사람들은 정말 길 잃는 것을 무서워한다."는 것이었다.⁶ 사람들이 그럴 만도 하다.

GPS의 시대에 사는 우리는 방향 감각을 잃기가 얼마나 쉬운지 잊어버리고, 종종 주변 세계를 잘 안다고 착각한다. 산등성이나 해안선 등 여러 지리학적 지형이 서로 평행하다고 가정하는 흔한 인지 오류는 나침반이나 지도 앱만 있으면 쉽게 바로잡을 수 있다. 하지만 기술

길 잃은 사피엔스를 위한 뇌과학

은, 뇌와 마찬가지로, 사용법을 모르거나 오류가 일어날 수 있다는 사실을 인지하지 못한다면 잘못된 방향으로 우리를 인도할 수도 있다. 비행사 프랜시스 치체스터가 제2차 세계대전 당시 영국 공군 조종사들에게 항법을 가르치고 있었을 때, 학생 두 명이 훈련 중에 실종됐다. 치체스터는 며칠 동안 경비행기를 타고 웨일스의 산을 수색했으나 찾지 못했다. 석 달 뒤, 치체스터는 그들이 전쟁 포로가 되었다는 소식을 들었다. 그들은 나침반을 잘못 읽는 바람에 180도 반대 방향으로 날아와, 북서쪽으로 이동하는 대신 남동쪽으로 이동했고 영국해협을 브리스톨해협이라고 생각하면서 건넜던 것이다. "비행장에서 그들을 찾기 위해 탐조등을 켠 것을 보고 고마워했다." 회고록에서 치체스터가 자세하게 이야기했다. "그리고 활주로에 착륙을 마치고, 한 독일 병사가 기관단총을 조종석으로 들이대고 나서야, 자신들이 영국의 비행장에 있는 것이 아니라는 것을 깨달았다."[7] 이 이야기는 위성항법 장치를 따라가다가 강으로 들어간 사람 이야기의 전쟁 버전이었다.

길을 잃은 사람이 어떻게 행동할 것인지 예측하기는 어렵지만, 그럼에도 (수색 및 구조대장이 늘 하는 것처럼) 스스로에게 도움이 되는 일은 하는 경우는 별로 없다고 가정하는 것이 안전하다. 합리적으로 판단하고 그 자리에 그대로 있는 사람은 거의 없다. 대부분은 계속 움직여야 할 것 같아, 탈출할 길이 있을 것이라는 희망을 품고 미지의 세계로 들어가게 된다. 길을 잃었던 사람들의 이야기는 아무리 숙련된 항해사일지라도 이처럼 움직이고 싶은 충동을 억누르기가 극도로 어렵다는 것을 보여준다. 1930년대와 40년대에 북아프리카 사막 탐험의 선구자이자 장거리 사막 정찰대Long-range Desert Group의 창립자인 랄프 배그놀드Ralph Bagnold는 이집트 서부 사막에서 길을 잃었을 때 어디로든 계속해서 운전을 하고 싶은 '아주 강한 충동'에 사로잡혔던 일을 회고했다. 그는 그것이 일종의 광기라고 생각했다. "이런 심리적인 현상은……최근 사막에서 일어난 거의 모든 사고의 원인이었다."라고 그는 썼다. "30분만이라도 그대로 있으면서 식사를 하거나 담배를 피운다면, 이성이 되돌아와 문제를 해결해줄 것이다."[8]

길을 잃게 되면, 투쟁(혹은 경직)이 도주보다 좋다. 적어도 계획을 세울 때까지는 그렇다. 이러한 사실을 알면 그 자리에 머무는 데 도움이 될까? 어느 정도는 그렇다. 휴고 스피어스는 동물과 인간이 공간을 탐색하는 방식을 연구하고 있는데, 페루의 아마존강 유역에 조사하러 갔다가 자신이 테스트의 대상이 되었다. 그는 캠프를 방어하는 경비대 대원에게 정글에서 산책을 해도 되느냐고 물었다. 그들은 너무 멀리는 가지 말라고 말했다.

그래서 너무 멀리는 가지 않았다. 하지만 정글은 정글이었다. 정글 안으로 10미터만 들어가도 완전히 방향을 알 수가 없었다. 나는 두 시간 동안 이 정글에서 길을 잃었다. 경비대는 나를 찾기 위해 개 한 마리를 보냈다. 개를 보내 사람을 찾게 한 것은 내가 처음이 아니었다. 무서웠다. 나의 뇌는 그저 달리기만을 바라고 있었다. 그냥 달려. 계속해서 달리라고. 나는 그게 좋은 방법이 아니라는 것을 잘 알았다. 정글에서 계속 이동하면 목숨을 구하지 못한다. 그래서 나는 마음을 진정하고 차근차근 생각하며, 서둘러 반응하

길 잃은 사피엔스를 위한 뇌과학

지 않고 주변을 살펴려고 노력했다. 그리고 내가 제자리걸음을 하고 있다는 것을 깨달았다. 영화에서 봤던 것과 똑같았다. 나는 커다란 나무에 표시를 하기 위해 벌채용 칼로 선을 그어 내가 왔던 곳인지 알 수 있게 했다. 효과가 있었다. 나는 나무에 선을 세 개 그어 표시를 했고, 만일 그 나무에 다시 돌아오게 된다면 내가 제자리걸음을 하고 있다는 것을 알게 될 터였다. 경비대가 개를 보냈을 때, 나는 거의 캠프에 돌아와 있었지만 그것은 큰 위안이 되었다. 길을 잃는다는 것이 정말로 두려운 일이라는 것을 잘 알게 되었다. 길을 잃는다는 것은 평범한 사건이 아니었다.[9]

몇 년 전 길 잃은 사람들의 행동 연구에 생애를 바친 캐나다 핼리팩스 세인트 메리스 대학교의 심리학자 케네스 힐Kenneth Hill은 그의 고향 노바스코샤주에서 나온 800편이 넘는 수색 및 구조 보고서를 검토하고 있었다. 노바스코샤주는 80퍼센트가 숲이며, '북미 실종자들의 수도'로 알려져 있다. 노바스코샤에서는 뒷마당에서도 발을 잘못 내딛으면 길을 잃을 수 있다. 힐은 800편이 넘는 보고서 중에 길을 잃은 사람이 그 자리에 머물렀던 경우는 두 건에 불과하다는 사실을 발견했다. 사과를 따러 나갔던 80세의 여성과, 열한 살짜리 소년이었다. 이 소년은 '나무를 안아주고 살아남기' 학교 수업(이름이 암시하는 것처럼 아이들에게 자기가 있는 곳에 그대로 있어야 한다고 가르친다)을 들은 적이 있었다. 힐은 길을 잃은 사람들이 발견되었을 때는 대부분 움직이지 않지만, 단지 녹초가 되도록 뛰어다니느라 너무 지쳤거나 아파서 그런 것이라고 말한다.[10]

어떤 일이 있더라도 움직이려는 강박은 진화와 관련 있을 가능성이 크다. 선사시대에 모르는 장소에서 어슬렁거리고 있으면 틀림없이 포식자의 먹이가 되고 말았을 것이다. 더 알 수 없는 것은 길을 잃었을 때 나타나는 또 다른 기행으로, 공간과 관련된 단서가 없을 때 걸어서 제자리로 돌아오는 경우가 많다는 것이다(영화에서만 일어나는 일이 아니다). 울창한 삼림지대나 끝이 없이 펼쳐진 평원, 안개 속에서는 몇 미터도 직선으로 걷기가 힘들다. 이러한 예상치 못한 습관도 쓸모가 있을 수 있다. 숲을 통과하거나 탁 트인 황야 지대를 가로지르면서 공포에 빠질 때, 그나마 처음 출발했던 곳에서 멀지 않은 곳에 도착해서 상황이 더 나빠진 것은 아니었으리라 추정할 수 있다. 작지만 위안이 된다.

선회旋回는 눈에 띄는 랜드마크[11](이를테면 휴대폰 중계기나 커다란 나무)나 공간적 경계(울타리 혹은 산등성이가 이루는 선)가 없는 곳이나 전망이 모두 비슷해 보이는 곳에서 나타난다. 고정된 기준점이 없다면, 우리는 표류한다. 태양의 움직임을 잘 모른다면 태양은 위험한 길잡이가 되겠지만, 태양이나 달의 모습을 보면 우리가 이성을 유지하는 데 도움이 된다. 《캐나다의 크루소》의 부록에서 캐서린 파 트레일은 온타리오의 숲에서 3주 동안 길을 잃었던 어느 여성의 실화를 소개한다. 그 여성은 태양이 자신을 인도하여 숲을 벗어나게 해줄 것이라 믿고 하루 내내 희망에 차서, 태양이 호를 그리며 동에서 서로 움직이는 동안 태양을 뒤쫓았고, 결국 밤에는 그날 아침에 있었던 곳과 거의 같은 곳에 와 있었다.[12]

길 잃은 사피엔스를 위한 뇌과학

랜드마크가 없는 곳에서는 방향감각을 잃어 빙빙 돌다가 결국 출발한 곳으로 되돌아온다는 발상은 개연성이 없어 보이지만, 수많은 실험의 결과 사실이었다. 한 가설은 신체의 불균형을 원인으로 꼽으며 인기를 얻었다. 우리는 모두 한쪽 다리가 더 길어서 걷는 방향이 점점 바뀔 수 있다는 것이다. 하지만 이 가설은 장소에 따라 바뀌는 방향이 달라지는 이유는 설명하지 못한다.

2009년, 얀 소우만Jan Souman은 실험참가자가 사하라사막과 독일의 비엔발트 숲에서 직선으로 걸으려고 시도하는 동안 GPS 모니터를 이용하여 참가자의 뒤를 쫓으며 기록했다. 태양이 보이지 않을 때는 아무도 성공하지 못했다. 오류는 금세 누적되어 갔고, 작았던 편차는 커져, 결국 원을 그리며 걷게 되었다. 소우만은 외부 신호를 이용하여 도움을 주지 않는다면, 아무리 오래 걷는다 해도 시작점에서 100미터도 가지 못할 것이라고 결론을 내렸다.[13] 이것은 우리의 공간 체계에 관하여 많은 이야기를 해주고 있으며, 우리가 주변 환경에 정착하기 위해서 필요한 것은 무엇인지에 대해 이야기해준다. 인간은 사막개미와는 달리 추측항법에는 익숙하지 않지만, 사막과 숲, 안개 속에서 인간이 할 수 있는 것은 추측항법뿐이다. 랜드마크와 경계가 없을 때에는, 평소에 우리가 길에서 벗어나지 않도록 자신이 맡은 일을 빼어나게 처리하던 우리의 머리방향 세포와 격자 세포가 방향과 거리를 계산하지 못하고 공간에서 우리를 뒤흔든다. 이미 길을 잃은 사람에게는 이러한 지식이 도움이 되지 않겠지만, 이러한 지식이 있다면 출발하기 전에 나침반과 GPS 추적기를 가지고 가게 될지도 모르는 일이다. 그리고 숲에 들어갈 때에는 무엇보다 집중력(길잡이의 황금률)을 잃어서는 안된다.

나를 삼켜버리는 숲

애팔래치아 트레일의 경로에는 20미터나 30미터마다 나무, 혹은 기둥, 돌에 흰 사각형 '점'을 표시하는 체계가 있다. 이 길은 사람의 통행이 많은 길이다. 쉽게 접근하기 어려운 구역에서도 날마다 수십 명의 사람을 만날 수 있다. 매년 메인주에서는 약 스무 명의 도보 여행객이 실종되지만, 거의 모든 실종자가 이틀 안에 발견된다. 누군가 영원히 돌아오지 못한다는 것은 극히 드문 일이다. 왜 제리에게 그런 일이 일어났던 것일까?

제리가 실종됐을 때 몇몇 기자들이 제리가 장거리 도보 완주를 너무 쉽게 생각했다는 이야기를 꺼냈다. 제리의 친구 제인 리는 조사관들에게 제리가 방향감각이 없을 뿐 아니라 몸이 느려지고 자신감이 줄어들었고, 혼자 있는 것을 두려워했다고 말했다. 제리의 의사는 제리가 오랫동안 불안과 관련한 문제에 시달렸고, 공황 발작이 자주 일어났다고 말했다. 제리는 약을 처방받았지만, 가지고 다니지는 않는 것으로 보였다. 제리의 남편 조지는 제리가 하이킹을 할수록 힘들어한다는 사실을 눈치챘고, '감당하기 어려운' 상태가 됐을지도 모르겠다고 걱정하고 있었다.

길 잃은 사피엔스를 위한 뇌과학

이 중 어느 것도 설명이 되지 못한다. 애팔래치아 트레일 장거리 하이킹은 힘들지만, 제리는 잘 버티고 있었다. 도로시 러스트는 〈보스턴 글로브〉에 제리는 "정신을 바짝 차리고 잘 대비하고 있었다."고 말했다.[14] 제리는 몇 년 동안 그 여행에 대비했고, 장거리 연습 등반도 여러 차례 잘 치러냈다. 웨스트버지니아를 출발한 이후 1500킬로미터 이상 걸었고, 이 정도면 그 길에 있는 사람들 가운데 가장 경험이 많았을 것이었다. 제리가 불안증 약을 복용하지 않았다면, 그녀가 불안하지 않았을 가능성이 크다. 제리는 자신의 꿈에 집중했고, 꿈을 이루기 위해 올바른 길을 가고 있었다.

제리가 저지른 실수는 누구든 쉽게 범할 수 있는 것이었다. 애팔래치아 트레일의 레딩턴 구간에 있는 숲에는 울창한 지하층이 있었다. 길에서 80보 정도 떨어지면 모든 방향에서 똑같이 보였다. 걸어서 그 안으로 들어갈 때 집중하지 않으면(길잡이의 치명적인 실수), 다시 내 발걸음을 쫓아갈 수 있게 도와줄 방법이 없다. 랜드마크도 없고, 경계도 없고, 도로변에 흰 점도 없다. 그 지역의 많은 부분이 미국 해군의 SERE(생존Survival, 도피Evasion, 저항Resistance, 탈출Escape) 학교의 소유이며, 이 학교에서는 조종사와 특수부대원에게 적의 전선 뒤에서 살아남는 방법을 가르친다. 해군이 그곳을 선택한 이유는 탈출하기 어렵기 때문이다.

지역 주민들은 메인주 중에서도 이 지역은 길을 벗어나면 길을 잃기 쉽다고 말한다. 메인주의 수색 및 구조팀 중 한 곳을 관리하는 짐 브리지Jim Bridge는 이렇게 말한다. "저도 제리처럼 화장실에 가려고 산책로를 벗어난 적이 있었습니다. 돌아왔을 때 저는 길 건너편에 있었습니다. 이처럼 사람들이 많이 다니는 길은 익숙합니다. 그 길이 제 마음속에 선을 하나 긋습니다. 하지만 반대 방향에는 선이 없습니다. 사실상 하나의 점입니다. 뒤돌아봐도 잘 안 보입니다." 하이킹하는 사람들도 이 사실을 알고 있다. 토론 웹사이트인 레딧Reddit.com에 개설된 제리 사건 게시판에 한 사람이 글을 올렸다.

그녀가 있던 곳은 산책로 중에서도 표면이 다른 곳보다 울퉁불퉁한 곳이었다. 비극적인 사고가 일어났지만 그녀가 한 행동은 어리석지 않았다. 개인적으로 그 산책로를 완주한 수백 명의 사람들을 알고 있다. 그들 중 누구도 "어떻게 볼일을 보다가 길을 잃을 수 있지" 혹은 "왜 지도와 나침반을 갖고 있지 않은 거야."라고 묻지 않는다. 우리는 동료 도보 여행자의 죽음을 애도한다. 조금이라도 다른 상황에서 길에서 몇 걸음만 벗어나면 이러한 일은 누구에게나 일어날 수 있었을 것이다.[15]

길 찾기에서 숲과 삼림은 하나의 도전이다. 구별할 수 있는 특징이 없기 때문이다. "숲과 삼림 앞에서, 기이한 다리들로 가득한 곳에서 길을 잃은 작은 아이처럼, 우리는 작아지고, 혼란스러우며, 위험에 노출된 것 같은 기분을 느낀다."고 빌 브라이슨은 애팔래치아 트레일을 따라 도보 여행을 했던 추억을 담은 《나를 부르는 숲》에 썼다.[16] 숲에서는 멀리 볼 수가 없어, 안개 속에서 항해하는 것과 같아진다. "누구든 일정 시간 이상 숲에 머물면 얼마 지나지 않아 길을 잃고 만다." 케네

길 잃은 사피엔스를 위한 뇌과학

스 힐은 말한다. 뒤얽힌 덤불과 하늘을 뒤덮은 나뭇가지들이 빼곡한 미국 동부 지역의 방대한 숲은 위협적이고 공격적이다. 18세기와 19세기에 더 나은 삶을 꿈꾸며 나무가 없는 하일랜드에서 그곳으로 이민 온 스코틀랜드 정착민들은 그러한 광경을 보고 적잖이 실망하고 말았다. "황량하고 전염병 같은 고독…… 인간의 눈이 머물렀던 가장 우울하고 인상적인 광경 중의 하나," 1831년 그들을 방문했던 어느 방문객의 기억이다.[17]

현재 메인주에 사는 주민들은 숲을 매우 좋아하지만, 또한 사람들을 삼켜버리는 숲의 힘을 두려워하기도 한다. 레딩턴 근방에 사는 사람들은 거의 모두 지역 수색 및 구조팀에 자원해서 일하고 있거나, 과거에 자원봉사자로 활동했었다. 모든 주민이 실종됐다가 발견된 사람들의 사연뿐 아니라 발견하지 못한 사람들의 사연도 알고 있다. 길을 잃는다는 것은 실존하는 적이자 영원히 존재하는 위협이다. 이 지역에서 길을 잃는다는 것은 200년 전이나, 아니면 선사시대 때만큼이나 중대한 위협이다. 제리는 애팔래치아 트레일을 걷기 위한 준비가 되어 있었다. 자신이 해야 하는 과제를 했다. 거의 1600킬로미터에 이르는 길을 달려왔고, 1600킬로미터를 더 가기로 되어 있었다. 하지만 제리는 황야와 길 너머에 있는 고독에 대비가 되어 있지 않았다. 대비가 되어 있는 사람은 거의 없겠지만.

밀려드는 공포

길을 잃었던 사람들은 절대 그 일을 잊지 못한다. 갑자기 그들을 둘러싼 모든 것과 단절되어 전혀 낯선 세계에 있게 된다. 그들은 자신이 죽을 것이라고 생각한다. 공포에 질려 혼란스러워진 그들을 찾는 일은 지리적일 뿐 아니라 심리적인 문제이기도 하다. 30년 경력의 한 구조 대원은 내게 말했다. "왜 길을 잃은 사람들이 그런 결정을 했는지 절대 이해하지 못할 겁니다."

길을 잃은 것은 인지의 한 상태이다. 내부의 지도는 외부의 세계와 분리되었고, 공간 기억에는 내가 보는 것과 짝을 이루는 것이 하나도 없다. 하지만 핵심적으로는 그것은 감정의 상태이다. 기억은 정신적인 이중의 고통을 전달한다. 두려움으로 인한 고통은 물론이고 생각하는 능력마저 잃어버리기 때문이다. 조셉 르두가 '감정에 의한 의식의 적대적 인수합병'이라고 부른 것에 시달리게 된다.[18] 길을 잃었다는 것을 깨달은 사람의 90퍼센트가 스스로 상황을 더 악화시킨다(이를테면 달려감으로써). 두려움 때문에 무엇을 해야 할지 생각하지 못한다. 랜드마크를 알아채지 못하고, 기억하지 못한다. 얼마나 멀리까지 왔는지 알지 못한다. 폐쇄공포증을 느끼게 된다. 마치 주위 환경이 자신을 옥죄는 것 같다. 그들이 할 수 있는 일은 없다. 속사포처럼 빠르게 일어나는 진화 반응이기 때문이다. 신경생물학을 공부한 수색 및 구조 전문가 로버트 쾨스터Robert Koester는 그것을 '투쟁 혹은 도피 카테콜아민catecholamine* 투척'이라고 표현한다. "그것은 본질적으로 공황 발작이다.

길 잃은 사피엔스를 위한 뇌과학

만일 숲에서 길을 잃는다면 죽을지도 모른다. 정말 그렇다. 현실에서 분리되는 기분이 드는 것이다. 점점 미쳐가는 느낌이다."

경험 많은 탐험가들도 초심자처럼 이러한 증상을 느끼기 쉽다. 1873년 과학저널 〈네이처〉지에 글을 기고하는 어느 필자가 웨스트버지니아주의 수목으로 뒤덮인 산맥에서는 "아무리 경험이 많은 사냥꾼이더라도…… 발작을 일으키기 쉽고, 갑자기 분별력을 잃고 가야 할 방향과는 정반대로 가고 있다고 믿게 될 수도 있다."고 보고했다. 그는 계속해서 이러한 방향감각을 잃어버린 느낌에 "심한 긴장감과 실망감, 불쾌감이 함께 찾아왔다."[19] 당시 이 주제는 상당한 학문적 관심을 끌었다. 작가는 찰스 다윈이 이전 호에 발표했던 글에 답을 하고 있었다. 그 글에서 찰스 다윈은 방향감각 상실에 의한 고통은 "뇌의 일부가 방향과 관련된 기능에 특화되었을 수 있다."[20]고 주장했다. 정확히 한 세기가 지난 뒤, 생리학자 제임스 랭크James Ranck는 쥐의 등쪽 전구상회presubiculum에 있는 세포에서 머리방향 세포를 발견해 다윈이 옳다는 것을 증명했다.

길을 잃은 사람들이 방향감각은 물론이고 이성까지 상실하는 것은 흔한 일이다. 사람들이 꿈을 꾸듯 수색대원을 지나쳐 가거나, 도망치거나, 추격을 피해 다니다 쓰러지는 이야기는 수색 및 구조에 관한 일화의 일부이다.[21] 에드 코넬은 발견된 지 얼마 되지 않은 사람은 인터뷰하기가 매우 어렵다고 말한다. 그들은 기본적으로 혼란스러운 상태

---

* 아드레날린과 노르아드레날린 등 스트레스를 받는 동안 분비되는 일단의 화합물.

라서 무슨 일이 일어났는지 거의 기억하지 못한다.

길을 잃었던 사람들은 이따금 망상 증세를 보이기도 한다. 1847년 겨울 철도 측량기사 존 그랜트는 뉴브룬스윅New Brunswik의 숲을 통과하는 새 철도의 경로를 조사하다가 동료들과 떨어지게 되었다. 그랜트는 5일 밤낮을 텐트와 음식 없이 대자연을 헤매 다니다 죽기 직전에 구조되었다. 그렇게 헤매 돌아다니는 동안 빈번하게 사람들의 목소리를 들었고, 어느 지점에서는 아메리카 원주민과 그의 가족이 나무에 기대 있다고 생각한 광경과 마주치기도 했다.

나는 은총을 빌었으나 정말 놀랍게도 조금이라도 알아듣거나 응답을 하지 않았다…… 내가 다가갔지만 그들은 뒤로 물러났고 나를 피하는 것 같았다. 골이 나서 계속 버텼으나 그들의 관심을 받으려고 애쓴 보람이 없었다. 두려운 진실이 마침내 떠올랐다. 그것은 정말 환영에 불과했고, 가장 완벽한 묘사 가운데 하나였다. 나쁜 예감이 들었다. 나는 두려움에 떨며 내가 미쳐가는 것은 아닌지 궁금해지기 시작했다.[22]

심리학자들은 스트레스와 불안이 길 찾기에서 필수적인 인지 기능에 영향을 미친다는 단서들을 모았다. 그중에는 모병에 관한 연구 결과도 많았다. 코네티컷주 뉴헤이븐 대학교의 법의학 정신과 의사인 찰스 모건Charles Morgan은 제리 라게이가 실종됐던 곳 인근에 있는 미국 해군 SERE 학교의 조종사와 승무원이 생존 훈련을 받는 동안, 그들의 정신적인 능력을 테스트하는 연구를 실시했다.

길 잃은 사피엔스를 위한 뇌과학

모건은 일반적인 심리학 훈련을 이용했다. 레이 복합도형검사Rey Ostereith Complex Figure(ROCF)로 알려진 이 훈련에서는 대상자에게 선으로만 그림을 똑같이 그려달라고 한 다음, 기억을 떠올려 다시 그려달라고 요청한다. ROCF 테스트는 공간 시각에 관한 처리와 작업 기억을 측정하는데, 두 가지 모두 지도 읽기, 공간 지각, 경로 계획, 기타 항법 관련 업무에 필요하다. 그는 악명 높은 SERE 학교의 가혹한 모의 전쟁 포로수용소에 갇혀서 훈련을 마친 신병들이 이례적으로 성적이 나쁘다는 사실을 발견했다. 그림을 기억하는 데 문제가 있었던 것은 물론이고, 똑같이 그릴 때도 부분적으로 분할해서 그렸다. 열 살 이하의 아이들이 쓰는 방법이었다.[23]

모건은 이런 행동을 '숲을 보지 않고 나무를 보는 것'이라고 불렀다. 이는 매우 불안할 때 나오는 행동이다. 큰 그림은 보이지 않고, 인지 지도는 조각난다. 응급 의료 헬기 구조대원이 흔히 겪는 문제는 구조 대상자가 응급 통화에서 자신들의 위치를 파악하거나 장소를 설명할 수 없다는 것이다. 스트레스가 야기하는 것이 거의 분명한 인지 실수이다. "스트레스를 받는데 똑똑해지는 사람은 없습니다. 문제는, 사실 누가 먼저 바보가 되느냐 하는 것입니다."라고 모건은 말한다.[24]

길을 잃은 것에 대한 우리의 강력한 반응은 공간과의 관계에 대하여 우리에게 무엇을 말하려는 것일까? 우선 우리가 물리적 실재에 기반하고 있으며 장소에 대한 이해가 있는 것이 얼마나 중요한지 보여준다. 아무리 우리가 디지털 세상에서 많은 시간을 쓴다 해도 여전히 우리는 우리의 위치를 알아야 한다. 우리가 있는 위치는 감각에 막대한 영향을 미친다. 장소는 우리를 두렵게도 하고 즐겁게도 한다. 그리고 안심하게 해준다. 인지 지도는 공간적인 정보뿐만 아니라 감정에 관한 정보도 포착한다. 둘을 분리하는 것은 어려운 일일 수 있다. 어디선가 절망에 빠져 길을 잃은 사람들은 대개 돌아가고 싶어 하지 않으며, 비슷해 보이는 곳은 어디라도 가지 않으려고 할 수 있다. 그들이 느꼈던 공포가 풍경의 일부가 된 것이다.

왜 그런 행동을 했을까

마지막 19일 동안 제리가 내렸던 결정에 관해서는 많은 의문이 있다. 제리는 호루라기를 가지고 있었는데, 왜 사용하지 않았을까(아마도 사용했을 것이다). 그녀는 작은 나침반과 산책로 지도를 가지고 있었는데, 왜 사용하지 않았을까(아마 사용하려고 했을 것이다). 수색팀이 그녀를 보지 못한 것이 틀림없었는데, 왜 이동하지 않았을까(그녀는 이동하지 않으면서 전문가가 조언했을 법한 행동을 했던 것이다). 이러한 의문들은 그녀가 처했을 상황을 고려할 때 추정일 뿐이다. 제리는 되돌아가지 못할 만큼 길을 잃은 상태였고, 또한 혼자였다. 오랫동안 생존 훈련을 받은 사람들만이 이처럼 스트레스를 받는 상태에서 논리적으로 생각할 수 있다.

혼자 있는 것이 그토록 비참한 것이라고 상상하기는 어렵다. "엄마 곁을 떠나지 않는 아이가 됩니다." 2010년 모하비사막에서 6일 동안 길을 잃고 혼자 헤맸던 에드 로젠탈Ed Rosenthal이 회상했다.[25] 구조 헬기가 그를 발견했을 때, 그는 탈수와 탈진으로 서 있지 못했다. 혼자 있으면 모든 것이 악화된다. 더 약해지고, 더 겁을 내고, 더 비합리적이된다. 이러한 이유로 도보 여행자와 사냥꾼이 대부분 숲에 들어가기 전에 몇몇이 함께 다니라는 조언을 하는 것이다. 이러한 조언 역시 제리는 받아들였다. 친구가 떠나야 했던 것은 그녀의 잘못이 아니었다.

기본 원칙은 기억하기는 쉽지만, 때로는 그대로 따른다 해도 실패할 수 있다. 제2차 세계대전 중에 3년 6개월 동안 일본군 점령 지역인 말레이 반도에서 중국 공산당과 함께 저항군을 조직했던 탐험가 프레디 스펜서 채프먼은 훌륭한 조언을 했다. 그의 기본 원칙은 건강한 정신을 유지하기 위해서는 정글을 두려워해서도 안 되고 이로운 것이라 여겨도 안 되며, 평정심으로 정글을 대해야 한다는 것이다. 전쟁이 끝나고 10년 뒤에 쓴 〈길을 잃지 않는 것에 대하여On Not Getting Lost〉라는 제목의 에세이에서 그는 이렇게 회상했다.

말레이시아의 정글에서 참을 수 없이 지루할 때면 밖으로 나가 의도적으로 길을 잃곤 했다. 단지 자극이 필요하거나 캠프로 돌아오는 길을 찾는 방법을 연습하기 위해서였다. 그리고 이러한 행동은 소중한 훈련이었다. 내가 정말 길을 잃었을 때(그리고 내가 함께 사는 중국인들은 방향을 잃지 않는 방법을 전혀 알지 못했다) 공포에 휩싸이지 않았기 때문이었다. 이것이 길을 잃지 않는 가장 좋은 비결이다. 길을 벗어났다는 생각이 들 때면, 걸음을 멈추고 잘못 들어섰을 것 같은 곳까지 가서, 너무 늦기 전에 내 발자국을 뒤쫓아 가

야 한다.[26]

쉬워 보이지만, 오히려 그 반대이다.

실종자가 수색자에게 끼치는 영향

조지 라게이가 제리의 실종을 신고한 다음 날인 2013년 7월 25일 오후 4시 30분, 짐 브리지는 메인주의 산림관리소로부터 자신의 수색견을 준비해서 본부에 보고해달라는 전화를 받았다. "우리는 24일 동안 그녀를 수색했습니다." 그가 말했다. 그는 40년 동안 미국 해군에 복무했고, 산악 구조 활동은 그보다도 오래되었다. 광대뼈 부근까지 나 있는 뱃사람의 흰 턱수염 때문인지, 외딴 산속에 있는 나를 구하러 와주었으면 하는 유형의 남자였다.

그날 저녁, 짐과 그의 동료들은 수십 명의 산악 관리인, 삼림 감시원, 경찰관 등을 모아서 애팔래치아 트레일의 레딩턴 구역 양쪽의 숲을 수색하기 시작했다. 며칠 사이에 메인주 수색 및 구조 협회에서 온 수백 명의 교육받은 자원봉사자들이 합류했다. 그들은 격자 패턴으로 수색 작업을 실시했다. 그들이 지나간 자리는 GPS에 의해 보고되어 케빈 애덤과 수색 조정관들이 기록할 수 있게 했다. 애덤은 또한 헬리콥터와 정찰기를 배치했다. 그러는 동안 조사관들은 제리가 사라진 날 이후 산책로에 있던 사람이면 누구에게나 제리를 보았는지 물었다. 그

길 잃은 사피엔스를 위한 뇌과학

들은 제리가 포플라리지에서 15킬로미터 더 들어간 스폴딩산에 있는 다음 대피소까지 왔다고 확신하게 되었다. 2주가 다 지나고 나서야, 그들은 잘못된 정보를 뒤쫓고 있었다는 사실을 깨달았다. 스폴딩산 근처에서 제리를 봤다고 주장했던 도보 여행가들은 다른 사람을 제리로 착각했던 것이었다. 조사관들은 원점에서 다시 수색을 시작했지만, 생존 시간을 놓치고 말았다.

"그 정보가 올바른 정보였다면 제리를 찾았을 겁니다." 짐은 말한다. "제리가 스폴딩산에는 절대 가본 적이 없다는 사실을 알았다면 우리는 37킬로미터를 수색하는 대신 13킬로미터만 수색했을 겁니다. 그랬다면 그녀를 구할 수도 있었겠지요." 이번 일은 잭에게 가장 힘든 수색이었다. 이곳의 삼림지대는 메인주에서 가장 험한 곳에 속한다. 떨어진 암석들이 두껍게 쌓여 있고, 예상치 못한 곳에서 가파른 경사가 나타나고 땅은 울퉁불퉁하다. 25미터 전방이 보이지 않는 곳이 많다. "믿을 수 없을 만큼 어려웠지요. 이리 갔다 저리 갔다 하면서." 그가 말한다. 그는 이제 제리가 실종됐다고 보고된 지 2주 반 동안 그의 수색견 팀이 그녀가 텐트를 쳤던 산등성이 아래, 아마도 100미터도 떨어지지 않은 곳을 지나갔었다는 사실을 안다. "제리는 그때까지도 살아 있었을 겁니다. 그게 가장 안타까워요."

애덤을 비롯한 관리인들은 단서가 없다는 사실이 당혹스러웠다. 26개월 동안 유일하게 믿을 만했던 실마리는 포플라리지에서 러스트가 찍었던 제리의 사진이었다. 그 시간 동안 그들은 전 세계에서 보내준 수백 건의 제보를 살펴봐야 했는데, 대부분 비현실적인 내용이었다. 많은 심령술사들도 제보했다. 제리를 데려간 것은 보브캣bobcat이다, 깊은 절벽에서 떨어졌다, 굴뚝을 닮은 커다란 바위 옆에 있다 등등. 조금 그럴 듯한 것으로는, 레딩턴 부근의 산책로에 있던 여러 명의 도보 여행가들이 제리의 것일지도 모른다며 옷과 장비를 신고한 일이었다. 야구모자, 배낭 덮개, 등산용 지팡이, 호루라기 등이었다. 또 다른 사람은 부패된 시체 냄새가 심하게 난다고 말했다. 관리인은 모든 신고를 조사했다. 그중에 단서가 될 만한 것은 없었다.

여러 주가 흘러갔지만 제리를 찾지 못하자, 수색대 사람들은 늘 그렇듯이 이 사건을 개인적인 일처럼 여겼다. "누군가를 찾을 때, 그 누군가는 단지 누군가가 아닙니다. 우리는 그 사람을 알고 브리핑도 받았습니다." 짐이 설명한다. "사람들은 신경을 많이 씁니다." 몇몇 사람은 엄청난 충격을 받는다. 타미는 부근에 있는 필립스라는 도시의 음식점에서 일하는데 제리를 수색하는 데 참여했다. 타미에게는 그 시간이 지역사회에 큰 스트레스를 주었다고 기억한다. "우리는 그토록 제리를 찾고 싶었습니다. 제리를 찾지 못했을 때, 그리고 제리가 죽었다는 사실이 분명해졌을 때, 그것은 젊은이들에게 큰 타격을 주었습니다." 누군가를 숲에서 행방불명된 상태로 둔다는 말은 들어본 적이 없었다. "우리는 언제나 사람을 찾습니다." 케빈 애덤이 그때 말했다. "언제나 말입니다."[27]

길 잃은 사피엔스를 위한 뇌과학

데이터가 말하는 것

길 찾기를 연구하는 심리학자는 실험실을 떠나지 않고 사람들의 능력을 테스트할 수 있는 정교한 가상현실 기술을 이용한다. 랜드마크, 기하학, 다른 사람의 존재 여부 등 물리적 환경에서는 설명할 수 없는 많은 요소를 통제하여, 심리학자들은 자신이 무엇을 테스트하는지 확인할 수 있다. 가상 세계에서는 연구자들이 미로의 배치나 도시 마천루의 높이를 바꾸고, 피실험자가 어떻게 반응하는지 정확하게 모니터할 수 있다. 가상현실을 이용한 실험은 방향감각이 나이에 따라 어떻게 변화하는지, 또는 출입구를 통과하는 것이 공간 기억에 어떤 영향을 미치는지 등과 관련한 수많은 통찰을 이끌어냈다. 하지만 실험참가자들이 화면 앞에 앉아 있거나 헤드셋을 끼고 진행하는 이러한 실험들은 현실 세계에서 벌어지는 길 찾기의 풍부한 경험을 절대 포착하지 못한다.

수색 및 구조 전문가들은 심리학자들처럼 사람들의 행동을 관찰하는 데 수많은 시간을 들인다. 그들의 실험 대상은 자발적으로 주변 환경과 상호교류를 하는 길 잃은 사람들이다. 그리고 그들의 실험 무대(거대한 야외)는 현실과 같다. 실험실의 전문가들과는 달리 구조대원들은 환경을 통제하지 못하기 때문에 행동을 과학적으로 측정하기 어려워진다. 비록 그중 일부가 시도를 계속하고는 있지만 말이다.

1970년대 이후 미국과 캐나다, 오스트레일리아, 영국의 수색 및 구조팀과 함께 연구하는 소수의 연구자들은 사람들이 길을 잃었을 때 어떻게 하는지에 관한 자료를 수집해왔다. 그들이 가장 관심이 있는 것은 구조되기 전에 이동한 거리, 의도했던 코스에서 어느 정도 벗어 났는가, 마지막에 발견된 곳, 그리고 결정적으로 생존 여부 등 쉽게 측 정될 수 있는 행동의 측면이다. 그들은 이러한 경향이 어느 정도 예측 가능하며, 나이와 성별, 정신 상태, 이동 중인 지형, 길을 잃었을 때 무 엇을 하고 있었는가 등을 비롯해 자폐증이나 치매가 있는지 여부에 따라 달라진다는 사실을 발견했다. 바꿔 말하자면 다양한 유형의 사람 들이 다양한 방법으로 길을 잃는다는 것이다. 한 나라에서 수집한 통 계가 반드시 다른 나라에 적합하지는 않을 수 있지만, 로버트 퀘스터 가 운영 중인 국제 수색 및 구조 사건 데이터베이스International Search and Rescue Incident Database는 14만 5000건 이상의 사례에서 수집한 데이터를 저장하고 있다.[28] 누군가 실종된다면, 수색 조정관이 이 데이터베이스 나 아니면 그 지역에 특화된 데이터베이스를 참조할 수 있고, 실종된 사람을 잘 안다면 그 사람이 발견될 가능성이 가장 높은 지역이나 선 택했을 만한 경로를 예측할 수 있다. "아이디어는 그들의 머릿속에 들 어가 그들이 처한 상황에서 어떻게 행동할 것인지 예측한다는 것입 니다." 영국의 실종자 데이터를 수집, 분석하는 수색 연구 센터Centre for Search Research의 데이브 퍼킨스Dave Perkins는 말한다.[29]

수색 및 구조에서 통계를 이용하는 것은 사람들이 무작위적으로 돌 아다니지 않는다(어린아이들을 제외한다. 어린아이들은 2장에서 본 것처럼 무작위로 움직이는 경우가 많다)는 이해에 기반하고 있다. 사람들은 풍 경이나 자신의 정신 상태에 따라 방향을 바꾼다. 이러한 수치는 전반

길 잃은 사피엔스를 위한 뇌과학

적으로, 생존한 상태로 발견되는 실종자 대다수는 결국 건축물이나 구조대원들이 '이동 보조시설'이라고 부르는 것(도로, 트랙, 길, 동물이 다니는 오솔길 등)에 있다는 것을 보여준다. 실종된 아이들의 96퍼센트는 살아서 발견되는 데 비해 성인은 73퍼센트이다. 자폐증이 있는 아이들은 불편한 상황에서 벗어나려고 사라지는 경우가 많은데 보통 일종의 구조물(부속 건축물, 헛간, 혹은 가지가 무성한 덤불)로 도피하며, 구조대원들이 부르는 소리에 답을 하지 않고, 위험을 감지하는 경우가 거의 없다. 사냥하러 나가는 사람들은 장비를 갖추지 않고 나가는 경우가 많아서(오랫동안 나가 있을 것이라고 예상하지 않는다) 악천후에는 위험에 노출되거나 사망하는 확률이 높아진다. 북미의 사냥꾼들이 특히 많은 위험에 노출되는 이유는 일부러 길을 벗어나 사냥감을 뒤쫓다가 쉽게 시간 가는 것을 잊거나 길을 잃기 때문이다. 그리고 혼자 다니는 남성 도보 여행자들은 일단 길을 잃으면 다른 유형의 실종자보다 훨씬 많은 거리를 이동한다. 웅크리고 앉아 있기를 좋아하지 않아서 누군가 자신을 발견할 때까지 계속해서 걷기만 한다.[30]

구조대가 누군가에 관해 많이 알수록 수색에 큰 도움이 된다. 하지만 아무것도 모른다 하더라도, 낯선 환경에서 모든 인간(그리고 많은 동물)이 직관적으로 보이는 특정 행동에 의존할 수 있다. 우리는 모두 경계선(예를 들면 들판의 가장자리, 산림의 경계, 배수구, 일렬로 늘어선 기둥, 호숫가 등)에 이끌린다.* 힐이 가장 먼저 찾았던 사람 중에는 80대 남성

---

* 그 이유에 대한 설명은 3장에 나오는 뇌의 해마 이행부에 있는 경계 세포에 관한 논의를 보라.

우울증 환자가 있었는데, 숲과 초원 경계에서 발견되었다. 구조대원은 보통 최소한의 자원을 투입하여 건물, 이동 보조시설 등 경계지역을 먼저 수색한다. 확률 전략이다. 가능성이 가장 높은 지역을 확인하고 나면, 실종자를 발견할 확률이 높아진다.

구조대가 통계를 활용하기 전까지, 수색은 본질적으로 우연에 의존하는 것이었다. "지역 주민들이 수색을 더 잘하는 경우가 많았습니다." 라고 힐은 말한다. 힐은 5000명 이상의 자원봉사자, 경찰, 소방대원, 군인 등이 그의 고향 근처에 있는 숲에서 실종된 아홉 살 소년 앤드루 워버튼을 수색했으나 수포로 돌아갔던 1986년 7월의 무력감을 떠올린다. 캐나다 역사상 가장 큰 규모의 수색 작전이었다. 소년의 시체는 수색 8일째에 마지막으로 목격됐던 곳에서 3킬로미터 정도 떨어진 곳에서 발견했다. 사람들의 예상보다 먼 곳이었다. 그 후 얼마 지나지 않아, 힐은 실종자의 행동 연구에 매달려 직접 현장을 연구하기 시작했다. 그는 당시 사람들이 지금 그들이 알고 있는 것을 알고 있었다면 결과는 달랐을 것이라고 생각한다. 메인주의 수색 및 구조대가 충분한 지식이 있다 해도 정보의 부족을 메꿔줄 과학은 없다.

가장 까다로운 실종자

잉글랜드 남서부에 위치한 다트무어 국립공원Dartmoor National Park은 탁 트인 풍경과 토탄土炭이 많은 습지, 빠르게 흘러가는 강으로 사랑받

길 잃은 사피엔스를 위한 뇌과학

고 있다. '바위산tors'으로 알려진 화강암 노두에서는 시야를 가리는 나무 한 그루 없이 수 킬로미터에 걸쳐 펼쳐진 황야를 볼 수 있다. 하지만 다트무어의 황야는 기만적이다. 날씨가 바뀌면 그 무엇도 거센 바람과 우울한 비를 막아주지 않는다. 이곳은 북미 대륙의 숲만큼이나 자주 실종자가 발생한다. 랜드마크와 경계는 많지만 알아보지 못하거나 지도에서 찾지 못하면 아무런 소용이 없다. 혹은 안개가 밀려오면 울창한 숲에 있는 것이 더 좋을 것이다.

예상하겠지만, 다트무어에는 수색 및 구조대가 하나 있다. 구조대는 국립공원 전체 면적 953제곱킬로미터를 네 곳으로 나누어 각각 책임을 지고 있다. 2016년에 근방에 사는 아주머니가 내게 앤드루 루스컴Andrew Luscombe이라는 자원봉사자를 소개해주었는데, 그는 애쉬버튼에 본부가 있는 남동지역 팀에 소속되어 있었다.[31] 중장비를 가지고 다녔던 앤드루는 애정 어린 표현으로 '럭스Lugs('운반하다'라는 뜻)'라고 불리면서, 40대의 실무를 중시하는, 다소 구식이지만 남을 편하게 해주는 수다쟁이였다. 오래 사용한 랜드로버 디펜더를 타고 다닐 때면, 그가 아끼는 '케일럽Caleb'이라는 이름의 콜리(양치기 개로 많이 쓰이는 품종)가 조수석을 차지했다. 그는 이메일을 보낼 때 '계속해서 달린다rush along steady'라는 오래된 인사말로 끝을 맺었다. 그리고 화석을 수집했다. 하지만 수색 및 구조대에 관한 이야기를 할 때 그는 최신 정보를 꿰뚫고 있었다. 만난 지 몇 분이 지났을 때 그는 내게 휴대폰에 설치된 최신 GPS 지도 앱을 보여주고 있었다. 그는 구조대의 통제 차량과 의료용품, 응급 가방, 등반 장비, 라디오 및 팀원의 위치를 보여주고, 실종자의 휴대폰 신호를 추적하며, 수색 범위를 좁히기 위한 통계를 응용할 수 있는 디지털 지도 소프트웨어 등 수색 및 구조에 필요한 최신 설비를 갖추는 데 대한 책임을 지고 있었다.

여러 측면에서 앤드루는 어디에나 있는 수색 및 구조대 자원봉사자와 비슷하다. 그는 평생 다트무어 근방에서 살았다. 자원봉사자 자격을 얻기 위해서는 지도와 나침반, 추측항법 기술을 이용하여 황야를 건너는 길 찾기 훈련을 하는 12개월 동안의 프로그램을 이수해야 했다. 그는 언제나 대기 중이며, 보수는 없다(자원봉사 활동을 하지 않을 때 그는 도급업자이자 미술가이다). 그리고 예상했을 테지만 앤드루에게는 남자다운 기운이 느껴진다. 그가 다트무어에서 가장 좋아하는 장소 역시 칠흑처럼 새카맣고, 안개와 강한 바람을 동반한 폭우, 거의 영상으로 올라가지 않는 기온 등으로 악명 높은 바위산, 미저리Misery산이다.

"산악 구조대는 아마 자원봉사에서도 특수한 분야일 겁니다." 앤드루의 동료 나이절 애시Nigel Ash가 말한다. 턱수염을 기르고 파이프 담배를 피우는 그는, 그가 편집기자로 일하는 〈리비아 헤럴드Libya Herald〉가 위치한 튀니스와 다트무어를 오가며 일하고 있다. "우리는 매주 중대한 일을 하도록 훈련합니다. 우리는 측량사, 환자 이동 담당자, 임시직 건설업자, 세무서 직원, 프로젝트 매니저, 경관, 정원사, 의사, 음악가, 해양 생물학자, 비서, 공무원, 인사 전문가, 교사, 야외활동 지도자 등 온갖 유형의 사람들이 모여 있습니다. 한적한 산책을 좋아한다는 공통점을 제외하면, 정상적인 과정을 통해서 우리가 만날 일은 절대 없었을 겁니다."[32]

길 잃은 사피엔스를 위한 뇌과학

애쉬버튼 팀은 길을 잃어버린 도보 여행자들, 카약을 타다 좌초된 사람들, 개를 산책시키다 날씨에 발목을 잡힌 사람들은 물론이고 실종된 해군, 오리엔테이션 대회에 참가한 10대들까지 온갖 유형의 사건을 다룬다. 하지만 결국 대화는 늘 특히 까다로운 두 가지 유형의 실종자 범주에 대한 이야기로 돌아오게 된다. 그 두 유형의 실종자를 합치면 영국에서 일어나는 모든 사건의 절반이 된다. 바로 치매 환자들(다트무어 변두리에 몇몇 요양원이 있다)과 희망을 잃은 사람들로, 탁 트인 공간과 먼 곳을 볼 수 있는 장소에 이끌리는 것 같다.

결국 황야에 오게 된 희망을 잃은 사람들은 육체적인 문제로 길을 잃는 경우는 거의 없다. 정신적으로 길을 잃거나 길을 잃으려고 애쓰는 것일 뿐이다. 다른 실종자들에 비해서 그들은 대개 멀리 이동하지 않으며(대다수는 마지막으로 목격된 곳에서 1, 2킬로미터 이내에서 발견된다), 상당수가 스스로 목숨을 끊은 채 발견되는데, 특히 물가나 삼림지대로 가는 사람들이다. 그들에 대해 아는 것이 있으면 그들의 생명을 구할 가능성이 매우 높아질 것이다. 대개 자신이 잘 아는 곳으로 가기 때문이다.

이와는 반대로, 치매 환자는 황야에 이르기도 전에 길을 잃는다. 직선으로 돌아다니는 성향이 있기 때문에 어느 방향으로 출발했는지 알면 도움이 된다(이를테면 요양원에서 왼쪽으로 갔는지 오른쪽으로 갔는지). 그쪽 방향에서 발견될 가능성이 높기 때문이다. 도시 지역에서는 보통 한 길을 따라 길이 데려가는 곳으로 어디든 간다. 험준한 지역에서는 그들의 직선 취향으로 인해 위험에 빠질 수도 있다. 앞에 있는 것을 피하기보다는 몸을 던져 곤두박질치는 경우가 많기 때문이다. 앤드루와 동료들은 금잔화 덤불 속에서 노인을 구한 적도 있었다. 그들은 더 이상 갈 수 없을 때까지 계속해서 전진할 뿐이다.

다트무어 수색 및 구조대의 자원봉사자들은 사람의 생명을 구할 수 있는 여러 가지 기술을 가지고 있다. 그중 하나는 가장 혹독하게 테스트하고 훈련을 통하여 단련하는 항법이다. "어떠한 지형과 날씨에서도 아주 높은 수준으로 길을 찾을 수 있어야 합니다." 앤드루가 설명한다. 항법에 자신이 있어도 팀과 함께 황야에 오게 되면 스스로가 부족하다는 것을 깨닫게 될 것이다. 그들은 낯선 정원에 있게 된 고양이처럼, 모든 감각을 총동원하여, 꾸준히 지도와 나침반을 확인하며, 지형을 관찰하고, 발걸음을 세며(60보가 100미터 정도 된다) 걷는다. 우리는 얼마나 오랫동안 가고 있는가? 우리는 무엇을 보기를 기대하고 있는가? 땅이 어느 방향으로 기울었는가? 기운 각도가 지도에 표시된 등고선과 일치하는가? 앤드루는 지도를 보고 지형을 시각화할 수 있는데, 그 정도 실력이면 안개(대다수에게는 공포의 시나리오이다)마저 바람직할 수 있다. 어쩔 수 없이 믿을 수 있는 두 가지, 즉 내가 서 있는 땅과 나침반에 표시된 방향에 집중해야 하기 때문이다. 많은 도보 여행자들이 나침반이나 거리 계산을 무시하고, 지도에 있어야 한다고 생각하는 곳에 주변 환경을 끼워 맞추려고 애쓸 때 문제가 발생한다. "일부는 그들이 찾고 있는 것이 무엇이든, 혹은 어디든, 그곳에 없거나 놓쳤을 것이라는 비극적인 사고의 오류를 저지릅니다." 앤드루는 말한다. "그리고 그들은 그 순간 그것이 '저 너머에' 있어야 한다고 판단하고 방향을

길 잃은 사피엔스를 위한 뇌과학

바꿉니다. 그리고 거의 곧바로 길을 잃고 맙니다." 그들에게 골치 아픈 문제는 어디가 잘못되었는지 혹은 어디부터 봐야 하는지 아는 사람이 없다는 것이다.

추적의 기술

뚜렷한 실마리를 남기지 않은 사람들을 찾는 방법은 그들을 뒤쫓아 가는 것이다. 하지만 그들의 흔적을 따라가려면 먼저 그들의 흔적을 찾아야 한다. 그러한 능력이 있는 사람은 거의 없다. 드와이트 맥카터Dwight McCarter는 수색 및 구조대원 사회에서 동료들로부터 최고로 인정받는 사람이다. 그는 27년 동안 테네시주 그레이트스모키산맥 국립공원에서 공원 관리원으로 일해왔으며, 여전히 그곳에 살고 있다.

맥카터는 예상 밖으로 찾기가 어려운 사람이었다. 3일 동안 수소문한 끝에, 공원의 북쪽 경계 바로 너머에 있는 작은 마을인 타운센드Townsend에 있는 어느 슈퍼마켓 주차장에서 만나자는 짧은 문자를 그에게서 받았다. 금방 그를 알아볼 수 있었는데, 그의 녹슨 노란색 해치백 자동차도 한몫했다(계기판에 표시된 주행거리는 48만 킬로미터였지만, 여태껏 그를 실망시킨 적은 없다고 한다). 그는 청바지 차림에 두툼한 청색 카디건을 걸치고, 뱀이 물어도 끄떡없을 만큼 튼튼한 등산화를 신고 있었다. 또한 친절해 보이는 윤곽이 뚜렷한 인상에, 목소리는 조용하면서도 노래하는 듯한 억양이 있었다.

늦은 오후 우리는 스모키 국립공원을 향해 남쪽을 바라보면서 벤치에 앉았다. 캣버드catbird(북미에 서식하는 개똥지빠귀의 일종-옮긴이) 한 마리가 가로등에서 지저귀는 소리에 맥카터가 응답을 해주었다. 우리가 대화를 하는 동안, 그는 빛의 변화, 곤충과 새, 쇼핑백을 들고 오가는 사람 등 주변에서 일어나는 일에서 눈을 떼지 않았다. 그는 이것이 추적의 기술이라고 말했다. "제자리를 벗어난, 어울리지 않는 무언가를 찾는 것입니다. 숲에서 사람을 찾는 것의 99퍼센트는 관찰입니다." 추적은 전통적인 수색 및 구조와 같은 통계 게임이 아니다. 맥카터는 다른 실종자가 무엇을 했는지는 관심이 없다. 온통 관심은 그가 뒤쫓는 사람뿐이다. 실종자의 마음속으로 들어가려고 노력한다. 다음에 무슨 일을 할지 예측하기 위해서다. 실종자에 관한 것이면 무엇이든 도움이 된다. 예를 들어 우세안(사격 등을 할 때 무의식적으로 선택하는 눈-옮긴이)이 왼쪽인지 오른쪽인지 알면, 절벽이나 강을 만났을 때 어느 쪽으로 갔는지, 그리고 숲에서 방향을 바꿀 때 시계방향으로 움직일지 반시계방향으로 움직일지 판단할 수 있다(우세안이 오른쪽인 사람들은 오른쪽을 선호하고, 우세안이 왼쪽인 사람들은 왼쪽으로 가는 것을 선호한다).

맥카터는 체로키 인디언 부족의 혼혈인 할머니에게 많은 기술을 배웠다. "인디언은 절대 길을 잃지 않습니다."라고 그는 말했다. "인디언은 스스로 신호를 하고, 무엇을 찾아야 하는지 압니다." 그는 그레이트 스모키 마운틴에서 26명을 구조했다. 그중 다수는 아이들이었고, 때로는 고통에 찬 방황의 흔적을 며칠 동안 뒤쫓기도 했다. 그가 가장 잘

길 잃은 사피엔스를 위한 뇌과학

기억하는 것은 찾아내지 못한 사람들이다. 1969년 6월 14일 가족과 함께 소풍을 나온 여섯 살의 데니스 마틴은 흔적도 없이 사라졌고, 아직까지 실종 상태이다.

나는 맥카터에게 제리 라게이에 관해 물었다. 그는 잠시 말이 없었다. 그리고 이렇게 말했다. "그녀는 기본 규칙을 어겼습니다. 절대 혼자서 이동해서는 안 됩니다. 두 명이 실종되면 무언가에 관해 이성적인 결론을 도출할 수 있습니다. 혼자서는 안 됩니다." 제리가 테네시주 출신이었기에, 제리의 친구들은 그에게 메인주로 가서 수색에 합류해달라고 부탁했다. 여러 가지 사정이 있어 그는 가지 않았지만, 멀리서 지켜보았다. 애팔래치아 트레일은 그레이트스모키 마운틴의 남쪽에서 240킬로미터 정도 떨어진 곳에서 시작되어, 국립공원을 관통하여 114킬로미터 정도 이어져 있다. 그는 많은 도보 여행자들이 그 길을 걷는 모습을 보아왔다.

1974년 3월 맥카터는 트레일과 스모키산의 또 다른 인기 있는 도보 여행길 사이에 난 지름길을 선택했다가 결국 외딴 산속 울창한 덤불로 가게 된 26세의 한 교사를 구조했다. 산을 오르느라 지쳐 있었고 눈 때문에 방향을 잃은 상태였던 그녀는 텐트를 치고 음식과 물을 아껴가며 먹기 시작했다. 그곳에서 닷새 동안 기다린 그녀를 맥카터가 발견했다. 그는 그녀의 발자국과 부러진 나뭇가지의 흔적을 따라 산기슭에 있는 그녀의 텐트로 갈 수 있었다. 그는 그녀가 그 자리에서 꼼짝하지 않고 있었던 것은 현명한 결정이었고, 아마도 그 결정 덕분에 생명을 구할 수 있었던 것이라고 생각한다.[33] 분명한 것은 그녀가 운이 좋았다는 점이다. 사람들 말에 따르면 제리 역시 현명한 결정을 내렸다. 제리는 그만큼 운이 없었다.

실종을 체험하다

2016년 10월 제리의 유해가 발견되고 1년이 지났을 때, 나는 메인주 산악관리청에서 그녀의 마지막 캠프가 있었던 곳의 좌표를 구해 그곳을 찾아보기 위해 숲으로 출발했다. 제리가 길을 잃었던 환경을 경험하고 마지막 3주 동안 지냈던 곳을 보고 싶었다. 사람들은 모두 가지 말라고 충고했다. 그중에는 미국 해군 SERE 학교의 교관도 두 명 있었는데, 그들이 나타난 것은 내가 그들의 영토를 통과해 그 지역에 가려고 했을 때였다. "무엇을 도와 드릴까요, 선생님? 길을 잃으셨습니까?" 아직이요. 여기서는 길을 잃기가 쉬운가요? "네, 그렇습니다. 애팔래치아 트레일을 벗어나는 순간, 캐나다 국경까지 220킬로미터에 이르는 길이 안개로 자욱합니다."

나는 한 바퀴 돌아서 되돌아와 길의 반대편에서 산책로에 들어갔고, 그 길을 따라 제리의 캠프가 있었던 곳에서 약 800미터 떨어진 곳까지 갔다. 나는 숲으로 들어갔다. 이 근방 어딘가에서 제리도 똑같은 행동을 했으리라. 다 자란 자작나무와 솔송나무 사이로 80보를 걸은 다음, 멈추고 뒤를 돌아보았다. 산책로를 가리키는 표지는 없었고, 모든 방향으로 보이는 나무의 모습이 혼란스럽게도 아주 똑같았다. 다행히도 내게는 나침반이 있어서, 제리의 캠프를 향해 북서쪽으로 나침반을 따라갔다. 곧 울창한 덤불을 헤치고 쓰러진 죽은 나무를 넘어가느라 곤욕을 치러야 했다. 나침반을 보면서, 경사진 면과 개천을 따라가다 작은 산등성이를 넘고, 또 다른 개천을 건넌 다음 가파른 둑을 오르자 마침내 나무들의 수가 적고 군데군데 하늘이 보이는 평원이 나왔다. 그녀가 왜 어둑어둑한 저 건너 지하 세계에서 씨름하는 대신 이곳에 머물려고 했었는지 이해할 수 있을 것 같았다.

나는 어느 빈터로 갔다. 그곳에는 썩어가는 나뭇가지를 쌓아 올린 침대와 작은 나무 십자가가 하나 있었다. 이곳이 제리가 텐트를 쳤던 곳이자 세상을 떠난 곳이었다. 십자가에는 그녀의 손주들이 보낸 글귀가 새겨져 있었다. 나는 잠시 그곳에 서 있었다. 골짜기에서 흐르는 물소리와 쇠박새가 지저귀는 소리가 들려왔지만 그 너머로 끔찍한 고독이 있었다.

나는 배낭과 함께 나침반과 지도, GPS 추적기를 내려놓고 덤불 너머에는 무엇이 있는지 보려고 걸어갔다. 멀리 가지는 않았지만(아마 80보도 가지 않았을 것이다), 뒤를 돌아보자 내가 물건을 놓아둔 곳이 보이지 않았고 내가 어느 쪽을 향해 있는지 알 수가 없었다. 이런 멍청이! 나는 내가 배웠던 것을 모두 잊고 여기저기 비틀거리며 돌아다녔다. 빈터로 돌아가는 데 오래 걸리지는 않았지만, 그 시간 동안 숨을 쉬지 못할 만큼의 공포를 느꼈다. 그 무엇도 공허함으로 굴러떨어지는 듯한 공포에 대비할 수는 없다. 다시는 느끼고 싶지 않다.

다음 장은 황무지를 벗어나 도시로 갈 것이다. 도시에서는 길을 잃기 어렵지만, 길을 잃는다면 역시나 두려운 곳이다. 일부 도시는 돌아다니기에 너무나 혼란스러워 숲에 있는 편이 더 좋을지도 모르겠다. 도시 설계는 우리의 심리에 막대한 영향을 미친다. 길을 찾기가 쉬운 도시는 살기도 편하다.

길 잃은 사피엔스를 위한 뇌과학

9장

살기 좋은 도시에는
가독성이 있다

도시를 알아보기 쉽고 길을 찾기가 간단하다면

살기가 쉬워질 것이다.

또한 어디로 가고 있는지 알고, 가는 길을 즐길 수 있다면

삶의 스트레스가 많이 줄어들 것이다.

거의 반세기 전, 사람들이 명령을 따를 준비가 되었는지 테스트하는 '전기 충격' 실험으로 널리 알려진 미국의 심리학자 스탠리 밀그램은 파리로 가서 완전히 새로운 유형의 연구를 했다. 그는 장소가 사람들의 행동에 영향을 미치는 방법에 매혹되었고, 최근에는 '심적 지도(우리의 머릿속에 지니고 있는 공간 재현)'에 관심을 갖게 되었다. 그가 알고 싶었던 것은 파리 시민들이 파리를 어떻게 상상하는지, 그리고 그들의 가상 지도가 현실을 얼마나 반영하는가였다.

밀그램은 파리의 총 20개 구에서 실험참가자를 모집해 그들에게 대로, 기념물, 광장 등 머리에 떠오르는 지형이나 랜드마크를 포함하는 파리의 지도를 손으로 그려달라고 부탁했다. 가장 먼저 그의 눈에 띈 것은 참가자들이 센강을 그린 방식이었다. 대다수가 강의 곡선을 실제보다 작게 그렸다. "센강은 거의 반원에 가까운 거대한 호를 그리며 흐른다. 하지만 파리 시민들은 센강이 훨씬 원만한 곡선을 형성한다고 생각한다. 일부는 센강이 직선으로 도시를 관통한다고 생각한다."라고 그는 보고했다.[1] 예술적인 자유로움을 감안하더라도 지도들은 인상적이었다. 세부 묘사가 훌륭하고, 상징적인 이미지가 가득했으며, 대부분 꽤 정확했다. 모두들 자신만의 비밀 장소가 있었고, 전반적인 인상은 파리 시민들은 파리를 "복잡하고, 다양하며, 고갈되지 않는 자원을 가진 곳"이라고 생각한다는 것이었다.[2]

40년 뒤, 환경심리학자 네긴 미나이Negin Minaei가 런던에서 유사한 실험을 진행했다. 미나이의 목적은 약간 달랐다. 그녀가 알고 싶었던 것은 사람들의 심적 지도가 GPS 사용과 이동 모드에 따라 영향을 받는지 여부였다. 밀그램이 그랬던 것처럼, 미나이는 실험참가자들에게 종이 한 장을 나누어주고 런던을 인지하는 대로 그려달라고 부탁했다. 이 연구는 런던 시민이 얼마나 런던의 지리를 알고 있는지에 대한 뛰어난 통찰을 제공하는데, 그에 따르면 런던 시민들은 지리를 잘 알지 못한다. 대부분의 사람들이 떠올릴 수 있는 것은 부분적이고 일관성이 없는 지도뿐이었다. 일부는 자신이 사는 동네를 알았지만, 도시의 나머지 부분과 어떻게 연결이 되는지 알지 못했다. 그리고 몇몇 사람은 지리에 관한 어떤 유형의 표현도 하지 못하는 것처럼 보였다.[3]

왜 런던에서 미나이가 발견했던 것과 밀그램이 파리에서 발견했던 것 사이에 차이가 나타났을까? 기술 변화가 그 차이의 일부 원인일 수도 있다. GPS를 사용했던 런던 시민들의 지도가 특히 엉망이었다(우리는 마지막 장에서 공간 지각에 대한 GPS의 효과에 관해 다시 알아볼 것이

길 잃은 사피엔스를 위한 뇌과학

다). 규모 또한 하나의 요인이다. 런던의 크기 때문에 런던에서 대중교통을 이용하지 않으면 길 찾기가 어렵다. 그리고 버스나 지하철을 타면 어디로 가고 있는지 유념하지 않아도 된다. 하지만 그러한 수많은 차이는 런던이 설계된 방식과 관계가 있다. 파리를 비롯한 다른 대도시와 비교할 때, 세계에서 가장 방문객이 많은 런던은 길 찾는 이들에겐 악몽이다. 2008년 길 찾기 습관에 관한 국제 설문 조사에서 세계 어느 도시보다 런던에서 많은 사람이 길을 잃는다는 사실을 발견했다. "런던에서 길을 잃는 것은 불가피하다."라고 그 설문 조사는 결론을 내렸다.[4]

런던에 관한 무언가가 런던을 알기 어렵게 한다. 런던은 결합을 거부하는 독특하게 설계된 마을이 거미줄처럼 연결되어 있다. 런던에는 뉴욕과 달리 보편적인 격자 시스템이 없다. 게다가 런던의 거리는 우리가 모르게 휘어져 있다. 많은 런던 시민들이 트위크넘에서 다트퍼드까지 동서로 직선으로 흐른다고 생각하는 템스강은 사실 개미가 지나간 구불구불한 흔적과 닮아 있다. 해머스미스를 지나서는 정남 방향으로 흐르고, 웨스트민스터 다리에서는 정북 방향으로, 아일 오브 독스 부근에서는 완벽한 U자 곡선을 완성한다. "런던은 지도화될 수 있지만, 완벽히 상상할 수는 없다." 영국 작가 피터 애크로이드Peter Ackroyd는 그의 기념비적인 역사서 《런던: 일대기London: The Biography》에서 말한다. "런던은 이성이 아니라 신념으로 받아들여야 한다."[5] 런던을 알기가 어려운 이유는 런던이 설계되지 않았기 때문이다. 어떤 장소를 알기 어렵다면, 거기에서 길 찾기는 훨씬 더 어렵다.

2005년 도시의 교통 시스템을 운영하는 지역 정부 단체인 런던교통 Transport for London(TfL)은 보행자가 편하게 길을 걷게 해주려는 노력을 시작했다. 런던교통은 읽기 편한 지도와 거리와 도보 이동 시간에 관한 정보를 담은 일련의 표지판 설계를 자문 기업 어플라이드 웨이파인딩Applied Wayfinding에 의뢰했다. 현재 지하철역 외부, 길모퉁이, 사람들이 많이 다니는 장소 등 런던 곳곳에 거의 2000개의 표지판이 있다(최근에 런던에 왔다면 한 가지는 이용해보았을 것이다). 표지판은 고개를 쳐들어야 볼 수 있는 방향을 향해 있다. 즉 내가 쳐다보는 방향을 향하게 되어 있어서 북쪽이 안 보일까 봐 걱정할 필요가 없다. 표지판에는 두 가지 지도가 있다. 큰 지도는 상세한 내용과 함께 5분 안에 걸어서 이동할 수 있는 지역을 원으로 보여주며, 작은 지도는 15분 안에 걸어서 갈 수 있는 원을 통해 바로 보이는 지역이 어떻게 주변 지역과 연결되는지 보여준다. 이것은 사람들이 자신의 심적 지도를 그려볼 수 있게 도와준다. 어떤 장소를 시각화하고, 몇 블록 걸어서 다음 장소까지 가서 그곳을 시각화하고, 이런 식으로 자신의 머리에 불이 켜져 도시의 윤곽이 잡힐 때까지 계속된다.[6] 적어도 이론적으로는 그렇다.

도시를 읽는 다섯 가지 요소

도시 설계에서 쉽게 시각화할 수 있는 도시는 '알아볼 수 있다legible' 고 여겨진다(런던교통의 보행자 계획은 '알아보기 쉬운 런던Legible London'이

길 잃은 사피엔스를 위한 뇌과학

라고 불린다). 알아보기 쉬운 도시는 읽고 기억하기 쉬워서, 길 찾기가 쉽다. 한 도시가 알아보기 쉬울 수 있거나 쉬워야 한다는 생각은 20세기 도시계획가 케빈 린치Kevin Lynch의 것으로, 그는 사람들이 인공 환경을 어떻게 지각하고 반응하는지에 관심이 있었다. 보스턴, 저지시티, 로스앤젤레스 등에 관한 5년 동안의 연구 결과를 토대로 1960년에 출간된 《도시의 이미지The Image of the City》에서 린치는 도시 설계의 다섯 가지 요소가 도시 주민들이 그들이 사는 환경에 대한 명확한 심상을 형성하는 데 필수임을 확인했다. 그 다섯 가지 요소는 경로(이동 경로), 경계(서로 다른 지역을 구분하는 선형 경계), 구역(도시 내부에 있는 별개의 영역), 노드(사람들이 모이는 연결점이나 장소), 랜드마크(언덕, 대형 빌딩, 기념물, 나무 등)이다. 이러한 조직 원칙이 없다면 도시는 알아볼 수 없어지고 방향을 상실하여, 시민들의 삶의 질에 심각한 결과를 초래할 것이라고 그는 말했다.

완전히 길을 잃는 것은 아마도 현대 도시에서 사는 대다수 사람들에게 흔치 않은 경험일 것이다. 우리는 타인의 존재에 의해, 그리고 지도, 거리의 번호, 경로 표지, 버스 플래카드 등 특별한 웨이파인딩 도구의 도움을 받는다. 하지만 일단 길을 잃는 경험을 하게 되면 불안감과 그에 따르는 공포까지 그것이 얼마나 균형 감각과 행복에 밀접하게 연관되어 있는지 드러난다. 영어에서 '잃다lost'라는 단어는 단순한 지리적 불확실성보다 많은 의미를 지닌다. 완전한 재난이라는 부대적 의미를 전달하는 것이다.[7]

린치는《도시의 이미지》를 존 오키프와 조너선 도스트로프스키가 쥐의 뇌에서 위치 세포를 발견하기 10년 전에 출간했다. 그러나 이 책은 인지 지도에 관한 신경과학 연구가 나타나리라는 것을 예견한 작품이었다. 우리는 이제 우리가 방향을 잃지 않게 해주는 공간 뉴런들이 린치가 지목했던 지형에 의존하고 있다는 사실을 안다. 우리의 물리적인 환경에 경로, 경계, 랜드마크가 없다면 우리의 뇌는 지도를 구축하기 어려워질 것이다. 우리에겐 구조가 필요하다. 도시의 혼란은 정신적 평화만큼이나 장소에 대한 우리의 감각에 문제를 불러온다.

도시 이론가들과 신경과학자들은 이제 살기 좋은 도시 혹은 혼란스러운 도시를 결정하는 설계의 유형에 관한 생각을 하고 있지만, 정작 우리의 도시를 설계하고 건설하는 사람들은 학문에 별로 관심이 없는 것처럼 보인다.[8] 중요한 것은 연결성(거리가 서로 연결되어 있는 정도)이다. 가까운 곳에 가는데 방향 전환이 많아 시간이 오래 걸린다면, 혹은 출발할 때 어떻게 갈 것인지 명확히 정해지지 않는다면, 우리의 뇌는 결정하는 데 어려움을 겪을 것이다.

런던 북부 지역의 반스버리는 높은 연결성과 선형 설계로 유명하다. 그래서인지 이곳에 살고 싶어 하는 사람도 아주 많다(이곳에는 아름다운 집과 잘 가꾸어진 광장도 많다). 런던 중심부에 있는 미로처럼 생긴 브루탈리스트(1950~60년대에 주로 지어진, 거대한 콘크리트나 철제 구조물을 사용한 건축 양식 - 옮긴이) 주택 단지 바비칸Barbican은 연결성-가독성legibility 스펙트럼의 반대편에 위치한다(그럼에도 그 상징적인 지위를 고수하고 있어서 반스버리만큼이나 인기가 많다). 낮은 연결성은 여러 공공 주택지가 안고 있는 큰 문제이다. 흐름이 좋은 곳은 적고 막다른 곳이 많으면, 결과적으로 통행 제한 구역이 생겨 주민들의 사회생활에 단절이 생길 수 있다. 장소에 대한 건강한 의식 없이는 활기 넘치는 공동체를 만들기 어렵다.[9]

눈에 띄는 지형은 도시의 기하학적인 측면만큼이나 도시의 가독성에도 중요하다. 친숙한 랜드마크는 사람들을 안심시켜주지만(내가 정말 이곳에 있구나), 그럼에도 그러한 랜드마크를 길 찾는 도구로 사용할 때는 크기가 전부가 아니라는 것을 기억해야 한다. 런던 브리지에 있는 고층건물 샤드Shard는 영국에서 가장 높은 건물이지만 방향을 가리키는 신호로서는 그다지 도움이 되지 않는다. 도심 한복판에 있어서 어느 방향에서 보아도 비슷하게 보이기 때문이다. 반면 과거 세계에서 가장 높은 빌딩이었던 뉴욕의 쌍둥이빌딩은 방향을 찾기에는 이상적이었는데, 맨해튼의 남쪽 끝에 있기 때문에 맨해튼의 어디에 있더라도 남쪽으로 가고 싶을 때는 고개를 들고 쌍둥이빌딩을 향해 걷기만 하면 되었다. 이러한 점 때문에 9.11 테러는 그만큼 사람들에게 혼란을 더해주었다.

도시의 거리가 대부분의 미국 도시처럼 격자 패턴을 형성하고 있다면 심적 지도를 구축하기가 훨씬 쉽다. 그리고 격자가 기본 방향, 즉 나침반의 북쪽에 맞추어져 있다면 더욱 수월해질 것이다. 맨해튼은 이에 관한 좋은 사례이다. 모든 애비뉴가 북-동-남-서로 이어져 있고, 스트리트는 모두 북-서-남-동으로 이어져 있다. 동물도 격자 구조를 이용한 길 찾기를 선호하는 것 같다. 몇 년 전, 공간과 관련된 행동에 관심이 있던 어느 과학자 집단은 실험용 쥐가 20분 동안 맨해튼 모형을 돌아다닐 때, 도시 설계가 불규칙하기로 유명한 예루살렘의 모형을 돌아다닐 때보다 더 많은 곳을 돌아다닌다는 사실을 발견했다.[10]

격자는 강력한 연결성을 준다. 하지만 과다한 연결성을 줄 수도 있다. 맨해튼은 생각보다 길 찾기가 수월하지 않다. 문제는 모습이 똑같다는 것이다. 방문객에게 모든 교차로가 비슷해 보인다. 나침반의 다양한 점에 맞추어 조정할 수 있는 격자 시스템이 있는 것은 환영할 만한 일이다. 하지만 지하철역에서 나올 때 보이는 것이 무질서한 보행자와 저 멀리 도로망 속으로 수직으로 교차하는 네 개의 거리가 줄지어 있는 모습뿐이라면, 도움이 되지 않는다. 눈에 띄는 특징이 없다면, 숲속 깊은 곳에 있는 편이 좋을 것이다(그럼에도 적어도 도시에는 방향을 물어볼 사람은 있다). 2007년 뉴욕 교통 당국은, 보행자들에게 여기가 어디이고 각 방향으로 한 블록 떨어진 곳에는 어느 거리가 있는지 알려주는 길 찾기 지도를 몇몇 지하철역 외부 보도에 설치했다. 이 계획은 이상적인 해결책이었지만 시험적인 계획으로 그쳤고, 무슨 이유에서인지 확대되지 않았다. 그리하여 뉴욕의 지리(체계적이지만 획일적인)는 런던(다양하지만 무계획적인)과는 정반대의 방식으로, 계속해서 방문자들을 혼란에 빠뜨렸다.

획일성uniformity과 대칭성symmetry은 길을 찾는 사람들의 적nemesis이다. 똑같은 모습을 한 두 장소에 직면하면 해마는 매우 이성적으로 그들이 같은 것이라고 가정할 것이다. 그러나 이 두 가지 특징은 미학적으로 매력이 있다. 그래서 건축가들과 도시 설계사들이 그 두 특징을 수

길 잃은 사피엔스를 위한 뇌과학

용하는 것이다. 팀 펜들리Tim Fendley(그의 회사 어플라이드 웨이파인더가 '알아보기 쉬운 런던'을 설계했다)는 건축가들과 설계사들이 "여전히 모든 거리의 길목을 똑같이 설계하고 있다. 그것은 내가 어디에 있는지에 대한 단서를 완전히 없애는 방식이다."라고 말한다. 그는 밀턴 케인스Milton Keynes(영국 잉글랜드의 신도시) 한복판의 도로 아래에 있는 십자가 형태의 산책로와 자전거도로 시스템을 지적한다. 원론적으로는 좋은 아이디어로 보이지만, "모두 똑같아 보이고, 지하에 있으니 특징적인 건축양식을 볼 수 없습니다. 그리고 많은 부분이 꽤나 심심합니다."라고 그는 말한다. '알아보기 쉬운 런던'을 만들었던 그가 아무것도 없는 상태에서 한 도시를 설계한다면 어떻게 할까? "저라면 개성과 흥미의 비중을 더 키울 겁니다. 모든 건축을 다르게, 그리고 모든 입구를 명확히 표시하고, 모든 거리를 서로 다르게 보이게 하고, 그중 일부는 나무가 줄지어 서 있게 해서, 보면 길을 찾을 수 있게 할 겁니다." 바꿔 말하면, 그는 길 찾기wayfinding 시스템이 전혀 필요 없는 도시를 건설하려는 것이다.

왜곡된 지도

런던을 상징하는 여러 특징 가운데 지하철 지도만큼 시민과 방문객의 찬양을 받는 것은 거의 없다. 그 지도를 만든 해리 벡Harry Beck은 엔지니어링 제도사였다. 그래서인지 지하철 지도가 전기회로기판처럼 생겼다. 그것은 전통적인 의미에서는 전혀 지도라고 할 수 없다. 벡은 승객들이 관심 있는 것은 지리적 정확도보다는 장소 사이를 이동하는 방법을 아는 것이라고 생각했다. 그래서 곡선을 직선으로 표현했고, 중심 부분을 확대했고, 역 사이의 공간을 균등하게 나누었고, 모든 선을 수평선, 수직선, 45도선으로 만들어 효과적인 묘사와 가독성을 최대화했다.

지도의 디자인은 1933년 소개된 이후 거의 바뀌지 않았다. 지하철 지도는 런던의 상징이 되었고, 런던 시민들은 그 지도를 아낀다. 에섹스 대학교의 심리학자 맥스웰 로버츠Maxwell Roberts가 런던교통에 더 현실적인 대안을 제시했을 때, 한 관계자가 말했다. "그 지도의 이름은 악마의 지도라고 붙여야겠군요. 그 지도는 벡의 성스럽고 신비한 지도에서 선하고, 깨끗하고, 순수한 것들을 모두 깎아내리고 있어요. 진심으로, 런던이 이런 식으로 엉망인 모습을 보여주는 것은 심리학적으로 사람들을 불편하게 할 겁니다."[11] 런던교통은 사실 2014년 정보 열람의 자유 이후에 기록보관소에서 공개된, 지리적으로 충실한 버전의 지도를 가지고 있었다.[12] 물론 보기에 엉망이었기에, 런던교통은 런던 시민들이 절대 받아주지 않을 것임을 잘 알고 있었다.

런던교통은 최근 정류장 사이를 걸어서 가는 평균 시간을 보여주는 지하철 지도의 보행자 버전을 발표했다.[13] 인접한 두 지하철역 사이를 이동할 때 지하철을 타는 것보다 걸어서 가는 것이 시간이 덜 드는 경우가 많기에 런던교통은 낡은 기반 시설에 무리가 가지 않게 하기 위해 더 많은 사람들이 도보로 이동하길 바라고 있다. 의도한 것은 아니

길 잃은 사피엔스를 위한 뇌과학

었지만, 런던교통의 '도보 지도'는 벡의 지도에서 일부 왜곡된 부분에 관심을 불러일으켰다. 피커딜리 라인에서 코벤트가든 역은 표준지도에서 레스터 광장만큼이나 홀본에 가깝게 표시되어 있지만, 도보 이동 시간은 두 배로 나온다. 더 노골적인 것은 중심부를 크게 보여줄 자리를 확보하기 위해 외곽 지대가 찌그러져 있다는 것이다. 벡의 상상에서 3구역의 하이게이트는 이스트 피흘리에서 걸어가면 금세 도착할 것 같았지만, 실제로는 23분이 걸린다.

큰 문제는 아니다. 많은 주민에게 지하철 지도는 런던이다. 그리고 지하철 지도는 그들에게 상상하기 어려운 도시 런던을 정신적으로 재현해준다. 지하철 지도는 지형적으로 하나의 근사치일 뿐이지만, 망쳐서는 안 될 진실을 제공한다. 2009년 런던교통은 사람들이 지도를 사용하는 방식과 무관하다고 주장하며 벡의 지도에서 유일한 지형적 특징인 템스강을 삭제했다. 하지만 몇 달 뒤 엄청난 항의를 받은 끝에 템스강을 다시 지도에·넣었다. 현재 묘사되고 있는 템스강이 놀라울 정도로 실제의 모습과는 다르긴 하지만(지도상으로 웨스트민스터 역에서 템스강은 서쪽에서 동쪽으로 흐른다), 런던 시민들은 그들의 상징인 지하철 지도에서 그들의 상징인 강이 없는 모습을 볼 수는 없었다. 지나치게 흥분하기 전에, 우리는 지하철 지도가 지하철을 안내하는 데는 훌륭하지만 지하에 있을 때만 최고라는 사실을 기억하는 것이 좋다. '알아보기 쉬운 런던'을 개발하는 동안, 런던교통은 사람들이 걸어서 목적지를 찾아갈 때도 45퍼센트가 지하철 지도를 이용한다는 사실을 알게 되었다(아마도 더 좋은 지도가 없었을 것이다). 결과가 좋을 리 없다.

전통적인 도시 지도들은 길 찾기에 도움이 될지 모르지만, 또한 멀어지게 될 수도 있다. 왜냐하면 전통적인 지도는 어떤 장소에 있는 것이 어떤 느낌인지 반영하지 않기 때문이다. 밀그램이 파리에서, 미나이가 런던에서 발견했던 것처럼, 우리는 모두 환경에 대해 매우 주관적인 감각을 가지고 있다. 감각의 형성에는 육체만큼이나 개인의 경험도 중요하다. 익숙한 공간은 우리의 지각을 왜곡시켜, 잘 아는 장소는 마음의 눈으로 보면 실제보다 더 크게 보일 수 있다.[14]

순수 기하학적인 측면뿐만 아니라 장소에 대한 사람들의 실제 경험을 반영하는 지도를 만드는 것은 가능하다. '알아보기 쉬운 런던'을 만든 사람들은 유명한 건물의 3D 드로잉을 신호에 포함시켜 보행자가 지금 보고 있는 것이 무엇인지 쉽게 이해하게 해 경험을 반영하려고 했다. 뉴욕의 그래픽디자이너 아르키 아르샹보Archie Archambault는 사람들의 심적 지도를 닮은 일련의 도시 지도를 이용하여 한발 더 나아갔다. 그는 자신의 방법을 '몸짓을 이용한 지도 제작gestural cartography'이라고 부른다. 먼저 도시가 스스로를 표현하기 위해 이용하는 기본적인 몸짓(강, 거리의 배치, 주변부의 형태)부터 시작한다. 디테일을 무시한 그의 지도는 의도적으로 비율을 무시하고, 다양한 크기의 원으로 동네를 묘사하여, 주민들이 중요하다고 생각하는 장소를 두드러지게 나타내고 나머지는 무시한다. GPS에 익숙한 사람들은 아르샹보의 창조물이 기괴한 왜곡으로 다가올지도 모른다. 장기와 혈관이 무시무시하게 배치된 이상한 생명체처럼 보일 수도 있다. 하지만 그 창조물은 어떻게든 더 정확하게 장소의 감각을 전달한다.

길 잃은 사피엔스를 위한 뇌과학

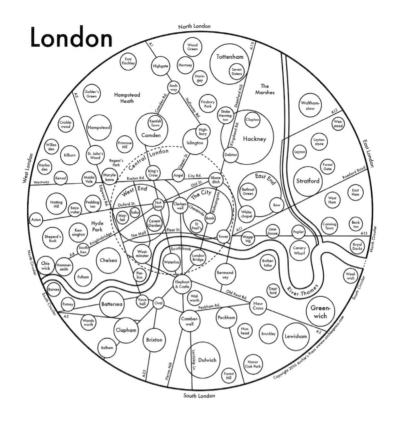

그림 16 아르키 아르샹보의 '몸짓을 이용한' 런던 지도.

아르샹보는 60개 이상의 도시 지도뿐만 아니라 달과 태양계의 지도도 만들었지만,[15] 최근에 와서야 런던에 대해 솔직하게 털어놓았다. "그처럼 황당할 정도로 혼란스러운 도시는 어떤 식으로 처리해야 할지 모르겠습니다." 2016년 그가 내게 말했다. 그때 그는 앤디 볼튼과 협업을 시작했다. 앤디 볼튼은 영국도서관The British Library과 런던교통,

히스로 공항, 그리고 리우데자네이루 시의 지도를 만들었다. 그들은 런던의 지형적 혼란을 몇몇 교통 노선과 이웃을 나타내는 다양한 크기의 수십 개의 원으로 단순화했고, 이 모든 것은 커다란 원 안에 포함되었다. 아르샹보와 볼튼 두 사람 모두 그 습작이 런던을 하나의 유기적 통일체로 보는 것의 어려움을 강조했다고 말한다. 한 번도 설계된 적이 없는 어떤 도시의 통일된 설계를 제안하기 위해 분투하다 보니 템스강을 일직선으로 펴는 아이디어를 고려해보기도 했으나, 볼튼이 재빨리 거부했다. 뒤틀린 적대감이 없는 런던은 런던이 아닐 테니까 말이다.

아르샹보의 지도는 많은 사람들이 우리의 도시를 경험하는 방식으로 가득하다. 위성항법 장치를 따라가지 않는다면 사람들은 대개 자신이 사는 동네나 좋아하는 길에서는 신중하게 움직인다. 보행자와 오토바이 배달원, 콜택시 운전사가 길을 찾아가는 패턴을 연구한 사람들은 그들이 본능적으로 최소한의 방향 전환을 하거나, 가는 방향에서 가장 적게 벗어나는 경로를 선택하며, 이러한 경로가 더 오래 걸리더라도 가장 짧은 것처럼 보이기 때문이라는 사실을 알아냈다.[16] 이러한 전략이 인지 부담을 줄여줄 수 있다. 도시는 매우 복잡한 환경이기에, 가능하면 직선의 형태로 돌아다니는 것이 편하다.

물론 보행자들은 마음대로 자신이 좋아하는 경로를 선택할 수 있고, 그들이 걷는 패턴은 한 도시의 기반시설이 시민들의 길 찾기 수요를 얼마나 잘 수용하고 있는지 말해주는 좋은 지표가 될 수 있다. 모든 해결에는 '희망선desire lines'이 포함되어 있다. 희망선은 도시계획가들

길 잃은 사피엔스를 위한 뇌과학

이 설계한 것보다 더 효율적인 길을 발견했을 때 나타나는 비공식 경로를 말한다. 희망선은 사회적 흔적이다. 희망선은 집단의식의 한 패턴을 보여준다.《온 트레일스》에서 로버트 무어는 희망선은 세계에서 가장 억압적인 정권 치하의 도시(북한의 평양, 미얀마의 네피도, 투르크메니스탄의 아시가바트)에도 존재한다고 지적한다. 로버트 무어는 희망선들을 '지리학적인 낙서'라고 표현한다. 그는 희망선이 나타내는 것은 "사람들의 필요를 예측하고 욕망을 단속하는 데 대한 권위주의의 실패이다. 이에 대응하여 도시계획자들은 때로 강제로 희망선을 막으려고 시도한다. 하지만 이 전략은 실패할 수밖에 없다. 울타리는 짓밟히고, 표지판은 뿌리째 뽑히고, 담장은 무너질 것이다."라고 말한다. 현명한 설계자들은 욕망에 맞서지 않고 욕망을 이용한다.[17]

도시와 더 친해지고 도시를 지도로 계획할 수 있으려면 희망선이 필요하다. 그리고 우리가 마음대로 사용할 수 있는 정보도 필요하다. 뇌에 있는 공간 체계는 우리가 세상을 이해하는 데 도움을 주기 위해 수십만 년 전 진화했다. 제한된 공간, 반복적인 구조, 눈에 보이는 랜드마크와 과다한 경계 등 뇌의 공간 시스템이 도시 경관에 특별히 어울리는 것은 아니다. 더 안 좋은 것은, 사람이 살기에 도시는 스트레스를 많이 유발할 수 있고, 이는 언제나 길 찾기에는 나쁜 조건이다. 도시 설계가 심리에 영향을 미치는 방식을 연구하는 행동 신경과학자 콜린 엘러드는 런던이나 뭄바이처럼 교통량이 많고 인구밀도가 높은 곳에 있는 사람은 혼란스러운 환경에 신경 쓰지 않을지도 모르지만, 피부 전도성과 땀의 활동으로 측정한 스트레스 반응은 엄청나게 높다는 사실을 알아냈다. 엘러드는 그들이 단순히 늘 스트레스를 받는 데 익숙해져서 스트레스를 당연한 것으로 여기게 된 것이라고 생각한다. 문제는, 그의 말에 따르면, "생리 상태가 건강에 영향을 미친다는 것이다."[18]

도시는 보기보다 살기 힘들다. 우울증이나 불안 같은 심리 장애가 도시에서 34퍼센트 더 많이 나타나고, 도시에서 성장하면 조현병에 걸릴 가능성이 최소 두 배 높아진다. 도시 생활은 실제로 뇌의 생태를 변화시킨다.[19] 소음, 과다한 자극, 정신없이 바쁘게 돌아가는 생활 등은 원인의 일부일 뿐이다. 더 큰 문제는 사회적인 스트레스다. 도시에서는 의미 있는 관계를 쌓기가 어려워, 쉽게 외로워진다. 도시계획자들은 공중 보건의 관점에서 참여하고 싶고 사회 교류를 장려하는 공공 공간을 설계하여 도움을 줄 수 있다.[20] 사람으로 붐비는 교차로를 건너려고 기다리고 있을 때보다 공원이나 보행자 전용 광장을 거닐 때 누군가에게 말을 걸고 싶어질 것이다. 도시를 알아보기 쉽고 길을 찾기가 간단하다면 살기가 쉬워질 것이다. 또한 어디로 가고 있는지 알고, 가는 길을 즐길 수 있다면 삶의 스트레스가 많이 줄어들 것이다.

왜 건물 안에서 길을 잃을까

런던에서 가장 일하기 좋은 나만의 장소는 세인트 제임스 광장에 있는 런던 도서관이다. 공공 대출 도서관 중에서 도서관 회원이 서가를 마음대로 돌아다닐 수 있는 곳은 드물다. 이곳의 서가를 한 줄로 세워

길 잃은 사피엔스를 위한 뇌과학

놓으면 약 27킬로미터에 이른다. 서가는 9층에 걸쳐 배치되어 있고, 동일한 형태의 주철 칸막이로 책을 분류하고 있다. 유심히 평면도를 살피지 않거나 창문 옆에 서 있지 않다면, 내가 가는 방향이 어느 쪽인 지는 물론이고, 내가 건물의 어디쯤에 있는지도 알기 어렵다. 책을 둘러보기에는 즐거운 곳이지만, 길 찾기의 불편함이 마음에 걸린다면 이 곳은 절대 찾지 않을 것이다. 나는 주로 서가 사이에 숨어 있는 책상 앞에 앉아 있는데, 대개 오후가 되면 프랑스 문학을 찾고 싶지만 다시 스코틀랜드 문학 앞에 오게 되었거나, 출입구로 가는 계단을 찾지 못해 헤매는 지친 발걸음 소리가 정적을 깬다.

낯선 건물 안에서 길을 찾는 것은 낯선 거리에서 길을 찾는 것보다 훨씬 어려운 도전일 수 있다. 시야가 제한되어 있으며 랜드마크는 거의 없고 경로에는 방향 전환이 많을 수 있다. 우리는 설계자를 따를 수밖에 없지만, 설계자가 늘 우리 말을 따르는 것은 아니다. 다층 건물의 또 하나의 문제는 수직 공간과 수평 공간을 뇌가 다르게 보여준다는 점이다. 이는 서로 비슷해 보이지 않는 층을 잘 구별하지 못하는 이유를 설명해줄 수 있다.[21]

방향을 알 수 없기로 악명 높은 공공 빌딩 중의 하나는 네덜란드의 건축가 렘 콜하스Rem Koolhaas가 설계하여 2004년 완공된 시애틀 중앙 도서관이다. 이 건물은 건축 관련 다수의 상을 수상했지만, 그 혁신적인 특징(올라가기만 하고 내려가지 않는 엘리베이터, 나선형 경사로를 통해 이어진 상위 4개 층, 볼 수 있는 곳과 갈 수 있는 곳 사이의 단절) 때문에 이용자들은 당황하게 된다. 노섬브리아 대학교에서 건축과 인지과학을 연구하며, 도서관에 관한 책을 편집한 루스 달튼Ruth Dalton은[22] 시애틀 중앙 도서관은 한 건물 안에서 사람들이 어떻게 움직일까에 대한 모든 예상을 거부한다고 말한다. 그래서 전체 공간은 물론이고 한 층에 대한 인지 지도조차 구축하기가 매우 어렵다. "어떻게 그토록 경험이 많은 건축가가 설계한 건물이 그렇게 제 기능을 하지 못하죠?" 그녀는 의아해했다. 그녀만 그런 게 아니었다. 수많은 도서관 회원들이 온라인 게시판에서 혼란스러웠던 경험을 공유했다.[23]

건축적인 관점에서 대단한 건축이라고 확신하지만, 그것도 기능을 할 때 이야기지, 젠장!
거의 2년 동안 매주 다녔는데도 불이 나면 어디로 나가야 하는지 모르겠다. 정말 더러워서 책 못 찾겠다. 그래도 멋있다.

도서관이 문을 연 뒤 며칠 동안 직원들은 방문객들이 길을 찾을 수 있도록 임시 표지판을 붙였다. 설계자들도 모든 것이 좋지는 않다고 인정했다. 내부 그래픽 담당자인 브루스 마우Bruce Mau는 나중에 이렇게 썼다.

거의 완전하게 가독성이 없다는 사실을 인정한다는 것에 가슴 아픈 아이러니를 느끼지 않을 수 없습니다. 도서관 사서들의 임시방편은 칭찬을 받겠습니다만, 조직의 정보 위계가 테이프로 무의미해져 전체 도서관 이용자들은 끊임없는 간섭에 직면하게 됩니다.[24]

길 잃은 사피엔스를 위한 뇌과학

도시 설계에 사용하는 언어에서, 어떤 장소가 '가독성이 있다legible'는 것은 이해하기 쉽다는 뜻이다. 어떤 장소가 다른 장소와 시각적 혹은 지형적으로 잘 연결되어 있다면 그 장소는 '이해할 수 있다intelligible'고 한다. 이해할 수 있는 장소는 다른 나머지 장소에 관해 많은 이야기를 해줄 수 있고, 나의 경로에 대해 생각하게 해준다. 이케아 같은 매장은 쇼핑객을 이해할 수 없게 하여 자신들이 원하는 대로 움직이게 한다. 미로 안의 모든 지점은 이해할 수 없고 가독성이 없다. 도시와 공공건물은 정반대여야 한다. 비록 늘 구석진 곳에서 미스터리와 음모가 피어나지만 말이다. 도서관들은 두 가지 기준에서 모두 애쓰고 있다. 아마도 책을 쌓을 수 있는 방법이 너무 많아서일 수도 있다. 이러한 법칙의 예외 중에는 런던의 영국 도서관이 있다. 이곳의 열람실은 방대한 아트리움(건물 중앙 높은 곳에 보통 유리로 지붕을 한 넓은 공간 – 옮긴이)에 인접해 있다. 내가 어디에 있는지 알고 싶으면 고개만 쳐들면 된다.

대부분의 병원은 복잡하고 가독성이 아주 좋지 않아 길 찾기가 어렵다(그곳을 사용하는 사람들이 허약한 상태라는 것을 고려한다면 아주 심각한 단점이다). 방향을 알기 어려운 탓에 환자들은 더욱 불안을 느끼게 된다. 특히 노인들은 인지 지도를 형성하는 데 문제가 있다. 일부 병원의 환자들은 돌아오는 길을 찾지 못할까 봐 병동을 떠나지 않으려고 한다. 수술실과 복도가 닭장처럼 붙어 있는 곳을 지나다녀야 하는 것은 의사들에게도 귀찮은 일이다. 최근 영국의 5대 대학병원에서 실시한 설문 조사에서, 인터뷰를 했던 수련의들은 모두 긴급 호출을 처리하러 가는 도중 길을 잃은 적이 있다고 보고했다.[25] 병원에서는 대부분의 사람이 스트레스를 받기 때문에 길을 찾는 것은 처음부터 하나의 도전이다. 사람들은 병원 관계자들이 그들이 해야 하는 여러 임무 외에 길잡이 역할도 해줄 것을 기대한다. 1990년 한 미국 병원을 대상으로 한 연구에서 의료진이 방문객에게 길을 가르쳐주는 데 쓰는 시간이 너무 길어 연간 22만 달러의 비용이 소모되고 있다고 보고했다.[26]

문제가 많은 저 건물을 무너뜨리고 다시 시작하는 것 말고, 우리가 할 수 있는 것은 무엇일까? 해결책의 일부는 기술에 있을지도 모른다. 지난 150년에 걸쳐 12개의 건물이 지어졌던 보스턴 소아병원에서는 환자와 직원들이 블루투스 비콘Bluetooth beacon 기술을 이용하여 디지털 지도에 실시간 위치를 보여주는 길 찾기 앱을 다운로드할 수 있다. 다른 시스템에서는 비슷한 결과를 얻는 데 와이파이 기술을 사용한다(GPS는 실내에서는 잘 작동하지 않는다). 또 다른 선택지는 증강현실이다. 증강현실은 환자가 가는 길을 실시간으로 보여주는 화면에 방향 표시를 덧붙일 수 있다. 이러한 모든 혁신에는 한 가지 문제가 있는데, 병원 환자 중에는 스마트폰이 없는 사람이 많다는 것이다.

스마트폰 내비게이션 시스템은 박물관과 미술관에도 도입되고 있는데, 일부 박물관과 미술관은 공간적으로 병원만큼이나 혼란스럽다(스트레스가 더해지지는 않았지만). 이것은 잘못된 접근법인지도 모르겠다. 무엇보다 박물관과 미술관은 휴대폰을 쳐다보고 싶어지는 장소는 아니다. 놓칠 것이 너무 많다.

얼마 전에 팀 펜들리와 함께 트라팔가 광장에 있는 내셔널갤러리를 둘러보았다. 팀 펜들리는 이곳의 신호체계를 재설계하고 있다. 매년

길 잃은 사피엔스를 위한 뇌과학

이곳을 찾아오는 사람은 600만 명이 넘는다. 몰려든 사람들로 통로가 터질 것 같은 날에는 대부분 어디로 가고 있는지 알 수가 없다. 책임자들은 이러한 흐름을 분산시키기 위해 멀리 떨어진 곳에 있는 전시실로 사람들을 유도하고 있다. 펜들리는 연구의 일환으로 동료들과 함께 미술관을 돌아다니면서 방문객들을 인터뷰해 미술관 건물을 돌아다닌 경험을 바탕으로 심적 지도를 그려달라고 부탁했다. 방문객들은 대부분 입구, 두 군데의 부속건물과 연결되는 긴 직선 형태의 복도, 일부 유명한 회화 작품 등은 지도에 표시할 수 있었으나, 그 이상은 별로 없었다. 대다수의 지도가 주변부에 있는 전시실이나 불분명하게 정의된 대규모 공간에 대해서 혼란스러워했다. 사람들의 공간 기억에 저장된 적이 없거나 가볼 생각도 한 적이 없는 구역이었다.

우리는 중앙 홀로 이어지는 계단을 올라가 메인 통로로 들어간다. 그곳은 특별한 목적 없이 미술관을 거니는 사람들로 가득한 곳이다. "사람들은 자신의 위치를 알게 되면, 자신감을 가지고 가본 적이 없는 더 깊숙한 곳까지 돌아다니게 될 겁니다." 펜들리는 생각에 잠기며 말한다. "그게 우리가 하려고 하는 것입니다." 열정적인 오리엔티어링 선수가 될 수 있다면 길을 잃는 일은 없을 것이다.

우리는 샌즈버리관Sainsbury Wing에 도착해서 북쪽으로 향한다. 사람들이 오지 않는 곳이다. 일본인 학생 두 명이 화려한 평면도를 살펴보고 있다. 펜들리가 추가한 것이다. 학생들은 자신들이 찾고 있는 것이 어디에 있는지 보고 있는 것 같다. 우리는 전시실 두 곳을 지나서 렘브란트의 〈모자를 쓴 수염 기른 남자〉 앞에서 멈춘다. 이 그림(노안이 된 노인을 그린 습작)에 빠져드는 것, 그리고 벽에 걸려 있는 수천 점의 작품에 빠져드는 것은 쉽다. 그리고 이러한 이유로 미술관에서 길 찾기가 그토록 어려워지는 것이다. 우리는 길을 잃지 않고 걸어갈 수 있다. 하지만 다른 무언가에 눈길을 주는 순간, 내부의 나침반을 잃어버리게 된다. 미술 작품을 보는 즐거움 중에는 그 안에서 길을 잃고 헤매 돌아다니거나, 우연을 기대하며 작품들을 둘러보는 면도 있다. 그리고 내셔널갤러리는 기하학적으로 비슷하고 상호연결성이 높은 공간을 통하여 그런 즐거움을 느낄 수 있도록 기꺼이 지원할 것이다. 반면 길을 잃어버리면 사람들이 불안을 느끼고, 그림을 관람하는 대신 카페를 향할 가능성이 커진다.

어떻게 균형을 맞출 수 있을까? 펜들리의 해결책은 미술관에서 가장 상징적인 그림들을 영구적인 랜드마크로 사용하고 미술관 기획에 포함하는 것이다. 〈해바라기Sunflower〉, 〈건초마차The Hay Wain〉, 〈비너스와 마르스Venus and Mars〉, 〈아스니에르의 물놀이Bathers at Asnieres〉 등 랜드마크로 선택할 수 있는 작품은 많다. 트라팔가 광장을 향해 되돌아가면서 그는 내게 자신의 의도를 보여준다. 중앙 통로로 다시 들어가서 동쪽으로 방향을 바꾸면 맨 끝에서 다섯 개의 유리문을 통과해도 작아 보이지 않는 조지 스터브스George Stubbs의 〈휘슬재킷whistlejacket〉이 보인다. 이 작품은 강렬한 눈빛의 아라비아 순종 말이 뒷다리로 서 있는 모습을 평면 캔버스에 실제 크기로 그린 초상화이다. 야수로 변할 것 같은 시선 아래에서(동관에 영원히 전시될 작품) 우리가 길을 잃어버릴 것 같은 불안감은 사라진다.

이상적인 도시의 모습

우리가 미술관에서 이동하는 방식으로, 즉 천천히, 우연에 발걸음을 맡기고, 생각에 잠긴 채 한 도시를 이동할 수 있다면 좋겠다. 펜들리가 상상하는 도시의 유토피아는 도시의 배치가 직관적이고 투명해서 지도 없이 돌아다닐 수 있는 곳인데, 이곳에서는 정처 없이 거니는 것도 선택지의 하나가 될 수 있을 것이다. 현재의 상황에서는 건축가와 도시 설계사가 우리에게 남겨준 것으로 견뎌가며 우리가 이용할 수 있는 모든 지름길을 이용해서 도시의 숲을 벗어나야 한다.

대다수의 사람들에게 정처 없이 돌아다니는 것은 여유롭게 선택할 수 있는 선택지이지만, 치매 환자에게는 그것이 하나의 강박인 경우가 많다. 자신이 존재한다는 것을 확인하기 위해 걷는 것처럼 보인다. 다음 장에서는 우리의 삶이 끝나갈 때 우리의 공간 지각 능력에 무슨 일이 일어나는지, 그리고 알츠하이머병이 우리의 방향감각에 미치는 파괴력을 살펴본다. 우리는 우리의 공간 지각과 길 찾는 능력을 당연한 것으로 여긴다. 문제가 생기기 전까지는 말이다.

10장

정신이
길을 잃는 순간

할머니가 세상을 떠나기 직전까지 늘 입에 달고 다녔던 말은

'내가 여기 있니?'였다.

할머니는 단지 자신이 어디에 있는지가 아니라

존재 자체를 확인하고 싶었던 것이었다.

처음 우리는 완전히 길을 잃은 채 지도도 없는 상태이다. 우리는 아무것도 모른 채 세상에 도착한다. 심지어 세상을 아는 방법도 우리는 알지 못한다. 우리의 공간 기제는 거의 작동하지 않는다(위치 세포와 격자 세포는 아직 형성되지 않았다). 그리고 몇 달이 지나면 자유의지에 따라 어디든 갈 수 있게 될 것이다. 마침내 우리는 독립하여 수준 높은 탐험가가 되지만, 인생의 후반기에 이것은 다시 한번 우리의 손아귀를 빠져나가 신생아 때처럼 지도도 없이 길을 잃은 상태로 되돌려놓을 것이다.

길을 잃는 것은 노년기에 나타나는 필연적인 결과가 아니다(65세 이후 우리의 공간 능력은 점차 나빠지긴 한다).[1] 하지만 뇌 전역에 있는 뉴런이 약해져 사라지는 치매의 치명적인 형태인 알츠하이머병에서는 필연적으로 나타난다. 약 6퍼센트의 사람들이 인생의 어느 지점에서 알츠하이머병에 걸리며, 85세 이상의 3분의 1가량이 이 병을 앓고 있다. 아직까지 치료제는 없다.

알츠하이머병은 기억에 관한 질병으로, 알츠하이머병이 기억에 미치는 영향은 분명히 재앙에 가깝다. 알츠하이머병 환자들은 친구의 이름이나 1분 전에 하던 일을 기억하지 못하는 증세로 시작하여 먼 과거 이외에는 아무것도 기억하지 못하게 된다. 알츠하이머병은 근본적으로 방향에 관한 병으로, 서서히 우리 주변과의 유대를 끊어버린다. 공간과 관련한 실수는 제일 먼저 나타나는 증상에 속한다. 열쇠를 엉뚱한 곳에 두는 일이 평소보다 자주 일어나거나, 매일 다니는 길을 착각하거나, 새로운 것을 배우지 못하게 된다. 수색 및 구조대원들은 실종된 알츠하이머병 환자를 찾아다니는 데 익숙하다. 병이 심해지면서 그들이 사는 공간은 계속해서 줄어들고,[2] 혼란이 심해져 스스로 자신의 집을 나갈 만큼 병이 악화될 때까지, 의식적으로 익숙한 길과 장소를 벗어나지 않는다. 결국 공간과 시간은 붕괴되고, 환자가 어린 시절에 알던 곳에서 살고 있다고 믿는 일도 흔하게 일어난다.

아무것도 알아보지 못한 채 깨어나는 것이 얼마나 괴로운지 상상하기는 어렵다. "안 좋은 날에는 흐릿하기도 하고, 텔레비전이 고장 났을 때 화면처럼 보여서 알아보기가 더 어렵다." 진행성 치매에 시달렸던 웬디 미첼은 회고록 《내가 알았던 사람 *Somebody I Used to Know*》에 이렇게 썼다. "안개가 내려와 혼돈이 세상을 뒤덮어, 눈을 떠도 명확히 보이는 것은 없다. 내가 어디에 있는 거지?"[3] 내 할머니가 세상을 떠나기 직전까지 늘 입에 달고 다녔던 말은 '내가 여기 있니?'였다. 이 말이 얼추 모든 것을 요약하고 있다. 할머니는 단지 자신이 어디에 있는지가 아니라 존재 자체를 확인하고 싶었던 것이었다.

알츠하이머병 환자의 뇌

알츠하이머병은 위치를 파악하고 공간에서 길을 찾아내는 능력이 특정한 인지 네트워크에 달려 있다는 단서를 제공한다. 특히 전전두 엽(의사 결정 시에 활성화된다)이나 꼬리핵(학습 경로에 이용된다)처럼 길 찾기에 필수적인 영역은 물론이고, 공간과 관련된 영역, 특히 내후각 피질, 후뇌량팽대 피질, 해마 등에 영향을 미친다. 알츠하이머병은 우리의 공간 관련 기능에 재앙을 초래할 수 있다. 궁극적으로 알츠하이머병은 전체 오케스트라를 침묵시킨다. 그리하여 환자들은 그들이 선호하는 길 찾기 전략이 실패했을 때 더 이상 대안적인 전략을 사용하지 못한다. 말 그대로 더 이상 돌아갈 곳이 없는 것이다.

격자 세포가 사는 내후각 피질에서 악화가 시작된다.* 대개 환자들이 뭔가 잘못되었다는 것을 알기 수년 전부터 시작된다. 아무리 가벼운 증상이 나타난다 해도 그때는 이미 이들 뉴런의 3분의 1을 잃었을 것이다.⁴ 격자 세포에 의존하는 그러한 길 찾기 능력(방향과 거리를 추

---

* 일부 연구자들은 인간의 공간 세포들이 쥐와 생쥐에서 발견된 격자 세포나 위치 세포와 같은 것인지에 대해 의구심을 갖고 있다. 인간의 공간 세포가 쥐의 격자 세포 및 위치 세포와 비슷한 성질을 다수 가지고 있기는 하다.

격하는)들이 가장 먼저 사라진다. 어느 길 찾기 관련 연구에서, 이미 내후각 피질이 퇴화되기 시작한, 알츠하이머병에 걸릴 유전적 위험이 높은 사람들은 적극적으로 개방된 공간을 피했고, 대신 해마의 공간 관련 힘(경계 세포와 위치 세포)을 이용할 수 있는 주변 환경의 가장자리에 가까운 곳에 머물렀다.[5] 이는 정상적인 노화 과정이지만, 알츠하이머병이 있으면 훨씬 일찍 시작된다.[6] 그러나 알츠하이머병 환자들이 오랫동안 해마에 의지할 수는 없다. 알츠하이머병이 그곳으로 찾아오기 때문이다. 일단 해마가 위치 세포를 소모하기 시작하면, 환자들은 낯선 장소에 대한 인지 지도를 만들고 익숙한 장소에 대한 기억을 떠올리는 데 문제가 생겨 결과적으로 지름길로 가지 못한다. 적절한 때에 공간 기억은 완전히 고장이 나, 공간 기억에 의존하는 길 찾기를 비롯한 미래를 상상하는 기능까지 거의 쓸 수가 없는 상태가 된다.

알츠하이머병이 다른 유형의 치매와는 달리 자리 잡기 오래전부터 뇌의 공간 시스템에 문제를 일으킨다는 사실이 밝혀지면서 공간 테스트를 이용하여 알츠하이머병을 진단할 가능성이 높아졌다. 새로운 치료법이 적용될 수 있기 때문에 조기 진단은 매우 중요하다. 병이 깊어지기 전에 새로운 치료법이 효과를 보일 가능성이 있기 때문이다. 자기공명영상(MRI) 촬영 같은 현재의 테스트들은 초기 단계에서 알츠하이머병을 잘 감지하지 못한다. 그리고 몇몇 연구자들은 사람들이 공간 관련 임무를 어떻게 수행하는지 관찰하면 훨씬 좋은 결과를 얻을 수 있다고 생각한다.

데니스 챈Dennis Chan은 캠브리지 대학교의 포 마운틴 테스트Four

Mountain Test라는 공간 기억 훈련을 이용하여 환자의 인지 능력 손상이 알츠하이머병 때문인지 아니면 덜 심각한 다른 뇌 장애 때문인지 밝혀내는 데 성공한 신경과학자이다. 참가자들은 주어진 8초 동안 컴퓨터가 보여주는 바위투성이 평지에 있는 네 개 산의 이미지를 기억해야 한다. 이러한 이미지는 네 개의 유사한 이미지(다른 방향에서 본 원본 이미지와 원본 이미지와는 다른 이미지 세 개)로 교체된다. 참가자가 해야 할 일은 원본 이미지가 회전된 모습을 선택하는 것이다. 그러기 위해서는 산의 형태와 위치를 기억하고, 머릿속으로 풍경을 조작하는 능력이 필요하다. 해마가 건강할 때만 가능한 일이다. 알츠하이머병이 있는 사람은 기능에 문제가 없고 활동적인 삶을 살고 있더라도 이러한 일을 제대로 하지 못한다.[7]

챈의 팀은 또한 이동할 때 자신의 위치를 추적하는 능력인 경로적분 테스트를 개발하고 있다. 경로적분은 내후각 피질에 있는 격자 세포에 의존한다. 알츠하이머병이 해마에 도달하기 전에 그곳에서 시작하기 때문에 경로적분을 측정하면 임상의가 공간 기억을 측정하는 것보다 더 앞선 단계에서 알츠하이머병을 진단할 수 있게 된다.[8] 챈은 이 영역을 '알츠하이머병 생리학의 시초'라고 부른다. 챈의 테스트는 '실감나는immersive' 가상현실을 이용한다. 즉 테스트 대상자들이 무선 헤드셋을 끼고 컴퓨터가 만들어낸 세상을 마치 현실인 것처럼 돌아다닐 수 있다. 그들의 임무는 삼각형 안에 배치된 세 개의 원뿔 사이를 걷는 것이다. 모든 원뿔은 일단 지나가면 사라진다. 세 번째 원뿔에 도착하면 아무런 시각적 단서 없이 첫 번째 원뿔이 있던 자리로 돌아와야 한다.

알츠하이머병에 걸릴 위험이 높은 사람들은 이 테스트에서 보기 좋게 탈락한다. "정말 지독할 정도로 못합니다. 기저질환이 없는 사람보다 훨씬 결과가 좋지 않아요." 그는 말한다. "실제로 (첫 번째 원뿔의 위치를) 모릅니다. 추측하는 겁니다." 챈의 테스트 대상자들은 40대와 50대들이지만, 알츠하이머병에 걸리기 쉬운 병적 소인이 있는 사람들은 훨씬 이른 시기에 이러한 경로적분 결함이 나타날 수 있다.[9]

믿을 수 있는 공간 테스트를 통해 알츠하이머병의 진단을 현재보다 최소한 10년 일찍 할 수 있다. 알츠하이머병에 대한 치료법이 전무한 상황에서 누가 자신이 심연에 빠져들고 있다는 사실을 알려고 하겠느냐고 물을지도 모른다. 진단을 일찍 받게 되면 병의 진행을 늦추기 위해 할 수 있는 일들이 있다. 규칙적인 운동과 금연, 콜레스테롤이 낮은 음식과 채소와 생선을 많이 먹고 붉은 육류와 설탕 섭취를 줄이는 등 건강을 지키기 위한 일들이다. 심장에 좋은 것은 뇌에도 좋을 것이다.

또 다른 방법은 예방약으로서 길 찾는 능력을 사용하는 것이다. 즉 GPS를 치우고 스스로 위치를 파악해보는 것이다. 알츠하이머병을 막을 수 있다고 아직 검증되지는 않았지만, 고려할 가치가 있다. 알츠하이머병이 생길 조짐이 나타나는 뇌의 영역에서 공간 탐색이 이루어지기 때문에 계속해서 그 부분을 사용하면 예방의 효과가 있을 수도 있다. "신체 단련과 비슷합니다." 신경과학자 베로니크 보봇은 말한다. "아무것도 하지 않으면 근육은 줄어듭니다. 뇌도 마찬가지입니다. 뇌를 사용하지 않으면, 관련 영역은 줄어듭니다."

몬트리올에 있는 맥길 대학교의 보봇 연구팀은 알츠하이머병이 나타날 위험도가 높은 것과 연관이 있는 APOE4 유전자를 보유한 사람들 중 몇몇은 어떻게 노년기까지 뇌를 건강하게 유지(해마와 내후각 피질을 포함해서)하는지 알아내기 위해 노력해왔다. 연구팀이 발견한 한 가지 차이점은 길 찾기 전략이었다. 그들은 주변에 대한 인지 지도를 구축하는 데 해마와 내후각 피질에 의존하는 공간 접근법을 사용한다. 반면 해마와 내후각 피질의 회백질이 줄어든, APOE4 유전자를 보유한 사람들(알츠하이머병에 걸릴 가능성이 크다)은 미리 학습된 경로를 따르는 자기중심적 접근법을 사용한다.[10]

길을 찾는 데 공간 전략을 사용하는 것이 알츠하이머병에 걸릴 위험을 줄여준다거나, 해마와 내후각 피질이 이미 제 기능을 못하고 있는 알츠하이머병에 걸릴 위험성이 높은 사람이 자기중심적 접근법을 사용하는 것이라고 단정할 수는 없다. 그럼에도 불구하고, 보봇은 공간 탐색법이 해마를 강하게 하고(예를 들어 런던 택시 운전사에 관한 연구), 강한 해마가 일반적인 인지력 상승에 좋다는 증거를 강조한다.[11] 보봇은 모든 사람에게 공간 기능을 강화하는 운동을 하라고 권한다. "인지 지도를 만들려면 시간이 걸립니다. 그저 내가 아는 것을 따르기보다는 호기심과 탐험을 하려는 마음이 있어야 합니다. 인지적으로 쉽지 않은 일입니다. 굳이 수고하지 않으려는 사람도 있습니다." 그녀는 노력할 만한 가치가 있으며, 앞으로 수십 년 내에 그 가치를 인정하게 될 것이라 확신한다.

방향감각이 사라진 사람들

우리를 둘러싼 공간을 이해하려면 아주 정교한 인지 시스템이 필요하다. 알츠하이머병 환자들의 경험은 그러한 시스템이 없다면 버티기어렵다는 사실을 보여준다. 방향감각과 관련된 질병은 모두 환자에게 심각한 타격을 일으킬 수 있다. 동시에 그 환자들을 연구하면 뇌가 방향감각을 잃지 않는 방법에 관하여 많은 것을 배울 수 있다.

10여 년 전, 브리티시컬럼비아 대학교의 신경과학자 주세페 이아리아Giuseppe Iaria는 지속적인 방향감각 상실을 호소하는 어느 환자를 보게되었다. 그 여성은 길을 찾지 못해 어느 곳도 갈 수 없었는데, 때로는자신의 집도 찾지 못했다. 이아리아는 그녀의 뇌를 촬영하고 인지 기능을 검사했지만 완전히 정상이었다. 뇌 손상도 없었고, 기억이나 시각화 능력에도 문제가 없었으며, 신경 관련 증세도 없었다. 알츠하이머병 환자들과 달리 병이 있다는 징후도 보이지 않았다. 길 찾기와 관련된 하드웨어는 멀쩡했지만, 소프트웨어에 큰 문제가 있었다.

현재 캘거리 대학교에 재직 중인 이아리아는 그녀의 질환을 지형적방향 상실Developmental Topographical Disorientation(DTD)이라고 불렀고 이런증상을 보이는 사람이 있으면 나서달라고 호소했다. 많은 사람이 앞에나섰고, 대부분 여성이었지만 여성이 더 병에 잘 걸려서인지, 아니면병에 걸렸다는 것을 시인하는 데 부담을 느끼지 않아서인지는 알 수없었다. 이아리아는 전체 인구의 1~2퍼센트가 이 병에 걸렸을지도 모른다고 예측했다. 그는 연구실에서 수백 명의 환자를 검사하여 한 가

길 잃은 사피엔스를 위한 뇌과학

지 패턴을 찾아냈다. 뇌 이상이나 신경 장애가 없고 기억력이나 지각 능력, 주의력 등의 손상도 없지만, 길을 찾지 못하는 것이었다.

길 찾기 능력은 사람마다 엄청나게 다르지만, DTD 환자들은 주변 환경에 대한 어떠한 유형의 심적 표상이나 인지 지도도 만들어내지 못한다. 심지어 평생 동안 알고 있었던 장소라도 예외는 아니다. 일부 DTD 환자는 얼굴을 인식하지 못하는 안면실인증에도 걸려 있다(이들은 길도 못 알아보지만 얼굴도 못 알아보는 것이다). 하지만 이 두 질환이 함께 발생하는지는 분명하지 않다. 또한 다수의 DTD 환자가 세상이 갑자기 4분의 1바퀴 회전하여, 북쪽을 향해 있던 모든 것이 동쪽이나 서쪽을 향하는 기이한 환영과 싸워야 한다. 《상상도 할 수 없는: 세상에서 가장 이상한 뇌를 통과하는 여행 Unthinkable: An Extraordinary Journey Through the World's Strangest Brains》에서 헬렌 톰슨은 굽은 길에서 운전을 하거나 구불구불한 복도를 따라 걸을 때 세상이 45도 돌아가는 경험을 하는 어느 여성을 묘사한다. "외부에서 보면 그녀가 세상을 보는 방식에 이상한 점이 있다는 사실을 절대 알지 못할 것이다. 그러나 그녀에게 보이는 산은 어떤 방향에서 다른 방향으로 뛸 수 있다. 그리고 그녀에게 집으로 보이는 것이 한순간에 바뀔 수 있다."[12] 가장 심한 사람은 이러한 회전이 한 시간에 대여섯 번씩 일어나기도 한다.

DTD 환자들도 미리 연습을 하고 지시 사항을 정확하게 전달받으면 원하는 지점으로 갈 수 있다. 하지만 그 과정에서 아주 사소한 변화라도 생기면 대처하지 못한다. 지름길은 말 그대로 상상도 못 할 일이다. 익명의 한 환자가 워싱턴주에 있는 그녀의 집에 갈 때 자주 발생하는 문제를 내게 설명해주었다.

> 길을 따라 공사를 하고 있거나 우회로를 이용해 교통을 분산시키고 있다면, 저는 길을 잃습니다. 길이 없어져서 다른 길로 가야 하는 경우에, 저는 길을 잃습니다. 운전 중에 멈춰 서 심부름을 해야 하는 경우, 그곳이 길가에 있더라도, 길을 잃습니다. 멈춰 서 길가에 차를 대고 전화를 받아야 하는 경우, 바로 길을 잃습니다.[13]

이 여성의 지도책은 빈 페이지만 가득한 셈이다. 그것이 기이하게 느껴지는 까닭은 인지에 관한 그 외의 능력은 모두 정상이기 때문이다. DTD 환자들의 온라인 게시판을 통해 알게 된 조앤 셰퍼드Joanne Sheppard는 방향감각은 "형편없고 부끄러울 정도"이지만, 공간 감각 이외의 기억력은 평균 이상이라고 말했다. 애인과 함께 어떤 식당을 재방문하면 그녀는 지난번에 왔을 때 무엇을 먹었는지, 무슨 이야기를 했는지, 누가 서빙을 했는지, 그녀가 앉았던 자리에서 보았던 풍경까지 모두 기억했지만, 어느 자리에 앉았었는지는 알지 못했다. 자신이 자라난 부모님 댁 거실에 있는 소파가 벽에 붙어 있다는 것은 알았지만, 그 벽이 어느 벽인지, 창문을 기준으로 어느 쪽인지는 말하지 못했다. 그녀는 자신의 집 화장실이 꼭대기 층에 있다는 것을 알았지만, 어느 쪽인지 말해주지는 못한다. "지금 말하면서도 어느 쪽 문인지 모르겠어요! 문이 어떻게 생겼는지는 기억이 나요. 다만 층계참의 어느 쪽인지 기억나지 않아요. 머릿속에서 건물이나 마을의 배치 같은 건 기

길 잃은 사피엔스를 위한 뇌과학

억하지 못해요."

이아리아는 이러한 공간 기능의 오작동은 부분적으로는 유전과 관련이 있다고 생각한다. DTD는 유전이 되는 것처럼 보인다.[14] DTD 환자들의 뇌에 구조적인 손상은 없지만, 해마와 전전두엽 피질 사이의 연결성은 아주 좋지 않다. 이들 영역은 길을 찾는 데 필수적인데, 한 번도 서로 통신하는 법을 배운 적이 없는 것처럼 보인다. 이런 사실은 뇌가 어떻게 길 찾는 것을 도와주는지에 대해서 많은 것을 말해준다. 해마의 공간 기억이 얼마나 정확한지, 전전두엽의 의사 결정이 얼마나 효율적인지, 후뇌량팽대 피질이 얼마나 자기중심적 기준계를 더 넓은 세계와 잘 연결하는지는 중요하지 않다. 하나의 네트워크로 함께 작동하지 않는다면, 우리는 아무 데도 갈 수 없다.[15]

끊임없이 길을 잃게 되면 삶에 큰 타격을 받을 수 있다. "길 찾기는 아주 기본적인 능력입니다." 이아리아는 말한다. "이를테면 2초 동안이라도 방향감각을 잃어본 사람이라면 그게 얼마나 불쾌한지 알 겁니다. 그러한 느낌이 매일 두 시간, 혹은 평생 동안 계속된다고 생각해보세요." DTD는 결국 한 사람의 인생을 결정하게 된다. 누구와 사귀고(대개 가까운 곳에 사는 친구들), 어느 대학에 가고(복잡한 캠퍼스는 불가능하다), 어떤 직업을 선택(어떤 사무실에는 면접을 보러 가지도 못할 것이다)하는 데 결정적인 역할을 할 수 있다. 이는 일종의 고립된 상태이며, 대다수의 환자가 웃음거리가 될까 두려워 남들에게 말하지 않는다. 온라인 DTD 커뮤니티에 가입한 회원들은 모임을 통해 다른 사람과 경험을 공유하게 되어 크게 기뻐하는 것 같다.

이아리아는 DTD 환자들의 방향감각 향상에 도움을 줄 수 있다고 생각한다. 그는 환자를 위한 가상현실 게임을 개발했다. 게임의 목표는 완전히 개발되지 못한 인지 지도를 확장하고, 가상의 도시를 설계하는 법을 학습하여 뇌의 연결성을 높이는 것이다. 그는 말한다. "우리는 기본적으로 어린아이들이 중요한 능력을 계발할 때 경험하는 동일한 발달인지 과정을 따르고 있습니다. 이 과정에서는 단순한 장소에서 시작해서 서서히 복잡한 환경에 있는 랜드마크의 위치를 학습합니다."

DTD는 평생 가는 질병이기 때문에 대다수의 환자들은 대처할 방법을 찾지만, 그들 모두 병을 없앨 기회를 잡기 위해 달려들 것이다. "길을 찾고 돌아다니는 능력 없이 그저 평범한 삶을 살려고 노력하는 스트레스는 말로 다 표현할 수 없어요." 워싱턴에 사는 여성이 말했다. "다른 사람들은 모두 무언가를 성취하기 위해 에너지를 쓰지만, 저는 그저 길을 찾는 데 안간힘을 써야 해요. 늘 수십 년 동안 회사에서 일했던 베테랑 동료와 어울리려고 애쓰는, 대학을 갓 졸업한 입사 첫날의 신입사원이 된 기분입니다. 우리 같은 사람 중에는 이런 일 때문에 힘들어하는 사람들이 많아요. 우리는 여러 날을 허비하고, 면접시험에 가보지도 못하고, 시간에 늦어서 여러 관계를 망쳤습니다. 멍청하거나 게을러서가 아니에요. '노력하지 않았거나' 집중하지 않은 것도 아니고요. 단지 남들은 대부분 가지고 있는 머릿속의 나침반이 없을 뿐입니다."

길 잃은 사피엔스를 위한 뇌과학

치매 환자가 직진하는 이유

원인이 무엇이든 DTD 환자들은 머릿속에 그러한 나침반이 있던 적이 없었다. 알츠하이머병 환자들의 비극은 늘 가지고 있던 그 나침반이 이제 사라지고 지도는 작아진다는 것이다. 방향감각 상실이 알츠하이머병 환자의 기본 상태가 되었고, 늘 알고 살아왔던 장소에서 길을 잃게 되었다. 그럼에도 불구하고 대다수가 그 자리에 머무는 대신 걷기를 선택한다. 지도와 나침반 없이 자신의 제한된 지평과 직면하려고 하는 것이 이상하게 보일지도 모르지만, 황야에서 길을 잃었을 때 구조를 기다리는 대신 미지의 세상으로 들어가길 선호하는 우리의 행동과 크게 다르지 않다. 치매에 관한 끔찍한 진실은 아무도 나를 구하러 오지 않는다는 것이다. 나는 혼자다. 적어도 계속 움직이면 선택지가 주어진다.

알츠하이머병 환자들의 움직임은, 특히 알츠하이머병 환자들이 실종되었을 때 수색에 참여한 전문가들에 의해 많이 연구되었다. 8장에서 본 것처럼 이들은 더 이상 갈 수 없을 때까지 길을 따라가는 것으로, 그리고 집요하게 직진을 고수하는 것으로 알려져 있다. 이들이 그렇게 하는 이유는 알츠하이머병 환자의 공간 인지 능력이 1차원으로 붕괴되기 때문이라고 로버트 퀘스터는 주장한다. 그가 만든 국제 수색 및 구조 사건 데이터베이스는 하나의 치매 사례에서 시작했다. "심한 치매를 앓고 있는 사람은 항상 자신이 모르는 곳에 있다. 나의 현실은 내가 볼 수 있는 것에 국한된다. 내 뒤에 있는 것은 선택지에서 제외

된다. 더 이상 존재하지 않기 때문이다. 그러므로 내 선택지는 내 앞에 있는 것이다. 따라서 직선으로 가게 되는 경우가 많아진다."

헤매 다니는 것은 오랫동안 치매 병리의 일부로 여겨졌다. 의사나 보호자는 대개 환자가 부상당하거나 돌아오는 길을 기억하지 못할까 우려해 환자가 혼자 나가는 것을 막는다. "치매가 없는 사람이 걸어가면, 산책을 한다거나 상쾌한 공기를 마신다거나 운동을 한다고 이야기한다." 인류학자 메건 그레이엄Megan Graham은 최근 논문에서 말했다. "치매가 있는 사람이 지시 사항을 지키지 않고 걸어 다니면, 일반적으로 헤맨다, 출구를 찾는다, 도망간다고 말한다."[16]

하지만 헤매는 것은 질병의 일부가 아니라 치료의 반응일 수도 있다. 치매는, 특히 알츠하이머병은 극심한 방향감각 상실을 가져올 수 있다. 그레이엄은 걷고자 하는 욕망을 '질병 악화의 산물이기보다는, 살려고 하는, 그리고 성장하려는 의도'로 봐야 한다고 말한다.[17] 건강 관리 직종에서 일하는 다수의 사람들이 그레이엄의 견해에 동의한다. 영국 최대의 치매 지원 및 연구 자선단체인 알츠하이머병 협회는 '헤매다wander'라는 단어가 도움이 되지 않는다고 여긴다. 왜냐하면 '헤매다'에는 목적이 없지만, '걷기'에는 대개 목적이 있다.[18] 알츠하이머병 학회는 인간이 움직이려는 강박이 생기는 이유에 대한 대여섯 가지 근거를 댄다. 아마도 지루하거나, 들뜨거나 불안한 상태일 수 있다. 가까운 곳에 있다고 믿는 과거의 장소나 사람을 찾고 있는지도 모른다. 또는 처음에는 목적이 있었지만, 그 목적을 잊고 그저 계속 가고 있는 것인지도 모른다.

길 잃은 사피엔스를 위한 뇌과학

또한 살아남기 위해 걸을 수도 있다. 알아보지 못하는 어떤 방의 의자에 앉아 자신이 누구인지 알려는 것은 고역일 수 있다. 하지만 이동할 때는 다시 한번 길잡이가 되어 인간의 가장 오래된 노력 가운데 하나에 참여하게 된다. 무엇이든 가능하다.

마음껏 돌아다닐 수 있다면

치매가 있는 사람에게 마음대로 돌아다녀도 된다고 하면 어떤 일이 벌어질까? 몇 년 전 스코틀랜드 하일랜드의 해안 마을 헴스데일에 있는 한 진취적인 지역단체에서 마을 공동체에 있는 몇몇 알츠하이머병 환자에게 GPS 추적 장치를 달게 한 다음 진단을 받기 전부터 누리지 못했던 자유를 주었다. 헴스데일은 북해와 가시금작화와 헤더로 덮인 방대한 황야에 있기에, 걸을 수 있는 기회는 무한정 있다. 그리고 길을 잃을 기회도. 원한다면 말이다.

계획을 소개해준 앤 파스코Ann Pascoe는 활기차고 말이 빠른 남아프리카인이다. 그녀의 남편 앤드루는 현재 58세이며 2006년 혈관성 치매* 진단을 받았다. 서로를 따뜻이 보살펴주는 대가족에서 성장한 앤은, 영국에서는 치매 환자를 돌보는 일이 전적으로 가족의 몫이라는 사실을 알고 충격을 받았다. "이처럼 길고 외로운 여행을 하면서 그 누

---

* 혈관성 치매는 보통 뇌졸중의 결과로 뇌에 혈관 공급이 끊겨 발생한다.

구도 혼자 이런 일을 해서는 안 된다고 결심하게 되었습니다." 그녀는 말한다. 알츠하이머병 협회와 플리머스 대학교의 치매 전문가들의 도움을 받아 그녀는 지방 지원 네트워크를 구축하여 노인의 수가 훨씬 많은 헴스데일이 '치매 환자 친화적인dementia-friendly' 마을이라는 것을 확실히 했다.[19]

앤드루는 치매 진단을 받고 나서, 앤에게 그가 좋아하는 일을 계속하게 해달라고 부탁했다. 앤드루가 가장 좋아하는 일은 산에 올라가 사슴의 사진을 찍는 것이었다. 하지만 병 때문에 불가능해졌다. 자신이 길을 잃을 수 있다는 사실을 이해하거나, 언제 자신이 길을 잃은 것인지 판단할 능력이 없어진 것이었다(한번은 이웃집 개를 데리고 해변을 산책하러 갔다가 8시간 후에 수 킬로미터 떨어진 해안에서 발견됐다). 그래서 사람들이 케언곰산맥Cairngorms을 통과하여 에든버러로 가는 기차를 탈 때마다 그는 물끄러미 산을 쳐다봤지만, 대부분 집에서 머물러야 했다.

GPS 추적 장치를 착용하게 되면서 모든 것이 바뀌었다. 앤드루는 안심하고 밖으로 나갈 수 있었다. 앤이 언제나 자신을 찾을 수 있기 때문이다. 그래서 앤은 앤드루가 어디로 갔을지 걱정하지 않고 내보낼 수 있었다. 앤드루의 친구이자 치매 환자인 데이비드는 길을 잃어버리는 것이 너무 두려워 집 밖으로는 한 발자국도 나가지 않고 집 안에서만 생활하고 있었는데, 독립과 삶의 질을 되찾았다. 이 두 사람의 추적 장치는 수백 킬로미터 떨어진 잉글랜드의 NHS(국민의료보험) 원격관리 팀이 관찰하고 있었다. 둘 중의 한 명이라도 실종되었다는 보고가 올라오면, 그들의 위치는 몇 미터 이내로 찾아낼 수 있다. 이들이 길을 잃

길 잃은 사피엔스를 위한 뇌과학

었다는 사실을 깨닫고 추적 장치에 있는 버튼을 누르면 즉시 운영자와 통화를 할 수 있어, 운영자가 집까지 안내하거나 보호자나 경찰에 알리게 된다. 환자와 가족에 미치는 효과는 '끝내준다'고 앤은 말한다.

불운하게도 추적 기술을 제공했던 회사가 지원을 철회했고, 이 계획은 2017년 종료됐다. 소개된 지 3년 만의 일이었다. 앤드루는 더 이상 사슴을 따라갈 수 없었고, 데이비드는 다시 집 안으로 들어갔다. 밖으로 나가기가 너무 두렵기 때문이었다. 이들의 생활공간은 절대 놓아주지 않을 병에 발이 묶여, 다시 한번 쪼그라들게 되었다.

요양원 구조의 문제점

알츠하이머병을 비롯한 모든 치매 질환에 대한 치료제는 수십 년이 지나야 나올 수도 있다. 그 사이에 해야 하는 과제는 알츠하이머병 환자들의 삶을 최대한 개선하는 것이다. 그러기 위한 한 가지 방법은 환자들이 최대한 독립적인 생활을 할 수 있도록, 그리고 길을 잃지 않고 돌아다닐 수 있도록 환경을 설계하는 것이다. 많은 경우에, 특히 알츠하이머병 말기 환자들에게 가장 적절한 환경은 요양원일 것이다.

요양원에 들어가는 것은, 환자가 원하지 않을 때는 큰 상처가 될 수 있다. "생각해보십시오." 노화가 길 찾기 행동에 미치는 영향을 연구하는 본머스 대학교의 심리학자 얀 비너Jan Wiener는 말한다. "아마도 비교적 신체 기능이 잘 작동하던 환경에 있다가 낯선 곳에 익숙해지는 데 문제가 발생하는 시기에 거처를 옮기게 될 것입니다. 그러한 길 찾기 문제는 40년, 50년 혹은 60년 동안 살았을 집에 있다가 나왔을 때 느끼는 불안을 더할 뿐입니다. 새로운 환경에서 길 찾는 데 문제가 있다면 그곳에서 활동이 위축될 것이고, 활동이 위축되면 건강에 영향을 미치고, 악순환이 계속될 것입니다."

비너 연구팀은 어떻게 하면 요양원 거주자들의 공간 관련 능력이 위축되지 않도록 요양원을 설계할 수 있는지 고민하고 있다. 수많은 연구에서 노인들, 특히 치매가 있는 노인들이 새로운 장소가 어떻게 배치되었는지 아는 데 어려움을 느낀다는 것을 보여주었다. 노인들의 해마는 과거와는 다르며, 이는 더 이상 정확한 인지 지도를 보유하고 있지 않다는 의미이다. 반면 노인들은 '자기중심적' 전략을 사용하여, 언제 어느 쪽으로 차를 돌릴 것인지 순서를 기억하거나, 특정 랜드마크에서 어느 쪽으로 갈 것인지 기억하여 여전히 길을 잘 찾아낼 수 있다. 그 랜드마크가 충분히 눈에 잘 띄어야 하겠지만 말이다.

2017년, 비너의 동료 메리 오말리Mary O'Malley는 잉글랜드 남부에 있는 3층짜리 은퇴자 전용 아파트 입주민을 인터뷰했다. 주민들이 자신이 사는 환경에 대해 어떻게 생각하는지 알아내기 위해서였다. 내부의 모습은 다른 은퇴자 전용 아파트와 비슷하게 생겼다. 공동 영역과 개인실은 호텔과 비슷하게 배치되어 있었다. 인터뷰한 모든 주민이 첫 주에는 방향감각을 잃었다고 말했다. 그 이유는 주로(인터뷰 대상자였던 콜린의 말이다) "통로가 똑같이 생겼거든요. 내가 어느 통로에 있는지, 몇 층에 있는지도, 옆에 붙어 있는 작은 메시지를 보기 전까지는 알 수 없었죠."[20] 신경과학 문헌을 한번 훑어보기만 해도 이런 식의 반복을 피하는 것이 최선이라는 것을 건축가에게 말하고 있다. 똑같이 생긴 장소, 특히 그 장소의 방향이 똑같다면 구별하기가 아주 어렵기 때문이다.[21]

이 은퇴자 전용 아파트의 주민들이 이러한 설계 결함에 대처한 방법은 문에 붙어 있는 번호를 따라가거나, 화려한 깔개, 덧문이 내려온 창문, 싱싱한 꽃이 담긴 꽃병 등 기억에 남을 만한 물건이 있는지 살펴보는 것이었다(옆에 붙어 있는 작은 메시지는 그다지 도움이 되지 않는다, 그리고 벽에 걸린 사진 역시 도움이 되지 않는다. 대부분의 주민들이 그것들이 길 찾는 데 도움이 되기에는 너무 '지루하고', '건조하며', '천박하고 고약하다'는 데 동의하고 있다). 다음은 건물 끝에 사는 헬렌이 공동 구역을 찾아가는 방법이다.

음, 저는 이 방에서 문을 열고 나가서, 통로를 따라갑니다. 세 구역을 지나는 동안 그런 일을 반복합니다. 첫 번째 굽어진 곳까지 간 다음, 꽃이 있는 테이블, 그리고 세 번째는 엘리베이터입니다. 엘리베이터를 타고 올라간 다음부터는 쉽습니다. 엘리베이터에서 나오면 바로 라운지가 있고 공지가 보일 겁니다.[22]

그녀는 꿀을 찾아다니는 벌처럼 신호를 따라 이리저리 옮겨 다니며 춤을 춘다. 그 모습은 우리가 길을 잘 모를 때 이동하는 방법과 다르지 않다. 의심이 갈 때마다 우리에게 익숙한 것을 찾아보는 것이다.

목적 있는 방황

치매 환자들의 공간 관련 행동이 병리적인 것으로 생각해서, 요양원에서는 혹시 다치지나 않을까 하는 우려에서 거주자들의 움직임을 제한하는 경우가 많다. 더블린의 부유한 교외 지역인 블랙록Blackrock에는 아일랜드 알츠하이머병 학회에서 운영하는 주간보호소와 임시보호센터가 있는데, 이곳의 설계는 아주 새롭다. 행동을 억제하는 대신 공간을 활용하여 주민에게 시설을 이용하길 권장하고 있다. 이곳을 설계한 건축가 나이얼 맥로플린Niall McLaughlin은 치매 전문가는 아니지만, 많은 시간 치매 환자와 대화하고 그들의 행동을 관찰하면서 치매 환자가 주위 환경과 관계를 맺을 방법을 고민했다.

이 센터는 18세기에 지어진 울타리가 있는 정원에 위치해 있다. 모든 방에서 정원이 보이고, 공동 사용 구역은 사방의 높은 창문으로 자연광이 들어와 시설 같은 느낌이 전혀 들지 않는다. 이곳은 도보 여행을 위해 설계되었다. 중앙 공간에서 거닐다 보면 어느 길로 가든 결국 그 자리로 돌아오게 되어 있다. 맥로플린은 '지속되는 현재를 거니는' 느낌을 주고 싶었다고 말한다. 주민들이 어디로 갈 것인지 계획하지 못하거나 방금 전에 어디 있었는지 기억하지 못하더라도, 여기저기 거닐면서 세상이 펼쳐지고 있음을, 변화하고 있음을 느낄 수 있다.[23]

맥로플린에게는 안타깝게도, 임시보호센터는 현재 그가 의도했던 대로 운영되고 있지 않다. 안전과 소송에 대한 우려로 거주자들은 자유롭게 돌아다니지 못하게 되었고 정원으로 가는 문은 대부분 잠겨

길 잃은 사피엔스를 위한 뇌과학

있다. 그렇지만 그는 미래의 요양원 프로젝트에서 몇몇 건축상을 수상한 이 센터의 이면에 깔린 설계 원칙을 사용하고 싶어 한다. 그의 아이디어는 심리학의 최신 흐름과 보조를 맞추고 있다. 알츠하이머병 환자의 움직임에 목적이 없는 것처럼 보일지 모르지만, 매 순간 목적이 있는 것 같다. 세상이 완전히 이해가 되지 않는다면 그 의미를 찾는 것이, 내가 찾지 못한 것을 찾으려고 애쓰는 것이 당연하다. 톨킨이 《반지의 제왕》에서 우리에게 깨우쳐준 것처럼 "방황하지 않는 자는 길을 잃는다."

11장

에필로그:
GPS를 끄면 얻는 것들

길을 묻는 것은 어떤 곳의 문화에 다가가는 훌륭한 방법이다.

하지만 스마트폰에 의존한다면 절대 하지 않을 행동이기도 하다.

현대의 인간이 세상과 교류하는 방법에는 선사시대 인간이 사용했던 방법과 같은 점이 많다. 우리가 더 멀리, 더 빠르게 이동하고, 우리에게는 우리가 돌아다니는 것을 도와줄 아주 멋지고 영리한 도구가 있지만, 우리가 방향을 잃지 않기 위해서 뇌를 이용하는 방식은 그리다르지 않다. 랜드마크를 찾고, 주위를 살피고, 풍경을 기억하고, '인지 지도'를 만들고, 대부분 공간과 관련된 준비를 갖춘다. 홍적세의 수렵 채집인들이 했던 것과 같은 일이다. 일부 사람들은 다른 사람들보다 뛰어나게 잘하는 사람도 있겠지만, 늘 그래왔다.

적어도 2000년경까지는 이것이 사실이었지만, 이후 많은 것이 바뀌었다. 대부분의 사람들이 이제 인지적으로 어려운 일은 GPS를 이용하는 내비게이션에 맡기고 아무것도 신경 쓰지 않으려 한다. 스마트폰 앱에 보이는 파란 원을 따라가거나, 위성항법 장치의 음성 안내를 그대로 따르면, 해마에 있는 위치 세포나 전전두엽 피질의 의사 결정 회로를 괴롭히지 않고 목적지에 도착한다. 어떻게 목적지에 도착했는지 몰라도 된다. 심지어 내가 선택한 경로에 대해 아무것도 기억할 필요도 없다. 인간의 진화 역사상 처음으로 수만 년 동안 우리를 살아남게 해주었던 공간 관련 능력을 사용하지 않게 되었다. 이러한 변화가 우리를 어디로 이끄는지, 그리고 우리가 놓치고 있는 것은 무엇인지 살펴볼 가치가 있다.

간단한 실험으로 시작해보자. 낯선 지역에 있는 박물관이나 식당, 친구네 집에 가게 되면 (적어도 마지막 800미터 정도는) 휴대폰의 내비게이션 앱을 사용해 시키는 대로 따라 걸어가보자. 그런 다음 집에 갈 시간이 되면 휴대폰 앱을 끄고 석기시대 스타일로 내가 출발했던 곳으로 가는 길을 찾아보자. 내가 대다수의 사람과 비슷하다면 이렇게 하기가 매우 어려울 것이다. 집에서 나오는 길에는 주위 환경에 주의를 두지 않아서 뇌에서 인지 지도를 만들거나, 어느 방향으로 방향 전환을 했는지 기록을 남길 기회가 없었다. 따라서 집으로 돌아오는 길에 도움이 될 만한 것이 아무것도 없다. 오직 길을 찾기 위한 목적을 위해서라면 이것은 문제가 되지 않을 수도 있다. 늘 휴대폰을 가지고 다니고 충전하는 것을 잊지 않는다면 말이다.

하지만 GPS에 의존하면 잃는 것이 많다. GPS는 세상을 디지털 기기에 내장된 추상적인 개체로 바꿔버린다. 공간에서 우리의 위치에 대한 절대적 확실성에 대한 대가로 우리는 위치 감각을 희생한다. GPS를 이용해서 길을 찾으면 주변의 윤곽과 빛깔이 어떤지 알아보거나, 우리

길 잃은 사피엔스를 위한 뇌과학

가 지나온 교차로의 수가 몇 개인지 기억하거나, 풍경과 특징에 주목하거나, 얼마나 지나왔는지 기록하지 않아도 된다. 우리는 주변 환경에 무관심해질 수 있고, 주변 환경에 무관심해지면 무지해진다. 여행을 다녀와서 할 이야기가 없어지는 순간, 우리는 더 이상 길잡이가 될 수 없다.

지난 10년 동안 수십 가지의 연구에서 내비게이션 앱과 위성항법 장치가 공간 관련 기억에 나쁜 영향을 미친다는 결과가 나왔다.[1] 우리가 내비게이션 앱과 위성항법 장치의 지시를 따른다면, 세상은 우리를 그저 스쳐 지나게 되어 우리가 방문한 곳에 대한 기억이 거의 남지 않는다. 그러한 기기들을 이용하면 우리는 상상을 하거나, 여행을 계획하거나, 심지어 위를 쳐다볼 필요도 없다. 이와는 대조적으로 지도를 이용하면 우리가 보는 것을 통해 우리의 위치를 알아내야 한다.[2] 신경과학자 줄리아 프랑켄슈타인은 GPS가 제공하는 쥐꼬리만 한 공간 관련 정보를 이용하여 인지 지도를 만드는 것은 '음표 몇 개에서 전체 악곡을 얻어내려고 애쓰는 것과 비슷하다.'고 설명했다.[3] 기껏해야 일부 멜로디를 얻을 뿐이다.

공간 기억력이 저하되면 길 찾기에 영향을 미친다는 것을 예상할 수 있다. 9장에서 살펴보았던 런던 시민의 심적 지도에 관한 네긴 미나이의 연구에서, GPS 기기를 사용한 사람들은 런던의 지도를 끔찍할 정도로 못 그렸다. 런던의 다양한 지역이 얼마나 조화가 잘 이루어지는지 전혀 모르기 때문이었다.[4] GPS는 방향감각이 끔찍하게 안 좋은 사람에게는 인생을 바꿀 기술이지만, 나머지 사람들에게는 길 찾는 능력을 더 떨어뜨리게 할 것으로 보인다.

"인지 능력 대신 기술을 사용하면 틀림없이 뇌에 영향을 미칩니다." 신경과학자 주세페 이아리아는 말한다. 그는 방향감각에 심각한 문제가 있는 사람들을 연구한다. "이 분야에서 연구하는 사람들이라면 그 말을 듣고 놀랄 사람은 없을 겁니다. 뇌는 아주 효율적입니다. 항상 휴대폰을 들고 주위를 돌아다닌다면, 뇌는 내 주변의 환경을 재현하는 데 사용했던 자원을 다른 곳에 재할당할 겁니다. 이것은 좋지도 나쁘지도 않은 것이므로, 그에 관해 꼭 놀랄 필요는 없습니다. 컴퓨터를 쓰기 시작하면서 우리의 손글씨 실력이 줄어든 것과 비슷한 겁니다. 문제는 휴대폰을 사용하는 것에 대한 결정이 아니라, 결정과 결정에 따라 나타날 수 있는 결과에 대해 아는 것입니다. 효율적으로 위치를 파악하고 길을 찾는 능력에 정말 관심이 있다면, 특정한 방법으로 GPS를 사용하면 그러한 능력에 영향을 미친다는 것을 알아야 합니다."

어려운 일은 기꺼이 기술에 맡길 것이라면 도시나 도로 위에서 무관심한 길잡이가 되어도 상관없을 것이다(비록 위성항법 장치를 따라가다 바다에 들어가거나, 엉뚱한 방향으로 수백 킬로미터를 운전한 사람 이야기는 모두 다 알고 있긴 하지만). 기기가 말썽을 부린다면 언제나 길 가는 사람에게 물어보거나 도로 표지판을 유심히 살필 수도 있다. 사람들이 많이 다닌 길을 벗어나면 쉽지 않을 것이다. 그곳에서 길 찾기 오류가 발생하면 문제가 될 수 있기 때문이다. 스코틀랜드 등산협의회는 도보 여행자와 등산가들이 더 이상 기본적인 길 찾기와 지도 읽는 방법을 배우려고 하지 않는다고 보고했다. GPS 기기가 그 일을 해줄 것이

길 잃은 사피엔스를 위한 뇌과학

라고 생각하기 때문이었다. GPS 기기의 배터리가 떨어지면 당연히 위험에 빠지겠지만, 더 큰 문제는 GPS가 내 위치를 알려주고 목적지까지 가는 직선 경로를 알려주긴 하지만 땅에 무엇이 있는지는 알지 못한다는 것이다. 그리하여 주의하지 않으면, 절벽이나 습지를 향해 자신 있게 한 걸음 내딛고 말 것이다.

완벽한 길 찾기에 저항하기

GPS의 미학적 의미는 잠재적으로 실용적 의미만큼이나 중요하다. 우리는 알지 못한 채 세상을 헤쳐 나가지 못한다. 장소에 관한 기억은 그곳에 있는 것이 어떤 느낌이었는지에 관한 서사이며, 우리가 의식하지 않고 지나가면 풍부한 이해와 기억을 발달시킬 기회를 놓치는 것이다. 인지 신경과학자 콜린 엘러드가 그녀의 책《공간이 사람을 움직인다》[5]에서 쓴 것처럼, "실재the real에 관한, 조정되지 않은, 있는 그대로의 경험"은 없다. 고개를 숙이고, 눈은 파란 원을 따라가며, 우리도 다른 사람들과 교류할 기회를 놓치고 있는 것이다. 길 찾기는 본질적으로 사회 활동이다. 지도를 사용하든, 위성항법 장치를 이용하든, 지역 표지판이나 구전을 통해서든, 우리는 타인의 지식에 의존한다.[6] 길을 묻는 것은 어떤 곳의 문화에 다가가는 훌륭한 방법이다. 하지만 스마트폰에 의존한다면 절대 하지 않을 행동이기도 하다. "디지털로는 연결되었지만 사회적으로는 단절되었다." 한 연구팀이 모바일 기술이

현실 세계의 상호의존에 미치는 영향을 요약한 것이다.[7]

GPS는 절대 길을 잃지 않게 해줄 수 있다. 어떤 사람들에게는 그러한 생각이 흥미롭지만, 그들이 생각하는 만큼은 아닐 수도 있다. 우리가 변하지 않는 지리적 확실성 속에서 살 때 우리는 자신의 무언가를, 어느 정도의 성장 가능성을 잃어버리는 것이다. 리베카 솔닛이《길 잃기 안내서》에 쓴 확실성과 무지에 관한 명상처럼, "절대 길을 잃지 않는 것은 사는 것이 아니고, 길을 잃는 방법을 알지 못하면 파멸의 길로 가게 된다. 그리고 미지의 세계 중간 어딘가에 발견의 삶이 있다."[8] 솔닛은 계속해서 헨리 데이비드 소로를 인용한다. 그가 월든 호수의 오두막에서 보낸 2년은 "계획에 따라 살아가고", "삶의 정수를 모두 빨아들이려는" 시도였다. "우리는 길을 잃고 나서야, 바꿔 말하면, 우리는 세상을 잃어버리고 나서야 자신을 발견하기 시작한다. 그리고 우리가 있는 곳과 우리 관계의 무한 확장을 깨닫는다."[9]

우리가 사는 세상은 여전히 길을 잃을 수 없는 세상과는 거리가 있다. 그럼에도 불구하고 어떤 사람들은 미지의 세상에 남으려고, 무한한 가능성을 열어두기 위해 무슨 일이든 한다. 현대의 산책자들과 심리지리학자들의 목적은 목적지나 지도, 휴대폰 없이 돌아다니는 것이다. 많이 사용하는 접근법은 '알고리즘에 따라 걷기'로, 다음처럼 미리 정해진 순서에 따라 지시 사항(첫 번째 교차로에서 좌회전, 두 번째에서는 우회전, 세 번째는 좌회전 등)을 수행했을 때 어디로 가는지 보는 것이다.

이러한 주제에는 끝없는 변주가 있다. 황야에 대한 묘사로 널리 알려진 로버트 맥팔레인은 내가 사는 도시의 지도 위에 컵을 뒤집어 올

길 잃은 사피엔스를 위한 뇌과학

려놓고, 컵의 가장자리를 따라 원을 그린 다음 밖으로 나가 원을 따라 최대한 곡선에 가깝게 걷는 것을 추천한다.(GPS는 절대 곡선을 그리며 걷는 것을 추천하지 않는다.)[10] 심리학자이자 심리지리학자인 알렉산더 브리저Alexander Bridger는 배회자 저항 운동Loiterers Resistance Movement(영국 맨체스터를 기반으로 한, 심리지리학과 공공장소에 관심 있는 예술가와 활동가 집단 – 옮긴이)으로 알려진 급진적 답사주의자 집단의 공동 창립자로 다른 도시에서 지도를 이용하여 마을 건너편으로 가는 더 좋은 길을 찾아다니는 것을 좋아한다. 여기에는 어느 정도의 상상력이 필요하다. 그리고 당연하지만 금세 길을 잃을 것이다.

일부 심리지리학자들은 어떠한 유형의 길 찾기 도구도 사용하길 꺼린다. 배회자 저항 운동에 참여하는 주요 학자인 티나 리처드슨Tina Richardson은 이렇게 조언한다. "지도는 쓰레기통에 갖다 버리고, 가장 먼저 오는 버스를 타세요. 바깥 풍경이 낯설게 보일 만큼 집에서 멀어졌다면 내리세요. 거기서 걷기 시작하세요."[11] 이것이 시대에 역행하는 것처럼 들린다면 GPS 결정주의에 저항하고 도시에서 인위적으로 길을 잃는 데 도움을 주는 '세렌디피티 앱serendipity app'의 사용을 고려해볼 수도 있을 것이다. 나의 자유를 빼앗아간 앱을 파괴하기 위한 앱을 다운로드한다는 아이디어를 이해한다면, 이것은 나를 둘러싼 환경에 투항하는 재미있는 방법이 될 수 있다. 인기 있는 예로는 예상치 못한 우회로를 안내하는 세렌디피터Serendipitor, 익숙한 장소에서 길을 잃게 하는 드리프트Drift, 습관적으로 다니는 길에서 벗어나 우연한 탐험을 권장하도록 설계된 임무를 3분마다 보내는 데리브Dérive가 있다. 가령,

'뾰족한 것을 찾는다. 잠시 그것을 가지고 걷는다.', '가장 가까운 곳에 있는 물가를 향해 수백 미터 이동한다.', '카메라를 가지고 있는 사람이 사진을 찍을 때까지 뒤따라간다.' 같은 식이다. 무언가를 찾고 있을 때 다른 중요한 무언가를 찾을 수 있기를 바라는 것이다. 이것이 모든 배회자들이 갈구하는 것이다.

길 찾기의 확신에 익숙해지면, 그러한 장난을 받아들이기가 어려워질 수 있다. 2011년 컴퓨터 과학자 벤 커먼Ben Kirman은 겟로스트봇 GetLostBot을 만들었다. 이 앱은 내가 다니는 장소를 추적하여, 내가 가는 곳이 너무 예측 가능해지면 다른 장소로 가라는 지시를 보낸다.* 예를 들어 매일 같은 식당에서 점심을 먹는다면, 목적지가 어디인지는 말하지 않고 다른 곳으로 가는 길을 보내준다. 이러한 아이디어는 언론의 큰 관심을 받았고, 탐험가가 되고 싶은 수백 명이 다운로드했다. 하지만 몇 주 뒤 커먼은 그중 소수만 임무를 완수했다는 것을 알게 되었다. 자신의 삶이 얼마나 반복적인지 일깨워주는 것을 좋아하지 않았거나, 변화하기가 너무 어려워서인 것 같았다. 한 사용자는 매주 일요일 교회 가는 것을 그만두고 대신 이슬람 사원에 가보라고 했다며 불만을 터뜨렸다. 커먼은 소프트웨어 버그 때문이라고 생각했다.

문제는 수많은 내비게이션 앱이 너무 잘 동작한다는 것이다. 그러한 앱들은 길 찾기를 너무 쉽게 만들어서, 마치 공간 이동을 하듯 목적지에 도착하게 해준다. 만일 그 앱에 '데리브'나 '겟로스트봇'처럼

---

* 현재는 운영되지 않는다.

길 잃은 사피엔스를 위한 뇌과학

우연성이 있다면, 또는 우리 앞에 직접 보이는 것을 뛰어넘는 관점을 제공한다면(이를테면 랜드마크와 장소, 건축과 역사, 혹은 근방에 있는 명소 등에 관한 정보를 제공하거나, 자기중심적 기준틀을 강화하는 조감도를 보여준다면), 분명히 그 경험을 개선할 수 있을 것이다.[12] 그렇게 하여 우리는 더 잘 보고, 기억하고, 느낄 수 있다. 여전히 제시간에 도착하면서 말이다.[13]

해마를 깨우는 훈련

일부 과학자들은 GPS의 위협이 우리가 알던 것보다 더 심각한 수준에서 인지 건강에 영향을 미친다고 우려한다. 황당한 소리로 들리지 않는다. 우리는 이미 수동적인 자기중심적 전략을 사용하는 사람보다, 심적 지도 등을 구축하는 공간 내비게이션 전략을 사용하는 사람들의 해마에 회백질(그리고 뉴런과 뉴런의 연결)이 더 많다는 사실을 알고 있다.[14] 당연하다. 더 많은 훈련을 하기 때문이다. 또한 해마에 회백질이 적은 사람들은 치매에 걸리거나 노년기에 다른 인지 문제가 발생할 확률이 높다는 사실을 알고 있다. 튼튼한 해마와 건강한 인지 능력은 밀접하게 연관되어 있다.[15] 그렇다고 해서 GPS를 항상 사용(궁극의 수동적인 전략)하거나 효과적으로 해마를 우회하면 인지 능력이 약해지고, 스마트폰을 없애버리면 치매를 예방할 수 있는 것은 아니다. 어떤 연구에서도 그런 사실을 테스트한 적은 없었으며, 제대로 테스트하기 위해서는 수십 년 동안 사람들을 추적해야 한다. 그렇지만 그러한 가능성은 남아 있다.

다수의 이러한 연구 결과가 몬트리올에 있는 맥길 대학교의 더글러스 정신건강 연구소Douglas Mental Health Institute에서 나왔다. 이 연구실은 지난 장에서 살펴본 APOE4 유전자를 연구하는 신경과학자 베로니크 보봇이 운영하고 있다. 보봇은 어떻게 하면 치매에 걸릴 가능성을 낮출까라는 우리 시대의 가장 절박한 의학적 도전을 해결하기 위해서 길 찾기와 인지 건강 사이의 연관성을 탐구하고 있다. 그녀가 하는 연구에 관해 토론할 때 그녀는 자신이 긴급한 임무를 수행하고 있으며, 그러한 도전을 극복하면 커다란 비극을 피할 수 있으리라는 인상을 주었다. 그녀가 옳을지도 모르지만, 놀랍게도 연구에 필요한 자금을 모으는 데 어려움을 겪고 있었다.

지난 10년 동안, 보봇은 다양한 건강 상태의 피실험자 수백 명을 대상으로 뇌의 구조, 신경 활동, 길 찾기 습관, 인지 능력 등을 추적해왔다. 아직 답을 구하지 못한 질문이 많이 남아 있지만, 연구 결과 그녀는 GPS에 의존하여 내가 어디로 가고 있는지 주의를 기울이지 않으면 해마의 활동을 방해하게 되며, 해마는 길 찾기와 공간 관련 능력뿐만 아니라 일화 기억과 기타 중요한 인지 기능도 조종하고 있다는 확신이 생겼다. 기술에 의존하게 되면 꼬리핵에 의존하는 자동화된 반응 전략을 촉진하게 되고,[16] 이는 사람들을 로봇처럼 행동하게 한다고 그녀는 말한다. "인간이라는 종의 미래는 이러한 로봇화된 행동을 초월하는 우리의 능력에 달려 있습니다."

보봇은 연구의 일환으로 해마의 능력을 키워주는 훈련 프로그램을 개발했다. 그녀는 주변 환경에 주의를 기울이고, 공간 관련 전략을 이용해서 길을 찾고, GPS는 최소한으로 사용하는 것(사용해야 할 때에는 밖에 나갈 때의 경로를 기억했다가, 돌아오는 길에는 GPS 기기를 끄고 오는 것을 시도해보라)이 좋다고 추천한다. 또한 마음 챙김과 운동, 지중해식 식사를 지지한다.[17] 보봇은 심적 지도를 만드는 것이 힘든 일이지만, 노력할 만한 가치가 있다고 말한다. 다른 연구들은 공간 탐험 운동을 꾸준히 한다면, 보통 나이와 함께 찾아오는 해마의 능력 저하를 막는 데 도움이 된다는 것을 보여준다.[18] 주의를 기울여 길을 찾는 것이 해마를 깨우는 유일한 방법은 아니지만, 가장 효과적인 방법 중 하나이다.

존재와 생존에 관한 질문

거의 모든 인간의 진화 역사에서 우리는 많은 인지 자원을 우리 주변의 공간을 학습하고 그 공간에 적응하는 데 바쳤다. 나는 어디에 있는가? 나는 어느 곳에 속할까? 나는 어디로 가는가? 어떻게 하면 거기에 갈 수 있을까? 이러한 것들은 존재와 생존에 관한 원초적인 질문이다. 그 질문에 답하기 위해 선사시대의 우리 선조들은 낯선 땅에서 수백 킬로미터를 이동할 수 있게 해주는 강력한 기억 시스템을 개발했다. 이후 우리는 이러한 능력을 이용해왔다. 우리는 그러한 능력을 포기하고 길 찾기에 대한 책임을 우리를 위해 모든 것을 할 수 있는 기술에 전가할 준비가 되었나? 그것은 스마트폰이 있는 사람이라면 누구나 고려할 만한 질문이다. 왜냐하면 GPS가 우리를 원하는 곳에 데려다주겠지만, 그러한 중요한 실존적인 질문에는 도움을 주지 않기 때문이다.

《하늘의 노래 Song of the Sky》에서 20세기 중반의 항공기 조종사 가이 머치Guy Murchie는 길 찾기를 '진실의 추구'라고 묘사한다.[19] 그는 지리적 진실, 즉 이동한 위치와 거리에 관심이 있었다. 항공용 육분의, 편류계와 꼼꼼하게 기록한 일지 등의 시대에 항법사들은 그들이 지나온 자리를 추적할 수 있게 도와주는 모든 정보가 필요했다. 그래야 그들의 위치를 정확히 알 수 있었다. 하지만 길 찾기는 완전한 관계가 형성된다면 다른 진실도 밝혀낸다. 그 장소에 관한 생생한 경험과 내가 여기에 있다는 사실이다. 이것은 영원한 진실이다. 이러한 진실이 최초의 길잡이에게 중요했던 것처럼 우리에게도 중요하다. 여행은 여전히 중요하다. 아직 탐험해야 할 세상이 저 멀리에 있기에 우리는 그곳으로 가는 길을 찾아야 한다.

1장 호모 사피엔스가 길을 떠난 까닭

1 18만 년 전에서 7만 5000년 전 사이에 현대의 인류가 유라시아 대륙으로 대여
  섯 차례 이주했다는 것을 암시하는 고고학적 단서가 있지만, 이러한 초기의 탐
  험가들은 영구적으로 정착하지 못했다. Serena Tucci and Joshua M. Akey (2017),
  'Population genetics: a map of human wanderlust', *Nature* 538, pp. 179-80; Chris
  Stringer and Julia Galway-Witham (2018), 'When did modern humans leave Africa?',
  Science 359(6374), pp. 389-90.

2 현존하는 극소수의 수렵 채집인 사회에 관한 연구들은 기술혁신, 사회규범, 천연
  자원에 관한 지식 등의 전파 같은 지식 핵심 가족집단에 속하지 않는 사람들, 즉
  비친족과 유대를 형성했을 때의 장점을 보여주고 있다. A. B. Migliano et al. (2017),
  'Characterization of hunter-gatherer networks and implications for cumulative culture',
  Nature Human Behaviour 1: 0043을 보라.

3 '사회적인 두뇌'의 진화에 관한 상세한 내용은 John Gowlett, Clive Gamble, and
  Robin Dunbar (2012), 'Human evolution and the archaeology of the social brain',
  Current Anthropology 53(6), pp. 693-722를 보라.

4 J. Feblot-Augustin (1999), 'La mobilite des groupes paleolithiques', *Bulletins et Mémoires
  de la Société d'anthropologie de Paris* 11(3), pp. 219-60.

5 이 분야에서 그녀가 하는 연구에 대해 알고 싶다면, Ariane Burke (2012), 'Spatial abilities, cognition and the pattern of Neanderthal and modern human dispersals', *Quaternary International* 247, pp. 230-5를 보라.

6 Kim Hill and A. Magdalena Hurtado, *Ache Life History: The ecology and demography of a foraging people* (Aldine de Gruyter, 1996); Louis Liebenberg, *The Origin of Science: The evolutionary roots of scientific reasoning and its implications for citizen science* (Cybertracker, 2013).

7 남미의 숲속에 사는 아체족이나 히위족, 치마네족, 칼라하리사막에는 !쿵족 같은 현대의 수렵채집 집단에서 길을 잃는 것은 여전히 주요 사인 중 하나이다. Benjamin C. Trumble (2016), 'No sex or age difference in dead-reckoning ability among Tsimane forager-horticulturalists', *Human Nature* 27, pp. 51–67.

8 Thomas Wynn, Karenleigh A. Overmann, Frederick L. Coolidge and Klint Janulis (2017), 'Bootstrapping Ordinal Thinking', in Thomas Wynn and Frederick L. Coolidge, eds, *Cognitive Models in Palaeolithic Archaeology* (OUP, 2017), chapter 9.

9 Richard Irving Dodge, *Our wild Indians: thirty-three years' personal experience among the red men of the great West. A popular account of their social life, religion, habits, traits, customs, exploits, etc. With thrilling adventures and experiences on the great plains and in the mountains of our wide frontier* (A. D. Worthington, 1882), chapter XLIII.

10 Harold Gatty, *Finding Your Way Without Map or Compass* (Dover, 1999), pp. 51-2.

11 Margaret Gelling and Ann Cole, *The Landscape of Place-Names* (Shaun Tyas, 2000)를 보라.

12 Michael Witzel (2006), 'Early loan words in western Central Asia', in Victor H. Mair, ed., *Contact and Exchange in the Ancient World* (University of Hawaii Press, 2006), chapter 6.

13 In Robert Macfarlane, *Landmarks* (Hamish Hamilton, 2015), pp. 19-20.

14 G. F. Lyon, *The Private Journal of Captain G. G. Lyon, of H. M. S. Hecla, during the Recent Voyage of Discovery under Captain Parry* (John Murray, 1824), pp. 343-4.

15 Ludger Muller-Wille, *Gazetteer of Inuit Place Names in Nunavik* (Avataq Cultural Institute, 1987).

16 이누이트족의 명칭은 몇몇 자료를 참고했지만, 주로 이누이트 헤리티지 트러스트의 자료를 이용했다. http://ihti.ca/eng/place- names/pn-index.html

길 잃은 사피엔스를 위한 뇌과학

17   이 일화는 아포르타의 박사학위 논문 'Old Routes, New Trails: Contemporary Inuit travel and orienting in Igloolik, Nunavut', University of Alberta, 2003, chapter 5에 처음 등장했다.

18   범이누이트족 지도The Pan Inuit Trails Atlas는 여기서 볼 수 있다. http://paninuittrails. org/index.html

19   Claudio Aporta (2009), 'The trail as home: Inuit and their pan-Arctic network of routes', *Human Ecology* 37, pp. 131-46, at p. 144.

20   John MacDonald, *The Arctic Sky: Inuit astronomy, star lore, and legend* (Royal Ontario Museum /Nunavut Research Institute, 2000), p. 163.

21   Claudio Aporta (2016), 'Markers in space and time: reflections on the nature of place names as events in the Inuit approach to the territory', in William Lovis and Robert Whallon, eds, *Marking the Land: Hunter-gatherer creation of meaning in their environment* (Routledge, 2016), chapter 4.

22   Richard Henry Geoghegan, *The Aleut Language* (United States Department of Interior, 1944), via Kevin Lynch, *The Image of the City* (MIT Press, 1960).

23   이사벨 켈리의 데이터는 그녀의 노트를 정리한 것이며, 네바다 대학교의 캐서린 파울러가 편집했다. Catherine S. Fowler (2010), 'What's in a name: Southern Paiute place names as keys to landscape perception', in Leslie Main Johnson and Eugene S. Hunn, *Landscape Ethnoecology: Concepts of biotic and physical space* (Berghahn, 2010), chapter 2와 Catherine S. Fowler (2002), 'What's in a name? Some Southern Paiute names for Mojave Desert springs as keys to environmental perception', *Conference Proceedings: Spring-fed wetlands: important scientific and cultural resources of the intermountain region*, 2002를 보라.

24   *Marking the Land*, p. 79.

25   Knud Rasmussen, 'The Netsilik Eskimos: Social life and spiritual culture', *Report of the fifth Thule expedition* 1921-24, vol. 8, nos. 1-2 (Gyldendal, 1931), p. 71, via Kevin Lynch, *The Image of the City* (MIT Press, 1960).

26   Keith H. Basso, *Wisdom Sits in Places* (University of New Mexico Press, 1996), chapter 1. Keith Basso (1988), 'Speaking with names: language and landscape among the Western Apache', *Cultural Anthropology* 3(2), pp. 99-130, at p. 112도 보라.

1   Edward H. Cornell and C. Donald Heth (1983), 'Report of a missing child', *Alberta Psychology* 12, pp. 5-7. Reprinted in Kenneth Hill, ed., *Lost Person Behavior* (Canada National Search and Rescue Secretariat, 1999), chapter 4.

2   코넬과 헤스의 연구는 처음에, Edward H. Cornell and C. Donald Heth (1996), 'Distance traveled during urban and suburban walks led by 3- to 12-year-olds: tables for search managers', *Response! The Journal of the National Association for Search and Rescue* 15, pp. 6-9로 발표되었다. 저자를 상세하게 소개한 내용은 Edward H. Cornell and C. Donald Heth (2006), 'Home range and the development of children's way finding', *Advances in Child Development and Behavior* 34, pp. 173-206에 있다.

3   Robert Macfarlane, *Landmarks* (Hamish Hamilton, 2015), p. 315.

4   Roger Hart, *Children's Experience of Place* (Irvington, 1979), p. 73.

5   Helen Woolley and Elizabeth Griffin (2015), 'Decreasing experiences of home range, outdoor spaces, activities and companions: changes across three generations in Sheffield in north England', *Children's Geographies* 13(6), pp. 677-91; Lia Karsten (2005), 'It all used to be better? Different generations on continuity and change in urban children's daily use of space', *Children's Geographies* 3(3), pp. 275-90; James Spilsbury (2005), '"We don't really get to go out in the front yard" children's home range and neighbourhood violence', *Children's Geographies* 3(1), pp. 79-99; Margrete Skar & Erling Krogh (2009), 'Changes in children's nature-based experiences near home: from spontaneous play to adult-controlled, planned and organised activities', *Children's Geographies* 7(3), pp. 339-54.

6   Ben Shaw, Ben Watson, Bjorn Frauendienst, Andrea Redecker, Tim Jones and Mayer Hillman, *Children's independent mobility: a comparative study in England and Germany*, 1971-2010 (Policy Studies Institute, 2013).

7   *Childhood and Nature: A survey on changing relationships with nature across generations* (Natural England, 2009).

8   Helen Woolley and Elizabeth Griffin (2015).

9   운수성 도로교통 통계.

10 *The IKEA Play Report* 2015.

11 영국 통계청: 강력범죄와 성범죄에 집중한다.

12 David Finkelhor, 'Five Myths about Missing Children', *Washington Post*, 10 May 2013. 그의 최근 연구에서 이러한 추세가 확인되고 있다.

13 *Play Report* 2010. Published by Family, Kids and Youth, Research Now and IKEA. 요약본은 여기서 구할 수 있다. http://www.fairplayforchildren.org/pdf/1280152791.pdf.

14 Peter Gray, *Free to Learn: Why unleashing the instinct to play will make our children happier, more self-reliant, and better students for life* (Basic Books, 2013), p. 5.

15 Eva Neidhardt and Michael Popp (2012), 'Activity effects on path integration tasks for children in different environments', Cyrill Stachniss, Kerstin Schill and David Uttal, eds, *Proceedings of the Spatial Cognition VIII international conference*, Kloster Seeon, Germany, 2012, pp. 210-19.

16 2018년 11월 3일에서 7일 사이에 A. Coutrot 등은, A. Coutrot et al. (2018), 'Cities have a negative impact on navigation ability: Evidence from mass online assessment via Sea Hero Quest'를 신경과학학회 샌디에이고 연례회의에서 발표했다. 이러한 시골 도시에서의 길 찾기 성과의 차이는 모든 나라에 적용된다.

17 Rachel Maiss and Susan Handy (2011), 'Bicycling and spatial knowledge in children: an exploratory study in Davis, California', *Children, Youth and Environments* 21(2), pp. 100-17.

18 E.g. Antonella Rissotto and Francesco Tonucci (2002), 'Freedom of movement and environmental knowledge in elementary school children', *Journal of Environmental Psychology* 22, pp. 65-77. 샌디에이고 대학교의 브루스 애플야드Bruce Appleyard의 연구도 참고할 것. http://www.bruceappleyard.com.

19 Mariah G. Schug (2016), 'Geographical cues and developmental exposure: navigational style, wayfinding anxiety, and childhood experience in the Faroe Islands', *Human Nature* 27, pp. 68-81.

20 Roger Hart, *Children's Experience of Place* (Irvington, 1979), p. 63.

21 Rebecca Solnit, *A Field Guide to Getting Lost* (Viking, 2005), p. 6.

22 E.g. G. Stanley Hall (1897), 'A study of fears', *American Journal of Psychology* 8(2), pp. 147-63; Robert D. Bixler et al. (1994), 'Observed fears and discomforts among urban students

on field trips to wildland areas', *Journal of Environmental Education* 26(1), pp. 24-33.

23   Kenneth Hill, 'The Psychology of Lost', in Kenneth Hill, ed., *Lost Person Behavior* (Canada National Search and Rescue Secretariat, 1999), p. 11.

24   See Jean Piaget and Barbel Inhelder, *The Child's Conception of Space* (Routledge and Kegan Paul, 1956).

25   C. Spencer and K. Gee (2012), 'Environmental Cognition', in V. S. Ramachandran, ed., *Encyclopedia of Human Behavior* (Academic Press), pp. 46-53.

26   Roger Hart (1979), p. 115; Ford Burles et al. (2019), 'The emergence of cognitive maps for spatial navigation in 7- to 10-year-old children', *Child Development*, https://doi.org/10.1111/cdev.13285.

27   Terence Lee (1957), 'On the relation between the school journey and social and emotional adjustment in rural infant children', *British Journal of Educational Psychology* 27, pp. 100-14.

28   Veronique D. Bohbot et al. (2012), 'Virtual navigation strategies from childhood to senescence: evidence for changes across the lifespan', *Frontiers in Aging Neuroscience* 4, article 28.

29   Roger Hart (2002), 'Containing children: some lessons on planning for play from New York City', *Environment and Urbanisation* 14, pp. 135-48.

30   거리에서 놀기 프로젝트를 기획하는 데 도움이 필요하면, 플레이 잉글랜드(http://www.playengland.org.uk)와 플레잉 아웃(http://playingout.net)에 연락해보라.

31   'Why temporary street closures for play make sense for public health'. An evaluation of Play England's Street Play Project, by the University of Bristol, 2017.

32   Jennifer Astuto and Martin Ruck (2017), 'Growing up in poverty and civic engagement: the role of kindergarten executive function and play predicting participation in 8th grade extracurricular activities', *Applied Developmental Science* 21(4), pp. 301-18.

33   A. Coutrot et al. (2018), 'Global determinants of navigation ability', *Current Biology* 28(17), pp. 2861-6.

34   빅터 그렉은 공동 저자인 릭 스트라우드와 함께 자신의 인생을 다룬 회고록 3부작 *Rifleman: A front-line life* (Bloomsbury, 2011), *King's Cross Kid: A London childhood* (Bloomsbury, 2013), *Soldier, Spy: A survivor's tale* (Bloomsbury, 2016)을 출간했다.

1   그들의 연구는 *Brain Research* 34 (1971), pp. 171-5에 발표됐다. 더 종합적인 보고서
    는 다음을 보라. John O'Keefe and Lynn Nadel, *The Hippocampus as a Cognitive Map*
    (Oxford University Press, 1978).

2   Clifford Kentros et al. (1998), 'Abolition of long-term stability of new hippocampal
    place cell maps by NMDA receptor blockade', *Science* 280(5372), pp. 2121–6.

3   반대 의견을 보고 싶다면 다음을 참고하라. James C.R. Whittington et al. (2019),
    'The Tolman-Eichenbaum machine; unifying space and relational memory through
    generalisation in the hippocampal formation', BioRxiv preprint: https://www.biorxiv.
    org/content/10.1101/770495v1.

4   벽을 껴안으려는 쥐의 성향(주촉성thigmotaxis이라고 한다)에 관해 알고 싶으면 다음을
    보라. M. R. Lamprea et al. (2008), 'Thigmotactic responses in an openfield', *Brazilian
    Journal of Medical and Biological Research* 41, pp. 135–40.

5   Jane Jacobs, *The Death and Life of Great American Cities* (Vintage, 1961), p. 348.

6   Janos Kallai et al. (2007), 'Cognitive and affective aspects of thigmotaxis strategy in
    humans', *Behavioural Neuroscience* 121(1), pp. 21–30.

7   Ken Cheng (1986), 'A purely geometric module in the rat's spatial representation',
    Cognition 23(2), pp. 149–78.

8   John O'Keefe and Neil Burgess (1996), 'Geometric determinants of the place fields of
    hippocampal neurons', *Nature* 381, pp. 425–8.

9   경계벡터 세포의 기능에 관한 이 모델은Tom Hartley, now at the University of York,
    Neil Burgess, Colin Lever, Francesca Cacucci at University College London and John
    O'Keefe가 개발했다. T. Hartley, N. Burgess, C. Lever, F. Cacucci and J. O'Keefe
    (2000), 'Modeling place fields in terms of the cortical inputs to the hippocampus',
    Hippocampus 10, pp. 369–79. 이 모델의 업데이트 버전은 다음을 보라. C. Barry,
    C. Lever, R. Hayman, T. Hartley, S. Burton, J. O'Keefe, K. Jeffery (2006), 'The
    boundary vector cell model of place cell firing and spatial memory', *Reviews in the
    Neurosciences* 17(1–2), pp. 71–97.

10 Colin Lever et al. (2000), 'Boundary vector cells in the subiculum of the hippocampal

formation', *Journal of Neuroscience* 29(31), pp. 9771-7. 거의 같은 시기에 다른 신경
과학자들(노벨상으로 유명한 마이브리트와 에드바르 모세르를 포함한)도 격자 세포가 사
는 해마의 내후각 피질에 있는 경계벡터 세포와 유사한 세포를 발견했다. 내후각
경계 벡터 세포는 '경계 세포'라고 부른다. 주요한 차이는 동물이 경계에 아주 가까
운 곳(10센티미터 이내)에 있을 때에만 발화한다는 점이다. 반면 해마이행부에 있는
경계벡터 세포들은 경계에서 다양한 거리와 방향으로 발화한다. 어느 연구실에서
는 또한 '비경계boundary off' 세포를 발견했다고 보고했는데, 이 세포는 특정 경계에
있을 때만 제외하고 어느 곳이나 발화하여, 경계벡터 세포의 반대로 행동한다.

11 Sarah Ah Lee et al. (2017), 'Electrophysiological signatures of spatial boundaries in
    the human subiculum', *Journal of Neuroscience* 38(13), pp. 3265–72.

12 이들은 또한 격자 세포의 기능에 중요한 것으로 보인다. 최근 노르웨이 트론다임
    에 있는 카블리 신경과학 연구소의 마이브리트 모세르 연구팀은 쥐가 태어나고
    나서 처음 몇 주 동안 경계 세포를 이용해서 자신의 위치를 알아낼 방법이 없는
    구 모양의 불투명한 공간에서 지내게 한 다음 열린 공간으로 풀어주었을 때 사실
    상 격자 세포가 활동하지 않는다는 사실을 보여주었다. 이는 격자 세포의 형성에
    경계(그리고 경계벡터 세포의 성장 역시)의 역할이 중요하다는 것을 의미한다. I. U.
    Kruge et al., 'Grid cell formation and early postnatal experience', poster presentation
    at the Society for Neuroscience annual meeting, San Diego, 3–7 November 2018.

13 이들은 '랜드마크 벡터 세포'와 '오브젝트 벡터 세포'이다. 해마에 있는 랜드마
    크 벡터 세포의 발견은 다음 논문에서 발표됐다. Sachin S. Deshmukh and James
    J. Knierim (2013), 'Influence of local objects on hippocampal representations:
    Landmark Vectors and Memory', *Hippocampus* 23, pp. 253–67. 2017년 마이브리트
    와 에드바르 모세르가 해마에서 가까운 부위인 쥐의 내후각 피질에서 발견된 오
    브젝트 벡터 세포는 눈에 띄는 물체(보통 벽이나 경계가 아닌)가 동물로부터 특정 거
    리와 방향에 있을 때 반응하는, 비슷한 역할을 담당하는 것으로 보인다. Øyvind
    Arne Høydal et al. (2019), 'Object-vector coding in the medial entorhinal cortex',
    Nature 568, pp. 400–4.

14 Barry et al. (2006).

15 유니버시티 칼리지 런던의 케이트 제프리 팀은 최근 뇌에서 dysgranular retrosplenial
    cortex라는 영역을 발견했다. 이곳에서는 머리방향 세포가 이런 식으로 행동하지

않는다.

16 뇌가 자동운동과 외부 감각 정보를 통합하는 방법에 대해서 더 알고 싶다면 다음을 참고하라. Talfan Evans, Andrej Bicanski, Daniel Bush and Neil Burgess (2016), 'How environment and self-motion combine in neural representations of space', *Journal of Physiology* 594.22, pp. 6535–46.

17 쥐를 이용한 실험에서는 머리방향 시스템이 랜드마크와 얼마나 강하게 연관되어 있는지 보여준다. 동물을 방에서 내보낸 다음 벽에 있는 랜드마크를 회전시키면 (예를 들어 하얀 카드를 시계방향으로 90도 회전시킨다), 동물이 방에 돌아왔을 때 동물의 머리방향 세포는 곧 랜드마크를 중심으로 회전한다. 따라서 쥐가 원래 자리에 있는 카드와 마주했을 때(즉, 정면을 바라보고 있을 때) 발화한 세포가 이제는 쥐의 오른쪽 90도와 마주할 때 발화하고, 쥐가 90도 왼쪽을 마주했을 때 발화하던 세포는 이제 정면을 볼 때 발화할 것이다(J. P. Goodridge and J. S. Taube (1995), 'Preferential use of the landmark navigational system by head direction cells in rats', *Behavioural Neuroscience* 109, pp. 49-61을 보라). 이런 경우, 쥐의 해마에 있는 위치 세포 역시 발화 위치를 옮긴다(장소 필드가 카드를 중심으로 회전한다). 이는 머리방향 세포가 어떠한 식(아마도 경계벡터 세포를 통하여)으로든 위치 세포와 연관되어 있다는 것을 의미한다. 그리고 경계벡터 세포는 방향에 관한 정보를 머리방향 체계를 통하여 받을 가능성이 크다.

18 Erik Jonsson, *Inner Navigation: Why we get lost and how we find our way* (Scribner, 2002), pp. 13–15.

19 Ibid, p. 15.

20 C. Zimring (1990), *The costs of confusion: Non-monetary and monetary costs of the Emory University hospital wayfinding system* (Atlanta, GA: Georgia Institute of Technology).

21 최근에 나온 다음 리뷰는 후뇌량팽대 피질에서 활성화하는 두 가지 유형의 머리방향 세포와, 대개 180도 차이가 나는 두 방향으로 발화하여 동시에 두 가지 국부적 기준틀을 암호화하는 것으로 보이는 세 번째 '양방향' 세포에 관한 최신 연구 결과를 요약하고 있다. Jeffrey S. Taube (2017), 'New building blocks for navigation', *Nature Neuroscience* 20(2), pp. 131-3.

22 유니버시티 칼리지 런던의 케이트 제프리 연구팀은 후뇌량팽대 피질이 불안정한 랜드마크와 안정된 랜드마크를 구별하는 방법을 설명해줄 수도 있는 한 가

지 신경 기제를 제안했다. Hector Page and Kate J. Jeffery (2018), 'Landmark-based updating of the head-direction system by retrosplenial cortex: A computational model', *Frontiers in Cellular Neuroscience* 12, article 191.

23 엘리너 매과이어 연구실에서는 길 찾기와 후뇌량팽대 피질에 관한 몇 가지 연구를 수행했다. E.g. Stephen D. Auger, Peter Zeidman, Eleanor A. Maguire (2017), 'Efficacy of navigation may be influenced by retrosplenial cortex-mediated learning of landmark stability', *Neuropsychologia* 104, pp. 102–12.

24 지금까지 발견된 공간 관련 뉴런의 다양한 유형에 관한 최신 리뷰는 다음을 참고하라. Roddy M. Grieves and Kate J. Jeffery (2017), 'The representation of space in the brain', *Behavioral Processes* 135, pp. 113–31.

25 Hugo J. Spiers et al. (2015), 'Place field repetition and purely local remapping in a multicompartment environment', *Cerebral Cortex* 25, pp. 10–25.

26 맥길 대학교 더글러스 병원 연구 센터의 마크 브랜든이 이끄는 또 다른 연구팀은 인접한 동일한 모양의 방에 문이 다른 쪽에 있다면, 예를 들어 하나는 북쪽에 있고 다른 하나는 남쪽에 있다면, 두 방을 구분할 수 있다는 사실을 발견했다. 또한 동물이 방에 들어가는 방법(즉, 북쪽 문으로 들어가는지, 남쪽 문으로 들어가는지)에 따라 위치 세포는 동일한 모양의 방에 대한 인지 지도를 약간 다르게 표현할 것이다. 이 연구는 2018년 11월 3일에서 7일 샌디에이고 신경과학 학회에서 발표되었다.

27 Roddy M. Grieves et al. (2016), 'Place field repetition and spatial learning in a multicompartment environment', *Hippocampus* 26, pp. 118–34.

28 Bruce Harland et al. (2017), 'Lesions of the head direction cell system increase hippocampal place field repetition', *Current Biology* 27, pp. 1–7.

29 Paul Dudchenko, *Why People Get Lost: The psychology and neuroscience of spatial cognition* (Oxford University Press, 2010).

30 쥐가 가장자리에 있을 때만 이 세포가 활성화된다고 해서, 이 세포가 경계벡터 세포('경계 세포')일 수는 없다. 이 세포는 경계선을 따라 계속해서 발화한 것이 아니라 한 지점에서만 발화했기 때문이다.

31 예를 들어 Joshua B. Julian et al. (2018), 'Human entorhinal cortex represents visual space using a boundary-anchored grid', *Nature Neuroscience* 21, pp. 191–4.

32 격자 세포 신경과학에 대한 리뷰를 보고 싶다면 May-Britt Moser, David C. Rowland,

길 잃은 사피엔스를 위한 뇌과학

and Edvard I. Moser (2015), 'Place cells, grid cells, and memory', *Cold Spring Harb Perspect Biol* 2015;7:a021808; Grieves and Jeffery (2017)를 보라.

33   Shawn S. Winter, Benjamin J. Clark and Jeffrey S. Taube (2015), 'Disruption of the head direction cell network impairs the parahippocampal grid cell signal', *Science* 347(6224), pp. 870–4.

34   속도 세포에 대한 상세한 내용을 보고 싶다면, 마이브리트와 에드바르 모세르 연구실에서 나온 다음 논문을 보라. Emilio Kropff et al. (2015), 'Speed cells in the medial entorhinal cortex', *Nature* 523, pp. 419–24.

35   다음을 참고하라. Howard Eichenbaum (2017), 'Time (and space) in the hippocampus', Current Opinion in Behavioral Sciences 17, pp. 65-70. 일부 연구원들은 내후각 피질에서 시간-암호화 세포를 발견했다. James Heys and Daniel Dombeck (2018), 'Evidence for a subcircuit in medial entorhinal cortex representing elapsed time during immobility', *Nature Neuroscience* 21, pp. 1574–82; and Albert Tsao et al. (2018), 'Integrating time from experience in the lateral entorhinal cortex', *Nature* 561, pp. 57–62.

36   최근 두 연구에서는 인간의 세타 리듬이 쥐와 비슷한 주파수를 가지고 있다고 보고했다. Veronique D. Bohbot et al. (2017), 'Lowfrequency theta oscillations in the human hippocampus during real-world and virtual navigation', *Nature Communications* 8: 14415; and Zahra M. Aghajan et al. (2017), 'Theta oscillations in the human medial temporal lobe during real world ambulatory movement', *Current Biology* 27, pp. 3743–51.

37   Shawn S. Winter et al. (2015), 'Passive transport disrupts grid signals in the parahippocampal cortex', *Current Biology* 25, pp. 2493–2502.

38   Caswell Barry et al. (2007), 'Experience-dependent rescaling of entorhinal grids', *Nature Neuroscience* 10(6), pp. 682–4; also Krupic et al. (2018), 'Local transformations of the hippocampal cognitive map', *Science* 359(6380), pp. 1143–6. 매우 불규칙한 형태의 방에서는 격자의 패턴이 완전히 왜곡된다. Julija Krupic et al. (2015), 'Grid cell symmetry is shaped by environmental geometry', *Nature* 518, pp. 232–5. 이러한 결과는 인간에게서도 나타났다. 규칙적인 방과 비교하여 불규칙한 모양의 방을 탐험할 때 거리와 위치를 잘 기억하지 못했다. Jacob L. S. Bellmund et al. (2019), 'Deforming the metric of cognitive maps distorts memory', BioRxiv preprint:

https://www.biorxiv.org/ content/10.1101/391201v2.

39 Caswell Barry et al. (2012), 'Grid cell firing patterns signal environmental novelty by expansion', *PNAS* 109(43), pp. 17687–92. 격자 세포 이야기에서 또 다른 반전은 마이브리트와 에드바르 모세르 연구실의 연구원들이 격자 세포가 익숙한 환경에 있을 때는 경계선이나 축에 정확히 평행이 아니라 약간 회전(평균 7.5도)되어 있다는 사실을 발견했다는 것이다. 이러한 차이에 대한 이유 한 가지는 비슷해 보이는 장소 혹은 비슷한 기하학적인 구조를 가진 장소를 격자 세포가 구별할 수 있기 때문이다. Tor Stensola et al. (2015), 'Shearing-induced asymmetry in entorhinal grid cells', *Nature* 518, pp. 207–12를 보라. 최근 모세르 부부는 이와 같은 패턴 왜곡의 정도와 특징은 환경의 형태에 달려 있으며, 경계가 사각형인지, 원형인지, 삼각형인지, 불규칙한 형태인지에 따라 다르다는 것을 보여주었다. 이는 공간의 기하학적 구조가 격자의 배열에 강한 영향을 미친다는 아이디어에 힘을 더해준다(2017년 11월 11-15, 워싱턴 DC에서 열린 신경과학회 연례회의에서 발표된 연구). 격자 세포의 특성에 대한 환경의 영향은 인간에게도 나타났다. Zoltan Nadasdy et al. (2017), 'Context-dependent spatially periodic activity in the human entorhinal cortex', *PNAS* 114(17), pp. 3516–25.

40 격자 세포에 관한 대부분의 실험이 쥐와 생쥐를 대상으로 실행되는 동안, 격자 패턴의 관찰은 증상을 완화시키기 위해서 뇌에 이식한 전극을 통해서 뉴런의 활동을 모니터할 수 있는 간질 환자를 대상으로 이루어졌다.

41 Kiah Hardcastle, Surya Ganguli, Lisa M. Giocomo (2015), 'Environmental boundaries as an error correction mechanism for grid cells', *Neuron* 86, pp. 1–13.

42 Caitlin S. Mallory et al. (2018), 'Grid scale drives the scale and long-term stability of place maps', *Nature Neuroscience* 21, pp. 270–82.

43 위치 세포는 격자 세포가 건강하게 기능하는 데 중요한 역할을 하는 것으로 보인다. 그리고 그 중요성은 격자 세포가 위치 세포의 기능에서 차지하는 중요성보다 큰 것 같다. 해마를 비활성화시키는 방법으로 위치 세포를 무력화하면, 격자 패턴이 사라지는데 아마도 격자 세포에 결정적인 역할을 하는 경계선에 대한 감각 정보가 위치 세포에 의해 암호화(뇌가 소통하는 언어로 번역)되기 때문인 것 같다. 위치 세포가 없으면, 탐험은 하나의 재앙이다. 하지만 내후각 피질을 비활성화시키는 방식으로 격자 세포를 무력화하면, 위치 세포와 탐험에는 거의 영향을 미치지 못

한다. 이는 아주 어린 쥐에서 볼 수 있는데, 어린 쥐가 태어나서 격자 세포가 성장하기도 전 여기저기를 돌아다닐 때부터 위치 세포는 활동하고 있다. 여기에 유일한 예외는 어떤 동물이 처음으로 방에 들어와서 떠올릴 만한 위치 세포의 기억도 없는 경우이다. 그리고 그 어떠한 경계선과도 너무 멀리 떨어져 있는 개방된 공지를 돌아다닐 때이다. 이러한 경우에, 위치를 바로잡을 수 있는 것은 격자 세포에서 나오는 경로 통합경로적분 데이터뿐이다.

44 Neil Burgess, Caswell Barry and John O'Keefe (2007), 'An oscillatory interference model of grid cell firing', *Hippocampus* 17, pp. 801–12

45 격자 세포를 안 좋은 척도로 평가한 것은 카블리 신경과학 연구소의 신경과학자들과의 논쟁을 불러일으켰다.

46 Guifen Chen et al. (2017), 'Absence of visual input results in the disruption of grid cell firing in the mouse', *Current Biology* 26, pp. 2335–42.

47 그러한 실험을 하는 쥐를 배려해야 한다. 갑자기 전등이 나가거나, 놀이터에 새로운 문이 생기거나, 탐험하던 공간이 완전히 다른 공간으로 변한 것처럼 보인다면 어떤 기분이 들까? 물론 알 수는 없지만, 일부 신경과학자들은 추측하기를 두려워하지 않는다. 마이브리트 모세르는 그녀가 가장 좋아하는 실험을 할 때, 어두운 상자의 조명을 순간적으로 바꿔 쥐 한 마리를 한 곳에서 다른 곳으로 '순간 이동'을 시킨 적이 있었다. 두 가지 경우의 조명에 모두 오랜 시간 있었기 때문에 쥐의 기억에는 각각의 장소에 대한 인지 지도가 저장되어 있었다. 모세르가 스위치를 켜자, 쥐의 위치 세포들은 곧바로 지도를 다시 만드는 대신 몇 초 동안 한 배열에서 다른 배열로 이리저리 움직이더니 새로운 배열로 자리를 잡았다. 쥐는 어땠을까? 모세르는 이렇게 비유했다. 호텔에 머물고 있는데, "무슨 일이 일어나, 전화 연락이 와서, 갑자기 일어났는데, 집이라 생각하고 살펴보니, 뭐야 집이 아니다, 여기가 어디지, 혼자서 갑론을박하다, 여기가 집이야, 호텔이야?" 다시 말해 정신이 약간 혼미한 상태라는 말이다.

48 Roddy Grieves, Eleonore Duvelle, Emma Wood, Paul Dudchenko 등이 제안한 최근의 가설에서는 동물이 매우 유사한 공간(예를 들자면, 나란히 평행하게 늘어선 상자나, 인간의 경우에는 똑같은 방들이 인접해 있을 때)을 구별하는 데 격자 세포가 도움을 줄 수 있다고 주장한다. 그리브스와 더드첸코가 보여준 것처럼, 동물이 어떤 환경에 처음 들어가면 위치 세포는 동일한 공간에서는 발화 패턴을 반복하는 경

향이 있는데, 이는 그 동물이 그러한 공간을 구별하지 못한다는 의미이다. 하지만, 잠시 후 그 동물은 다른 공간이라는 것을 알게 된다. 그리브스와 동료들은 어떤 동물이 한 장소에서 시간을 보내면, 동물은 경로 통합경로적분을 통해 그 장소에 대한 정보를 수집하고, 마침내 격자 세포는 동일한 공간마다 패턴을 반복하는 대신 전체 환경을 범위로 하는 '전체적인global' 패턴을 만들어낸다. 이것은 다시 위치 세포에게 피드백되어, 점차 일관성 있는 인지 지도를 형성하게 된다. Roddy M. Grieves et al. (2017), 'Field repetition and local mapping in the hippocampus and medial entorhinal cortex', *Journal of Neurophysiology* 118(4), pp. 2378–88. 또한 Francis Carpenter et al. (2015), 'Grid cells form a global representation of connected environments', *Current Biology* 25, pp. 1176–82를 보라.

49 쥐들은 심지어 경로의 끝에 도달했을 때 받게 되는 보상의 가능성에 따라 위치 세포 활동(인지 지도의 세부)을 변화시킬 수도 있다. 식량을 구할 확률이 높을수록, 장소 필드의 밀도는 높아진다. Valerie L. Tryon et al. (2017), 'Hippocampal neural activity reflects the economy of choices during goal-directed navigation', *Hippocampus* 27(7), pp. 743–58. 최근의 연구에서는 보상의 존재에 따라 격자 세포의 배열에도 영향을 미친다고 주장한다. Charlotte N. Boccara et al. (2019), 'The entorhinal cognitive map is attracted to goals', *Science* 363(6434), pp. 1443–7.

50 예를 들어 H. Freyja Ólafsdóttir, Francis Carpenter and Caswell Barry (2016), 'Coordinated grid and place cell replay during rest', *Nature Neuroscience* 19, pp. 792–4.

51 예상한 것처럼, 잠 못 드는 밤에 이어 반복되는 여행에 대한 쥐의 위치 세포 발화 시퀀스는 원래와는 다르게 보인다. Lisa Roux et al. (2017), 'Sharp wave ripples during learning stabilize the hippocampal spatial map', *Nature Neuroscience* 20, pp. 845–53.

52 재생은 생후 3주가 지난 쥐에게서만 나타난다. 이는 그때까지 기억을 형성하지 않는다는 뜻이다. Usman Farooq and George Dragoi (2019), 'Emergence of preconfigured and plastic time-compressed sequences in early postnatal development', *Science* 363(6423), pp. 168–73.

53 H. Freyja Ólafsdóttir et al. (2015), 'Hippocampal place cells construct reward related sequences through unexplored space', eLife 2015;4:e06063.

54 H. Freyja Ólafsdóttir, Francis Carpenter and Caswell Barry (2017), 'Task demands predict a dynamic switch in the content of awake hippocampal replay', *Neuron* 96, pp. 1–11.

길 잃은 사피엔스를 위한 뇌과학

55 이러한 반응은 해마의 뒷부분에서 나타났다. 해마의 앞부분은 직선거리에 반응했다('유클리드' 거리라고 한다). 연구원들은 유클리드 거리와 경로에 따른 거리를 구별할 수 있었다. 왜냐하면 소호의 복잡한 배치는 이러한 두 측정치 사이에는 대개 상관관계가 거의 없다는 것을 뜻하기 때문이다. 해마의 앞부분과 뒷부분의 역할 차이에 대해서는 4장 주석 7번을 보라.

56 이러한 결과는 두 편의 논문에 발표되었다. Lorelei R. Howard et al. (2014), 'The hippocampus and entorhinal cortex encode the path and Euclidean distances to goals during navigation', *Current Biology* 24, pp. 1331–40; Amir-Homayoun Javadi et al. (2017), 'Hippocampal and prefrontal processing of network topology to simulate the future', *Nature Communications* 8, pp. 146–52.

휴고 스피어스 팀은 후속 연구에서, 낯선 환경에서 목적지까지 길을 찾아갈 때 해마가 가장 활발하게 활동한다는 사실을 발견했다. 대학 캠퍼스나 자신이 사는 동네 같은 지역에서 길 찾기는 해마보다는 주로 팽대후부 피질이 관여한다. 이는 해마는 특히 새로운 환경에서 경로를 계획하고 평가하는 데 적합하고, 장기 공간 기억은 팽대후부 피질 같은 뇌의 다른 부분에 저장된다는 의미이다. Eva Zita Patai et al. (2019), 'Hippocampal and retrosplenial goal distance coding after long-term consolidation of a real-world environment', *Cerebral Cortex* 29(6), pp. 2748–58.

여러 곳과 연결된 거리에서 뇌의 활동이 증가한다는 연구 결과는 45년 전 파리 택시 운전사에 관한 일련의 행동 연구에서 이미 다루어졌다. 프랑스의 심리학자 장 팰루는 수년 동안 택시 운전사가 도시를 학습하는 방법을 조사했다. 그는 여러 대로가 연결되어 있는 중심부를 심적 지도로 구축하여 그 지점을 더 먼 목적지로 가기 위한 출발점으로 삼아 길을 찾아가는 것이 가장 효과적인 방법이라는 사실을 알아냈다. 심리학과 신경과학 모두 도시에서 길을 찾을 때는 연결성이 비결이라는 것에 동의하는 것으로 보인다. Jean Pailhous, *La représentation de l'espace urbain* (Presses Universitaires de France, 1970).

57 이 연구에서는 '예측 재생'에 대한 단서를 찾지는 않았다. 실험 참가자들이 교차로에서 어느 길로 갈 것인지 알아내려고 할 때 해마는 활동이 거의 없었다. 스피어스는 이와 같은 문제해결 같은 유형은 뇌의 다른 부분, 즉 전전두엽과 관련이 있을 것으로 추정하고 있다.

58 Albert Tsao, May-Britt Moser and Edvard I. Moser (2013), 'Traces of experience in the lateral entorhinal cortex', *Current Biology* 23, pp. 399–405.

59 Jacob M. Olson, Kanyanat Tongprasearth, Douglas A. Nitz (2017), 'Subiculum neurons map the current axis of travel', *Nature Neuroscience* 20, pp. 170–2.

60 이들은 해마 영역보다는 팽대후부 피질에서 발견됐다. Pierre-Yves Jacob et al. (2017), 'An independent, landmark-dominated head-direction signal in dysgranular retrosplenial cortex', *Nature Neuroscience* 20, pp. 173–5. 뇌에서 발견된 다양한 유형의 머리방향 세포와 그 역할에 관해서는 다음을 보라. Paul Dudchenko, Emma Wood and Anna Smith (2019), 'A new perspective on the head direction cell system and spatial behavior', *Neuroscience and Biobehavioral Reviews* 105, pp. 24–33.

61 Ayelet Sarel et al. (2017), 'Vectorial representation of spatial goals in the hippocampus of bats', *Science* 355(6321), pp. 176–80.

62 Roddy M. Grieves and Kate J. Jeffery (2017), 'The representation of space in the brain', *Behavioral Processes* 135, pp. 113–31.

4장 공간이 정신에 미치는 영향

1 블레이크 로스의 에세이는 이곳에 공개되어 있다. https://www.facebook.com/notes/blake-ross/aphantasia-how-it-feels-to-be-blind-in-yourmind/10156834777480504/.

2 매과이어 팀은 이들 환자에 대한 연구를 바탕으로 수 편의 논문을 발표했다. 예를 들어 Sinéad L. Mullally, Helene Intraub and Eleanor A. Maguire (2012), 'Attenuated boundary extension produces a paradoxical memory advantage in amnesic patients', *Current Biology* 22, pp. 261–8; and Eleanor A. Maguire and Sinéad L. Mullally (2013), 'The hippocampus: a manifesto for change', *Journal of Experimental Psychology: General* 142(4), pp. 1180–9 등이 있다.

3 S. L. Mullally, H. Intraub, E. A. Maguire (2012), 'Attenuated boundary extension produces a paradoxical memory advantage in amnesic patients', *Current Biology* 22, pp. 261–8.

4 Cornelia McCormick et al. (2018), 'Mind-Wandering in People with Hippocampal Damage', *Journal of Neuroscience* 38(11), pp. 2745–54.

5 이와는 반대로, 해마가 아닌 복내측 전전두엽 피질에 손상이 있는 환자들은 반대

로 반응한다. 이들은 그러한 딜레마를 완전히 이성적인 관점에서 생각하여, 곧바로 한 사람을 희생하고 다섯 사람을 구한다. 이들은 의사결정에 감정적인 반응을 통합하지 못하기 때문에, 그들에게 중요한 것은 구할 수 있는 사람의 수이다. Cornelia McCormick et al. (2016), 'Hippocampal damage increases deontological responses during moral decision making', *Journal of Neuroscience* 36(48), pp. 12157–67.

6   Eleanor A. Maguire et al. (2000), 'Navigation-related structural change in the hippocampi of taxi drivers', *PNAS* 97(8), pp. 4398–403; Katherine Woollett and Eleanor A. Maguire (2011), 'Acquiring "the Knowledge" of London's layout drives structural brain changes', *Current Biology* 21, pp. 2109–14.

7   매과이어는 런던의 길을 속속들이 잘 아는 택시 운전사일지라도 테이블에 놓인 물체 기억하기 같은 특정 시각-공간 기억력은 평균 이하라는 사실을 발견했다. 이것은 훈련을 하면서 길 찾기 관련 지식이 증가하는 동안에는 해마의 뒷부분이 확장하지만, 해마의 앞부분은 갈수록 작아진다는 사실과 관계가 있을 수 있다. "실제로 이것은 일종의 부피의 재분배라고 할 수 있습니다." 매과이어가 말했다. "뇌에 공간이 무한대로 있는 것은 아니거든요." (택시 운전을 그만두고 나면, 두 곳 모두 정상 크기로 되돌아온다.) 해마의 앞부분과 뒷부분의 정확한 역할은 아직 명확하지 않다. 그중 한 가지 아이디어는 해마의 뒷부분은 미세한 구역을 상세하게 다루고, 앞부분은 물체와 위치 사이에 연관 관계를 포함한 공간 구조물을 넓고 전체적인 관점으로 다룬다는 것이다. 이러한 차이에 대한 추가적인 분석은 다음을 보라. L. Nadel, S. Hoscheidt and L. R. Ryan (2013), 'Spatial cognition and the hippocampus: the anterior– posterior axis', *Journal of Cognitive Neuroscience* 25, pp. 22–8; Katherine Woollett and Eleanor Maguire (2009), 'Navigational expertise may compromise anterograde associative memory', *Neuropsychologia* 47, pp. 1088–95; and Iva K. Brunec et al. (2019), 'Cognitive mapping style relates to posterior-anterior hippocampal volume ratio', *Hippocampus* (E-publication) DOI: 10.1002/hipo.23072.

8   Katherine Woollett, Janice Glensman, and Eleanor A. Maguire (2008), 'Non-spatial expertise and hippocampal gray matter volume in humans', *Hippocampus* 18, pp. 981–4.

9   Eleanor A. Maguire et al. (2003), 'Routes to remembering: the brains behind superior memory', *Nature Neuroscience* 6(1), pp. 90–5.

10   Keith H. Basso (1988), 'Speaking with Names: Language and landscape among the Western Apache', *Cultural Anthropology* 3(2), pp. 99–130.

11   D. R. Godden and A. D. Baddeley (1975), 'Context-dependent memory in two natural environments: on land and underwater', *British Journal of Psychology* 66(3), pp. 325–31.

12   Martin Dresler et al. (2017), 'Mnemonic training reshapes brain networks to support superior memory', *Neuron* 93, pp. 1227–35.

13   Joshua Foer, *Moonwalking with Einstein: The art and science of remembering everything* (Penguin, 2011).

14   In Howard Eichenbaum and Neal J. Cohen (2014), 'Can we reconcile the declarative memory and spatial navigation views on hippocampal function?', *Neuron* 83, pp. 764–70.

15   In '"Viewpoints: how the hippocampus contributes to memory, navigation and cognition", a Q&A with Howard Eichenbaum and others', *Nature Neuroscience* 20, pp. 1434–47.

16   Howard Eichenbaum (2017), 'The role of the hippocampus in navigation is memory', *Journal of Neurophysiology* 117(4), pp. 1785–96.

17   György Buzsáki and Edvard I. Moser explore this idea further in György Buzsáki and Edvard Moser (2013), 'Memory, navigation and theta rhythm in the hippocampal-entorhinal system', *Nature Neuroscience* 16(2), pp. 130–8.

18   Aidan J. Horner et al. (2016), 'The role of spatial boundaries in shaping long-term event representations', *Cognition* 154, pp. 151–64.

19   Gabriel A. Radvansky, Sabine A. Krawietz and Andrea K. Tamplin (2011), 'Walking through doorways causes forgetting: further explorations', *Quarterly Journal of Experimental Psychology* 64 (8), pp. 1632–45.

20   2013년 미국인과 독일인으로 구성된 연구팀은 어느 간질 환자 집단이 가상의 마을에서 길을 찾아다닐 때 위치 세포의 활동을 모니터했는데, 인지 지도에 관한 몇 가지 단서를 발견했다(이것이 가능했던 이유는 환자들의 두개골 안에 발작이 나타날 때 통제할 수 있는 전극이 이식되어 있었기 때문이다). 환자들이 맡은 역할은 물건을 상점으로 전달하는 배달부였는데, 마지막에는 그들이 배달한 물건을 말해야 했다. 연구원들은 각각의 물건에 대해 배달 상태일 때 활성화되는 위치 세포 패턴은 이름

을 기억하는 기억력 과제와 매우 유사해 보인다는 사실을 발견했다. 그들은 각각의 물건에 대한 기억이 공간에 얽힌 전후 사정과 뉴런 수준에서 관계가 있다는 것을 보여준다고 주장했다. Jonathan F. Miller et al. (2013), 'Neural activity in human hippocampal formation reveals the spatial context of retrieved memories', *Science* 342(6162), pp. 1111–14.

21 Aidan J. Horner et al. (2016), 'Grid-like processing of imagined navigation', *Current Biology* 26, pp. 842–7.

22 Alexandra O. Constantinescu, Jill x. O'Reilly, Timothy E. J. Behrens (2016), 'Organizing conceptual knowledge in humans with a gridlike code', *Science* 352(6292), pp. 1464–8.

23 이런 결과는 인간의 뇌가 공간 문제는 물론이고 비공간 문제를 해결하기 위해 인지 지도를 이용한다는 단서를 축적하는 과정의 일부이다. 2018년 베를린의 인간 개발을 위한 막스 플랑크 연구소의 니콜라스 슈크는 의사결정 과제에 참여하고 있는 인간의 해마에서 뉴런의 활동 패턴을 관찰했다. 휴식을 취하자 패턴이 다시 활성화되었다(인간이 의사결정을 개선하기 위해서 '예측 재생'을 이용할지도 모른다는 첫 번째 단서이다). Nicolas W. Schuck and Yael Niv (2019), 'Sequential replay of non-spatial task states in the human hippocampus', *Science* 364(6447), eaaw5181. 뇌가 인지 지도를 이용하여 지식을 체계화하는 방법을 자세히 알고 싶다면, Timothy Behrens et al. (2018), 'What is a cognitive map? Organising knowledge for flexible behaviour', Neuron 100(2), pp. 490–509; 또한 Stephanie Theves, Guillen Fernandez, Christian F. Doeller (2019), 'The hippocampus encodes distances in multidimensional feature space', *Current Biology* 29, pp. 1–6을 보라.

24 인간을 비롯한 포유동물은 뇌의 양쪽에 해마가 하나씩 있다.

25 존 오키프는 언어에 대한 자신의 이론에 대해 *The Hippocampus as a Cognitive Map*, written with Lynn Nadel (OUP, 1978), pp. 391–410; and later in 'Vector Grammar, Places, and the Functional Role of the Spatial Prepositions in English', a chapter in Emile van der Zee and Jon Slack, eds, *Representing Direction in Language and Space* (OUP, 2003)에서 논하고 있다.

26 Nikola Vukovic and Yury Shtyrov (2017), 'Cortical networks for reference-frame processing are shared by language and spatial navigation systems', *NeuroImage* 161, pp. 120–33.

27 공간과 언어의 결합, 그리고 공간적인 개념과 비공간적인 개념의 결합은 뇌의 다른 영역에서도 일어나는 것처럼 보인다. 엘리너 매과이어 연구팀은 팽대후부 피질이 우리가 영구적인 랜드마크를 알아보고, 일관적이고, 지속적인 행동 같은 영구적인 특징을 설명하는 문장에 반응하는 데 도움을 준다는 사실을 발견했다. Stephen D. Auger and Eleanor A. Maguire (2018), 'Retrosplenial cortex indexes stability beyond the spatial domain', *Journal of Neuroscience* 38(6), pp. 1472–81을 보라.

28 David B. Omer et al. (2018), 'Social place-cells in the bat hippocampus', *Science* 359(6372), pp. 218–24; Teruko Danjo, Taro Toyoizumi and Shigeyoshi Fujisawa (2018), 'Spatial representations of self and other in the hippocampus', *Science* 359(6372), pp. 213–8.

29 Rita Morais Tavares et al. (2015), 'A Map for Social Navigation in the Human Brain', *Neuron* 8, pp. 231–43. fMRI는 혈류만 측정할 수 있기 때문에, 개별 뉴런의 수준에서 무슨 일이 벌어지고 있는지 말할 수는 없다. 이를테면 위치 세포가 심리적인 거리를 암호화하고 있는지 여부 같은.

30 Dennis Kerkman et al. (2004), 'Social attitudes predict biases in geographic knowledge', *Professional Geographer* 56(2), pp. 258–69.

31 Daphne Merkin, *This Close to Happy: A Reckoning with Depression* (Farrar, Straus and Giroux, 2017), p. 112.

32 William Styron, *Darkness Visible: A memoir of madness* (Random House, 1990), p. 46.

33 번역본은 Seamus Heaney, in Daniel Halpern, ed., *Dante's Inferno: Translations by 20 Contemporary Poets* (Ecco Press, 1993).

34 연구원들은 공간 인지와 관련이 있는 뇌의 다른 영역, 즉 두정엽 피질이나 특히 전전두엽 피질 같은 곳도 해마와 마찬가지로 스트레스에 영향을 받을 수 있다고 지적한다. Ford Burles et al. (2014), 'Neuroticism and self-evaluation measures are related to the ability to form cognitive maps critical for spatial orientation', *Behavioural Brain Research* 271, pp. 154–9.

35 e Jessica K. Miller et al. (2017), 'Impairment in active navigation from trauma and Post-Traumatic Stress Disorder', *Neurobiology of Learning and Memory* 140, pp. 114–23을 참고하라. 트라우마나 부정적인 사건이 어떻게 기억의 분열을 유발하는지 더 자세하게 알고 싶다면 다음을 보라. J. A. Bisby et al. (2017), 'Negative emotional content

disrupts the coherence of episodic memories', *Journal of Experimental Psychology: General* 147(2), pp. 243–56.

36 영국에서 실종자에 관한 가장 종합적인 통계 데이터는 노섬벌랜드 애싱턴에 있는 수색구조센터(www.searchresearch.org.uk)가 수집하고 있다. 최근 통계는 *The UK Missing Person Behaviour Study* (CSR, 2011)에 실려 있다. 미국을 비롯한 국제적인 통계는 Robert J. Koester, ed., *Lost Person Behavior* (dbS Productions, 2008) 과 Robert J. Koester, *Endangered and Vulnerable Adults and Children* (dbS Productions, 2016)에 제시된 국제 수색 및 구조 사건 데이터베이스에서 수집한다.

37 *The UK Missing Person Behaviour Study* (CSR, 2011).

38 Lisa Guenther, *Solitary Confinement: Social death and its afterlives* (University of Minnesota Press, 2013), p. xi.

39 From the prologue to Jean Casella, James Ridgeway, Sarah Shourd, eds, *Hell is a Very Small Place: Voices from solitary confinement* (The New Press, 2016), p. viii.

40 Guenther (2013), p. 165.

41 수치는 Solitary Watch (www.solitarywatch.com) 제공.

42 https://www.un.org/apps/news/story.asp?NewsID=40097을 보라.

43 Susie Neilson, 'How to survive solitary confinement: an ex-convict on how to set your mind free', *Nautilus*, 28 January 2016; available at http://nautil.us/issue/32/space/how-to-survive-solitary-confinement.

44 Bodleian Libraries, University of Oxford, and British Library maps collection.

45 Arthur W. Frank, *The Wounded Storyteller* (University of Chicago Press, 1995), p. 53.

46 Azadeh Jamalian, Valeria Giardino and Barbara Tversky (2013), 'Gestures for thinking', *Proceedings of the Annual Meeting of the Cognitive Science Society* 35, pp. 645–50.

47 2016년 5월 27일 시카고에서 열린 심리과학협회 연례회의에서 인용.

48 Burles et al., 2014, and in emails to author.

49 유니버시티 칼리지 런던의 정신건강 전문가와 영국의 맥핀 재단은 사회적인 소통을 활발하게 하여 우울증과 불안에 시달리는 사람들의 고독 문제를 해결하려는 공동체 길잡이 프로그램을 시작했다. http://www.ucl.ac.uk/psychiatry/research/epidemiology/community-navigator-study.

50   John T. Cacioppo, James H. Fowler, Nicholas A. Christakis (2009), 'Alone in the crowd: the structure and spread of loneliness in a large social network', *Journal of Personality and Social Psychology* 97(6), pp. 977–91.

5장 낯선 곳에서 길을 찾는 몇 가지 전략

1   Giuseppe Iaria et al. (2003), 'Cognitive strategies dependent on the hippocampus and caudate nucleus in human navigation: variability and change with practice', *Journal of Neuroscience* 23(13), pp. 5945–52.

2   예를 들어 Joost Wegman et al. (2013), 'Gray and white matter correlates of navigational abilities in humans', *Human Brain Mapping* 35(6), pp. 2561–72를 보라. 또한 Katherine R. Sherrill et al. (2018), 'Structural differences in hippocampal and entorhinal gray matter volume support individual differences in first person navigational ability', *Neuroscience* 380, pp. 123–31도 보라. 반대 의견으로는 Steven M. Weisberg, Nora S. Newcombe and Anjan Chatterjee (2019), 'Everyday taxi drivers: Do better navigators have larger hippocampi?', *Cortex* 115, pp. 280–93을 보라.

3   Kyoko Konishi et al. (2016), 'APOE2 is associated with spatial navigational strategies and increased gray matter in the hippocampus', *Frontiers in Human Neuroscience* 10, article 349.

4   보봇 연구팀은 정상적인 노화 과정에서 공간 탐색 전략을 사용하면 인지 능력 쇠퇴를 일부 막아준다는 단서를 발견했다. Kyoko Konishi et al. (2017), 'Hippocampus-dependent spatial learning is associated with higher global cognition among healthy older adults', *Neuropsychologia* 106, pp. 310–21.

5   해마에 상처를 입은 비둘기는 대륙을 횡단할 수 있지만, 집이 어디에 있는지 찾지 못한다. 공간 기억 체계에 생긴 손상 때문에 길을 나설 때 사는 곳 주변에 대한 인지 지도를 형성하지 못했기 때문이다.

6   Veronique D. Bohbot et al. (2012), 'Virtual navigation strategies from childhood to senescence: evidence for changes across the life span', *Frontiers in Aging Neuroscience* 4, article 28.

7   사막개미의 경로 통합경로적분에 관한 다수의 연구가 행동생물학자 루디거 베

너에 의해 수행되었다. E.g. see Martin Muller and Rudiger Wehner (1988), 'Path integration in desert ants, Cataglyphis fortis', *PNAS* 85, pp. 5287–90.

8 Colin Ellard, *Where Am I? Why we can find our way to the moon but get lost in the mall* (HarperCollins, 2009), p. 75. 인간을 비롯한 다른 동물의 경로 통합경로적분에 관하여 더 알고 싶다면 Ariane S. Etienne and Kathryn J. Jeffery (2004), 'Path integration in mammals', *Hippocampus* 14, pp. 180–92를 보라.

9 2015년 내슈빌에 있는 밴더빌트 대학교의 티모시 맥나마라는 정교한 가상현실을 이용하여 경로 통합경로적분에 대한 격자 세포의 중요성을 보여주었다. 그는 일단의 자원봉사자에게 전형적인 경로 통합경로적분 임무를 배정했다. 자원봉사자들은 각진 경로를 따라 사각형 울타리를 가로질러 멀리 있는 랜드마크까지 간 다음, 기억에만 의지하여 직선 경로를 따라 출발점으로 어둠을 뚫고 돌아와야 했다. 하지만 반전이 있었다. 연습을 몇 번 한 뒤에 맥나마라는 그들이 가는 여정의 축을 따라 길게 늘여서 사각형을 직사각형으로 만들었다(가상현실에서만 할 수 있다). 이번에 그들이 경로 통합경로적분을 하면서 출발점으로 돌아왔을 때 참가자들은 목표점에 도착하기 전에 멈추었다. 맥나마라가 방을 늘이는 대신 축소하자, 그들은 목표점을 지나쳐 갔다. 왜일까? 맥나마라의 가설은 여행을 나가는 길에 격자 세포의 발화 패턴이 울타리의 변형과 함께 늘어나거나 줄어든다는 것이다(3장에서 우리는 설치류의 격자 세포의 기발한 행동을 조사했던 것을 기억할지 모르겠다). 하지만 돌아오는 길에 '격자는 어둠 속에서 정상적인 간격으로 되돌아와 있다. 왜곡된 격자를 유지할 만한 시각 입력이 없기 때문이다.' 이 실험은 경로 통합경로적분이 거리를 예측하기 위한 격자 세포에 달려 있다는 사실을 보여주는 깔끔한 방법이다(격자 세포가 인간에게도 존재한다고 가정한다면 말이다).

참고: xiaoli Chen et al. (2015), 'Bias in human path integration is predicted by properties of grid cells', *Current Biology* 25, pp. 1771–6.

10 자동운동과 공간 인지가 경로적분에 기여한 방법에 관한 세부 사항에 대해 더 알고 싶다면, Talfan Evans et al. (2016), 'How environment and self-motion combine in neural representations of space', *Journal of Physiology* 594.22, pp. 6535–46을 보라.

11 니컬러스 기우디스의 연구에 대해 더 알고 싶다면 그의 연구실 홈페이지를 보라. https://umaine.edu/vemi.

12 '기능적 동등함'으로 알려진 이 가설에 대해 더 알고 싶다면, J. M. Loomis, R. L.

Klatzky and N. A. Giudice (2013), 'Representing 3D space in working memory: spatial images from vision, hearing, touch, and language', in S. Lacey, R. Lawson, eds, *Multisensory Imagery* (Springer, 2013)를 보라.

13   이러한 사례는 N. A. Giudice (2018), 'Navigating without vision: principles of blind spatial cognition', in D. R. Montello, ed., *Handbook of Behavioral and Cognitive Geography* (Edward Elgar, 2018), chapter 15에서 볼 수 있다.

14   Thomas Wolbers et al. (2011), 'Modality-independent coding of spatial layout in the human brain', *Current Biology* 21, pp. 984–9.

15   이 연구 결과는 지팡이를 이용하여 길을 찾는 선천적 시각장애인을 대상으로 하는 최신 연구에서 나온 것이다. Zahra Aghajan et al. (2017), 'Theta oscillations in the human medial temporal lobe during real-world ambulatory movement', *Current Biology* 27, pp. 3743–51.

16   키시의 단체, '시각 장애인을 위한 세상접속World Access for the Blind'에서는 전 세계 수백 명의 시각장애 어린이에게 반향위치측정법을 가르쳐주었다. https://waftb.org

17   자동으로 움직이고 물체를 피할 수 있는 차량을 가능하게 한 기술은 보이지 않는 환경에 대한 정보를 제공하여 언젠가 시각보다 훨씬 효과적이고 정교한 음향위치 장치를 만들어낼 것이다. https://elifesciences.org/ articles/37841을 보라.

18   https://www.ted.com/talks/daniel_kish_how_i_use_ sonar_to_navigate_the_world에서 볼 수 있다.

19   M. R. Ekkel, R. van Lier and B. Steenbergen (2017), 'Learning to echolocate in sighted people: a correlational study on attention, working memory and spatial abilities', *Experimental Brain Research* 235, pp. 809–18.

20   기우디스는 눈이 보이지 않거나 시력이 아주 약한 아이들이 발달이 더딘 이유는 시각장애보다는 지나치게 감싸고 가둬두기 때문에 탐험할 기회가 없기 때문이라고 주장했다.

21   Stephanie A. Gagnon et al. (2014), 'Stepping into a map: initial heading direction influences spatial memory flexibility', *Cognitive Science* 38, pp. 275–302; Julia Frankenstein et al. (2012), 'Is the map in our head orientated north?', *Psychological Science* 23(2), pp. 120–5.
다양한 연구에서 환경의 구조(다양한 특징이 얼마나 서로에게 맞춰져 있는가)와 환경

길 잃은 사피엔스를 위한 뇌과학

을 탐사하는 방법(예를 들어 중심축에 나란히 걸어가는지, 비스듬히 각도를 두고 걸어가는지)이 우리가 그 환경을 기억하는 데 큰 영향을 미칠 수 있음이 밝혀졌다. Timothy P. McNamara, Bjorn Rump and Steffen Werner (2003), 'Egocentric and geocentric frames of reference in memory of large-scale space', *Psychonomic Bulletin and Review* 10(3), pp. 589–95; and Weimin Mou and Timothy P. McNamara (2002), 'Intrinsic frames of reference in spatial memory', *Journal of Experimental Psychology: Learning, Memory, and Cognition* 28(1), pp. 162–70을 보라.

22 여기에서 말하고 있는 것은 자북극磁北極, Magnetic North Pole이다. 자북극은 자기장이 지구 표면을 통과하여 수직 하강하는 지점을 말한다. 자북극은 매년 수 킬로미터씩 이동하며, 현재는 캐나다 북부에 있는 앨즈미어섬Ellesmere Island에 있다. 이곳은 지구의 표면과 지구의 자전축과 일치하는 지점인 진북true north의 수백 킬로미터 남쪽에 있다. 진북에 서 있으면(혹은 떠 있으면) 나침반은 앨즈미어섬이(혹은 우연히 자북극이 된 어떤 지점) 있는 방향을 가리킬 것이다.

23 노스센스는 사이보그 네스트Cyborg Nest사에서 설계했다. https://cyborgnest.net.

24 런던의 길 찾기 체계에 책임을 지고 있는 런던교통은 지도판을 북쪽이 아닌 정면을 위로 가게 해서, 지도를 바라보는 방향을 지도가 나타내게 함으로써 문제를 해결했다.

25 이러한 인지 왜곡에 대해 자세히 알고 싶다면, Barbara Tversky (1992), 'Distortions in cognitive maps', *Geoforum* 23(2), pp. 131–8을 보라.

26 D. C. D. Pocock (1976), 'Some characteristics of mental maps: an empirical study', *Transactions of the Institute of British Geographers* 1 (4), pp. 493–512.

27 Daniel W. Phillips and Daniel R. Montello (2015), 'Relating local to global spatial knowledge: heuristic influence of local features on direction estimates', *Journal of Geography* 114, pp. 3–14.

6장 여자의 길 찾기, 남자의 길 찾기

1 Toru Ishikawa and Daniel R. Montello (2006), 'Spatial knowledge acquisition from direct experience in the environment: individual differences in the development of metric knowledge and the integration of separately learned places', *Cognitive Psychology*

52, pp. 93–129; and Victor R. Schinazi et al. (2013), 'Hippocampal size predicts rapid learning of a cognitive map in humans', *Hippocampus* 23, pp. 515–28을 보라.

2 지도 읽기와 관련된 인지 능력에 관해 더 알고 싶다면 Amy K. Lobben (2007), 'Navigational map reading: predicting performance and identifying relative influence of map-related abilities', Annals of the Association of American *Geographers* 97(1), pp. 64–85를 보라.

3 상상으로 회전시키기, 종이접기, 2차원 다이어그램을 보고 3차원 형태 스케치하는 능력 같은 특정 소규모 공간 관련 능력은 밀접하게 연관되어 있다(다 잘하거나 다 못할 가능성이 크다. 동일한 유전자 집합과 연관되어 있다는 것이 여러 이유 중 하나이다.). 실제로 소규모의 공간 관련 능력은 유전되는 경우가 많은 것으로 알려져 있다. Kaili Rimfeld et al. (2017), 'Phenotypic and genetic evidence for a unifactorial structure of spatial abilities', *PNAS* 114(10), pp. 2777–82.

4 Russell A. Epstein, J. Stephen Higgins and Sharon L. Thompson-Schill (2005), 'Learning places from views: variation in scene processing as a function of experience and navigational ability', *Journal of Cognitive Neuroscience* 17(1), pp. 73–83. 요크 대학교의 톰 하틀리는 컴퓨터를 통하여 만들어낸 네 개의 산이 있는 풍경을 이용하여 다양한 시각에서 장면들을 인지하는 능력을 측정하는 테스트를 개발했다. 이 테스트에서 좋은 점수를 받은 사람들은 공간적(자기중심적이 아닌) 접근법을 사용하는 경우가 많고, 대부분 해마의 크기가 평균 이상이었다. Tom Hartley and Rachel Harlow (2012), 'An association between human hippocampal volume and topographical memory in healthy young adults', *Frontiers in Human Neuroscience* 6, article 338. 또한 Mary Hegarty et al. (2006), 'Spatial abilities at different scales: Individual differences in aptitude-test performance and spatiallayout learning', *Intelligence* 34, pp. 151–76; and Alina Nazareth et al. (2018), 'Charting the development of cognitive mapping', *Journal of Experimental Child Psychology* 170, pp. 86–106을 보라.

5 Steven M. Weisberg and Nora S. Newcombe (2015), 'How do (some) people make a cognitive map? Routes, places, and working memory', *Journal of Experimental Psychology: Learning, Memory, and Cognition* 42(5), 768–85; Wen Wen, Toru Ishikawa and Takao Sato (2013), 'Individual differences in the encoding processes of egocentric and allocentric survey knowledge', *Cognitive Science* 37, pp. 176–92를 보라.

6 Schinazi et al. (2013). 또한 5장의 주석 2를 보라.

7 Maddalena Boccia et al. (2017), 'Restructuring the navigational field: individual predisposition towards field independence predicts preferred navigational strategy', *Experimental Brain Research* 235(6), pp. 1741–8.

8 필라델피아에 있는 템플 대학교의 연구원들이 발표한 최근 연구에 따르면, 대규모 공간 능력 또한 이공계에서 성공하는 데 중요하다. Alina Nazareth et al. (2019), 'Beyond small-scale spatial skills: navigation skills and geoscience education', *Cognitive Research* 4:17.

9 조기 공간 능력 개발과 인지 능력 사이의 연결 지점에 관해 더 알고 싶다면, 다음을 보라. Gudrun Schwarzer, Claudia Freitag and Nina Schum (2013), 'How crawling and manual object exploration are related to the mental rotation abilities of 9-month-old infants', *Frontiers in Psychology* 4, article 97; Jillian E. Lauer and Stella F. Laurenco (2016), 'Spatial processing in infancy predicts both spatial and mathematical aptitude in childhood', *Psychological Science* 27(10), pp. 1291–8; and Brian N. Verdine et al. (2017), 'Links between spatial and mathematical skills across the preschool years', *Monographs of the Society for Research in Child Development* 82(1): serial number 124.

10 공간 능력에 관한 액션 비디오와 비액션 비디오 게임 모두 긍정적인 영향을 미친다는 단서에 관해 알고 싶다면, 다음을 보라. Elena Novak and Janet Tassell (2015), 'Using video game play to improve education-majors' mathematical performance: An experimental study', *Computers in Human Behavior* 53, pp. 124–30.

11 어떻게 하면 부모와 교사가 아이들에게 공간적으로 사고하도록 도와줄 수 있을지에 대한 견해를 보고 싶다면, 다음을 보라. Nora S. Newcombe (2016), 'Thinking spatially in the science classroom', *Current Opinion in Behavioral Sciences* 10, pp. 1–6; and Gwen Dewar, '10 tips for improving spatial skills in children and teens', in *Parenting Science*: http://www.parentingscience.com/ spatial-skills.html.

12 Nora S. Newcombe and Andrea Frick (2010), 'Early education for spatial intelligence: why, what, and how', *Mind, Brain, and Education* 4(3), pp. 102–11.

13 David M. Condon et al. (2015), 'Sense of direction: general factor saturation and associations with the Big-Five traits', *Personality and Individual Differences* 86, pp. 38–43. For more on the relationship between anxiety, sense of direction and

navigation ability see work by Meredith Minear at the University of Wyoming: www.
minearlab.com.

14   Mathew A. Harris et al. (2016), 'Personality stability from age 14 to age 77 years',
Psychology and Aging 31(8), pp. 862–74.

15   이 프로젝트는 도이치 텔레콤Deutsche Telekom이 후원하고 글리처스Glitchers가 설계했
다. 영국 알츠하이머병 연구, 유니버시티 칼리지 런던, 사치 앤 사치Saatchi and Saatchi
등이 파트너로 참여했다. 〈바다 영웅의 모험〉 앱은 앱스토어와 구글플레이에서 다
운로드할 수 있다. 혹은 www.seaheroquest.com을 방문하라.

16   연구원들은 〈바다 영웅의 모험〉이 알츠하이머병에 대한 유전 경향이 있는 사람들
을 파악하게 해줄 수 있다는 사실을 보여주었다. G. Coughlan et al. (2019), 'Toward
personalized cognitive diagnostics of at-genetic-risk Alzheimer's disease', *PNAS*
116(19), pp. 9285–92.

17   2017년에는 더 몰입감 있는 〈바다 영웅의 모험〉의 가상현실 버전을 출시했다. 가
상현실 버전은 게임을 하는 사람이 움직여야 하기 때문에 전정계와 몸을 이용하게
된다.

18   A. Coutrot et al. (2019), 'Virtual navigation tested on a mobile app is predictive of
real-world wayfinding navigation performance', *PloS* ONE 14(3): e0213272.

19   A. Coutrot et al. (2018), 'Global determinants of navigation ability', *Current Biology*
28(17), pp. 2861–6. 연구원들은 게임을 하는 사람들의 경험치가 게임 성적에 영향
을 미칠 수도 있다는 사실을 설명했고, 게임 초기 단계(길 찾기 능력이 필요 없을 때)
에서 이를 테스트하여 결과에 반영했다.

20   Coutrot et al. (2018): Supplemental information.

21   Coutrot et al. (2018); G. Coughlan et al. (2018), 'Impact of sex and APOE status on
spatial navigation in pre-symptomatic Alzheimer's disease', BioRxiv preprint: http://
dx.doi.org/10.1101/287722.

22   Daniel Voyer, Susan Voyer and M. P. Bryden (1995), 'Magnitude of sex differences in
spatial abilities: a meta-analysis and consideration of critical variables', *Psychological
Bulletin* 117(2), pp. 250–70을 보라. 상상 속에서 물체 회전시키기는 공간 작업 기억
이 주도하는데, 공간 관련 정보를 유용할 때에 대비하여 간직하는 능력을 말해준다.
공간 작업 기억에 관한 연구에서도 남성이 유리하다는 사실을 보여주었다. Daniel

Voyer, Susan D. Voyer and Jean Saint-Aubin (2017), 'Sex differences in visual-spatial working memory: A meta-analysis', *Psychonomic Bulletin and Review* 24, pp. 307–34.

23 인간의 길 찾기에서 나타나는 성차에 대한 심층 분석이 필요한 사람은 Alina Nazareth et al. (2019), 'A meta-analysis of sex differences in human navigation skills', *Psychonomic Bulletin and Review*, https://doi. org/10.3758/s13423-019-01633-6을 보라.

24 Miller et al. (2013), and M. H. Matthews, *Making Sense of Place: Children's understanding of large-scale environments* (Harvester Wheatsheaf, 1992).

25 뇌 영상 연구는 장기 기억에서 공간 정보를 검색할 때 남성이 여성보다 뇌의 많은 영역과 관계가 있다는 것을 보여주었다. 이는 남성이 여성과 똑같은 수준의 성과를 얻으려면 뇌를 혹사해야 한다는 것을 뜻한다. D. Spets, B. Jeye and S. Slotnick (2017), 'Widely different patterns of cortical activity in females and males during spatial long-term memory', Poster presentation at the Society for Neuroscience annual meeting, Washington DC, 11–15 November 2017.
여성이 객체 검색을 더 잘하는 것은 물론이고, 안면 기억처럼 특정한 기억력도 남성보다 좋은 경우가 많다. 또한 여러 가지 언어 추리도 잘 해낸다. 시험한 모든 나라에서 여성의 읽기 시험 성적이 남성보다 뛰어났다.

26 쌍둥이 1367쌍을 대상으로 한 최근 영국의 연구는 전체적인 공간 능력에서 개인 차가 생기는 여러 가지 원인 중에서 성차가 차지하는 비율이 약 6퍼센트라는 것을 보여주었다. Kaili Rimfeld et al. (2017), 'Phenotypic and genetic evidence for a unifactorial structure of spatial abilities', *PNAS* 114(10), pp. 2777–82.

27 E.g. Irwin Silverman et al. (2000), 'Evolved mechanisms underlying wayfinding: further studies on the hunter-gatherer theory of spatial sex differences', *Evolution and Human Behavior* 21(3), pp. 201–13.

28 이에 관한 논의는 다음을 보라. Edward K. Clint et al. (2012), 'Male superiority in spatial navigation: adaptation or side effect?', *Quarterly Review of Biology* 87(4), pp. 289–313.

29 Layne Vashro and Elizabeth Cashdan (2015), 'Spatial cognition, mobility, and reproductive success in northwestern Namibia', *Evolution and Human Behavior* 36(2), pp. 123–9.

30 Megan Biesele and Steve Barclay (2001), 'Ju/'hoan women's tracking knowledge and

its contribution to their husbands' hunting success', *African Study Monographs*, Suppl. 26, pp. 67–84.

31   Charles E. Hilton and Russell D. Greaves (2008), 'Seasonality and sex differences in travel distance and resource transport in Venezuelan foragers', *Current Anthropology* 49(1), pp. 144–53.

32   Benjamin C. Trumble et al. (2016), 'No sex or age difference in deadreckoning ability among Tsimane forager-horticulturalists', *Human Nature* 27, pp. 51–67.

33   단서를 보고 싶다면, 다음을 보라. Robert Jarvenpa and Hetty Jo Brumback, eds, *Circumpolar Lives and Livelihood: A comparative ethnoarchaeology of gender and subsistence* (University of Nebraska Press 2006).

34   Haneul Jang et al. (2019), 'Sun, age and test location affect spatial orientation in human foragers in rainforest', *Proceedings of the Royal Society B* 286 (1907), https://doi.org/3.1098/rspb.019.0934.

35   Clint et al. (2012).

36   Carl W. S. Pintzka et al. (2018), 'Changes in spatial cognition and brain activity after a single dose of testosterone in healthy women', *Behavioral Brain Research* 298(B), pp. 78–90.

37   Andrea Scheuringer and Belinda Pletzer (2017), 'Sex differences and menstrual cycle dependent changes in cognitive strategies during spatial navigation and verbal fluency', *Frontiers in Psychology* 8, article 381; and Dema Hussain et al. (2016), 'Modulation of spatial and response strategies by phase of the menstrual cycle in women tested in a virtual navigation task', *Psychoneuroendocrinology* 70, pp. 108–17.

38   태아의 테스토스테론과 인지 능력 사이의 연관성에 관한 논의를 상세히 보고 싶다면 다음을 보라. Cordelia Fine, *Delusions of Gender: The real science behind sex differences* (Icon, 2010), chapter 10.

39   예를 들어 다음을 보라. Alexander P. Boone, xinyi Gong and Mary Hegarty (2018), 'Sex differences in navigation strategy and efficiency', *Memory & Cognition* 46(6), pp. 909–22.

40   다음을 보라. Nicolas E. Andersen et al. (2012), 'Eye tracking, strategies, and sex differences in virtual navigation', *Neurobiology of Learning and Memory* 97, pp. 81–9.

길 잃은 사피엔스를 위한 뇌과학

41   Trumble et al. (2016).

42   In Margaret R. Tarampi, Nahal Heydari and Mary Hegarty (2016), 'A tale of two types of perspective taking: sex differences in spatial ability', *Psychological Science* 27(11), pp. 1507–16.

43   Nazareth et al. (2019), 'A meta-analysis of sex differences in human navigation skills'.

44   최근의 연구들에서는 생후 6개월과 여덟 살 사이에 여자아이와 남자아이의 수학과 수리 추론의 평균은 다르지 않다는 사실을 보여주었다. 다음을 보라. Alyssa Kersey et al. (2019), 'No intrinsic gender differences in children's earliest numerical abilities', *npj Science of Learning* 3, p. 12.

45   Luigi Guiso et al. (2008), 'Culture, gender, and math', *Science* 320(5880), pp. 1164–5.

46   In Nicole M. Else-Quest, Janet Shibley Hyde and Marcia C. Linn (2010), 'Cross-national patterns of gender differences in mathematics: a metaanalysis', *Psychological Bulletin* 136(1), pp. 103–27.

47   세계경제포럼의 성차 지표는 교육, 건강, 정치, 경제 등의 분야에서 성평등이 진행된 정도에 따라 순위를 매긴다.

48   John W. Berry (1966), 'Temne and Eskimo perceptual skills', *International Journal of Psychology* 1(3), pp. 207–29.

49   Moshe Hoffman, Uri Gneezy and John A. List (2011), 'Nurture affects gender differences in spatial abilities', *PNAS* 108(36), pp. 14786–8.

50   M. H. Matthews (1987), 'Gender, home range and environmental cognition', *Transactions of the Institute of British Geographers* 12(1), pp. 43–56.

51   Mariah G. Schug (2016), 'Geographical cues and developmental exposure: navigational style, wayfinding anxiety, and childhood experience in the Faroe islands', *Human Nature* 27, pp. 68–81.

52   Carol A. Lawton and Janos Kallai (2002), 'Gender differences in wayfinding strategies and anxiety about wayfinding: a cross-cultural comparison', *Sex Roles* 47(9/10), pp. 389–401.

53   Tim Althoff et al. (2017), 'Large-scale physical activity data reveal worldwide activity inequality', *Nature* 547, pp. 336–9. 실험 연구를 통해 새로운 환경을 탐사할 때 여성이 남성보다 훨씬 적게 돌아다닌다는 사실을 발견했다. Kyle T. Gagnon et al. (2018),

'Not all those who wander are lost: Spatial exploration patterns and their relationship to gender and spatial memory', *Cognition* 180, pp. 108–17.

54 A. Coutrot et al. (2018), 'Global determinants of navigation ability', *Current Biology* 28(17), pp. 2861–6.

55 인류학자 아리안 버크는 스코틀랜드에서 6일 동안 열리는 오리엔티어링 축제를 조사하면서 이것을 실증적으로 보여주었다. Ariane Burke, Anne Kandler and David Good (2012), 'Women who know their place: sex-based differences in spatial abilities and their evolutionary significance', *Human Nature* 23, pp. 133–48.

56 Christian F. Doeller, Caswell Barry and Neil Burgess (2010), 'Evidence for grid cells in a human memory network', *Nature* 463, pp. 657–61.

57 고마워요, 라이자 레드클리프Laisa Radcliffe.

7장 위대한 탐험가의 길

1 Wiley Post and Harold Gatty, *Around the World in Eight Days: The flight of the Winnie Mae* (Rand McNally, 1931), p. 109.

2 Bruce Brown, *Gatty: Prince of Navigators* (Libra, 1997), p. 30.

3 *Around the World in Eight Days*, p. 236에서 인용.

4 *Gatty: Prince of Navigators*, p. 120.

5 'The Gatty Log', in *Around the World in Eight Days*, p. 292.

6 Harold Gatty, *The Raft Book: Lore of the sea and sky* (George Grady, 1944).

7 Harold Gatty, *Finding Your Way Without Map or Compass* (Dover, 1999), pp. 25–6, reprinted from the original *Nature is Your Guide: How to find your way on land and sea* (Collins, 1957).

8 Francis Chichester, *The Lonely Sea and the Sky* (Hodder and Stoughton, 1964), p. 124.

9 *The Lonely Sea and the Sky*, p. 63.

10 *The Journal of Navigation* 11(1), January 1958, pp. 107–9.

11 Jennifer E. Sutton, Melanie Buset and Mikayla Keller (2014), 'Navigation experience and mental representations of the environment: do pilots build better cognitive maps?', *PloS ONE* 9(3): e90058.

길 잃은 사피엔스를 위한 뇌과학

12 Frank Arthur Worsley, *Endurance: An epic of polar adventure* (Philip Allan, 1931), p. 88.

13 F. A. Worsley, *Shackleton's Boat Journey* (Philip Allan, 1933), p. 45.

14 *Shackleton's Boat Journey*, p. 85.

15 *Finding Your Way Without Map or Compass*, p. 39.

16 호쿨레아호와 폴리네시아 항법에 관해 더 알고 싶다면 www.hokulea.com과 http://annex.exploratorium.edu/neverlost를 보라.

17 Richard Irving Dodge, *Our wild Indians: thirty-three years' personal experience among the red men of the great West. A popular account of their social life, religion, habits, traits, customs, exploits, etc. With thrilling adventures and experiences on the great plains and in the mountains of our wide frontier* (A. D. Worthington, 1882), chapter xLIII.

18 See John MacDonald, *The Arctic Sky: Inuit astronomy, star lore, and legend* (Royal Ontario Museum and Nunavut Research Institute, 2000); Claudio Aporta and Eric Higgs (2005), 'Satellite culture: global positioning systems, Inuit wayfinding, and the need for a new account of technology', *Current Anthropology* 46(5), pp. 729–53.

19 Bruce Chatwin, *The Songlines* (Franklin Press, 1987)에서 화려하고 통찰이 넘치는 소개를 볼 수 있다.

20 Claudio Aporta (2013), 'From Inuit wayfinding to the Google world: living within an ecology of technologies', in Judith Miggelbrink et al., eds, *Nomadic and Indigenous Spaces: Productions and Cognitions* (Routledge, 2013), chapter 12.

21 GPS가 이누이트족 문화에 미친 영향에 관해 더 알고 싶다면, 다음을 보라. Claudio Aporta and Eric Higgs (2005), 'Global positioning systems, Inuit wayfinding, and the need for a new account of technology', *Current Anthropology* 46(5), pp. 729–53.

22 F. Spencer Chapman, 'On Not Getting Lost', in John Moore, ed., *The Boys' Country Book* (Collins, 1955), p. 40.

23 Claudio Aporta (2003), 'Inuit orienting: traveling along familiar horizons', chapter 5 of his thesis 'Old routes, new trails: contemporary Inuit travel and orienting in Igloolik, Nunavut', University of Alberta, 2003.

24 Kirill V. Istomin (2013), 'From invisible float to the eye for a snowstorm: the introduction of GPS by Nenets reindeer herders of western Siberia and its impact on their spatial cognition and navigation methods', in Judith Miggelbrink et al., eds, *Nomadic and*

Indigenous Spaces: Productions and Cognitions (Routledge, 2013), chapter 10.

25 Kirill V. Istomin (2013).

26 예를 들어 R. R. Baker (1980), 'Goal orientation by blindfolded humans after long-distance displacement: possible involvement of a magnetic sense', *Science* 210(4469), pp. 555–7; Eric Hand, 'Polar explorer' (23 June 2016), *Science* 352 (6293), pp. 1508–13; Connie x. Wang et al. (2019), 'Transduction of the geomagnetic field as evidenced from alphaband activity in the human brain', *eNeuro* (E-publication) DOI 10.1523/eneuro.0483-18.2019.

27 From Lera Boroditsky and Alice Gaby (2010), 'Remembrances of times east: absolute spatial representations of time in an Australian aboriginal community', *Psychological Science* 21(11), pp. 1635–9; NPR Radiolab podcast Bird's-Eye View.

28 Franz Boas, 'From Geographical Names of the Kwakiutl Indians' (Columbia University Press, 1934).

29 Harry R. DeSilva (1931), 'A case of a boy possessing an automatic directional orientation', *Science* 73(1893), pp. 393–4.

30 Rebecca Solnit, *A Field Guide to Getting Lost* (Canongate, 2006), p. 10.

8장 실종의 심리학

1 Gerry Largay Missing Hiker report, Bureau of Warden Service, State of Maine Department of Inland Fisheries and Wildlife, 12 November 2015.

2 Kathryn Miles, 'How could a woman just vanish', *Boston Globe*, 30 December 2014. Available here: https://www.bostonglobe.com/ magazine/2014/12/30/how-could-woman-just-vanish/ CkjirwQF7RGnw4VkAl6TWM/story.html.

3 상세한 내용은 Gerry Largay Missing Hiker report (2015).

4 *Canadian Crusoes: A Tale of the Rice Lake Plains*, by Moodie's sister Catharine Parr Traill (Arthur Hall, Virtue and Company, 1852), pp. vi–vii의 서문에서. *Life in the Clearings versus the Bush* (Richard Bentley, 1853), pp. 269–78에는 숲에서 길을 잃어 사망한 사람들의 몇몇 사례가 담겨 있다.

5 *Canadian Crusoes*, p. 77.

6 'Lost in a forest', University of St Andrews press release, 1 April 2002, based on Forestry Commission report 'Perceptions, Attitudes and Preferences in Forests and Woodlands', by Terence R. Lee (Forestry Commission, 2001).

7 Francis Chichester, *The Lonely Sea and the Sky* (Hodder and Stoughton, 1964), p. 249.

8 Ralph A. Bagnold, *Libyan Sands: Travel in a dead world* (Hodder and Stoughton, 1935), p. 80.

9 작가 인터뷰.

10 Kenneth Hill, 'The Psychology of Lost', in Kenneth Hill, ed., *Lost Person Behavior* (Canada National Search and Rescue Secretariat, 1999)를 보라.

11 길을 찾는 데 가장 도움이 되는 것은 산, 마천루, 눈에 잘 띄는 나무처럼 움직이지 않으면서 가시적인 랜드마크이다. 제2차 세계대전 중 약 3만 6000명의 연합군이 독일군의 감옥에서 탈출하거나 비행기에서 낙하산을 타고 점령된 유럽을 탈출하여 영국으로 돌아왔다. 그들 중 다수가 영국 정보국이 탈출한 연합군을 스위스 국경으로 인도하기 위해 준비한 '탈출 및 도주' 지도를 사용했다. 실크에 인쇄되어 쉽게 감출 수 있고 소리 없이 펼칠 수 있었던 지도에는 가장 유리한 교차점을 식별해주는 전기 철탑, 고지들, 화산의 노두, 공장의 굴뚝, '산의 정상에 세워진 감시 철탑' 등 여러 랜드마크가 표시되어 있었다.(영국 포병대의 에이리 니브Airey Neave가 최초로 콜디츠 감옥에서 탈출할 때 사용했던 지도를 비롯한 일부 지도는 런던에 있는 대영 도서관에 보관되어 있다. Shelfmark: Maps CC.5.a.424.) 적군에게 쫓기고 있더라도, 이처럼 길잡이 역할을 하는 랜드마크들을 그냥 지나치기는 어렵다.

12 *Canadian Crusoes*, Appendix A.

13 Jan L. Souman et al. (2009), 'Walking straight into circles', *Current Biology* 19, pp. 1538–42.

14 *Boston Globe*, 30 December 2014.

15 이 토론장(현재는 종료됨)은 여기서 볼 수 있다. https://www.reddit.com/r/Unresolved Mysteries/comments/4l3t6d/hiker_geraldine_largay_who_died_after/

16 Bill Bryson, *A Walk in the Woods* (Doubleday, 1997), p. 57.

17 Thomas Hamilton in his *Men and Manners in America* (William Blackwood, 1833), vol. 2, pp. 191–2; quoted in Jenni Calder, *Lost in the Backwoods: Scots and the North American Wilderness* (Edinburgh University Press, 2013), p. 45.

18 Joseph LeDoux, *Synaptic Self: How our brains become who we are* (Viking, 2002), p. 226.

19 Henry Forde (1873), 'Sense of direction', *Nature* 7, pp. 463–4, 17 April.

20 Charles Darwin (1873), 'Origin of certain instincts', *Nature* 7, pp. 417–18, 3 April.

21 'The Psychology of Lost' (1999).

22 From John Grant, 'Lost in the Canadian wilderness', in *Wide World Magazine*, October 1898, pp. 19–25, printed in Charles Neider, ed., *Man Against Nature: Tales of adventure and exploration* (Harper, 1954), pp. 214–21.

23 Charles A. Morgan III et al. (2006), 'Stress-induced deficits in working memory and visuo-constructive abilities in special operations soldiers', *Biological Psychiatry* 60, pp. 722–9.

24 이 인용문은 'In the face of danger', *New Scientist*, 13 May 2017에 처음 등장했다.

25 From Rosenthal's poem 'Purple Canyon II', in Ed Rosenthal, *The Desert Hat: Survival poems* (Moonrise Press, 2013).

26 F. Spencer Chapman, 'On Not Getting Lost', in John Moore, ed., *The Boys' Country Book* (Collins, 1955), pp. 40–1.

27 Reported in the *Boston Globe*, 30 December 2014.

28 International Search and Rescue Incident Database: https://www.dbssar.com/SAR_Research/ISRID.htm.

29 The Centre for Search Rescue: http://www.searchresearch.org.uk.

30 이러한 연구결과는 2011년 수색 연구센터의 영국 실종자 행동 연구에 나온 것이다. 여기서 다운로드할 수 있다. http://www.searchresearch.org.uk/www/ukmpbs/current_report; Robert J. Koester, *Lost Person Behavior: A search and rescue guide on where to look – for land, air and water* (dbS Productions, 2008); and Koester's updated manual *Endangered & Vulnerable Adults and Children: Search and rescue field operations guide for law enforcement* (dbS Productions, 2016)

31 애쉬버튼 다트무어 수색 및 구조대에 대해 알고 싶다면 https://www.dsrtashburton.org.uk를 방문하라.

32 In *Ramblings of a Mountain Rescue Team* (Dartmoor Search and Rescue Ashburton, 2016).

33 이 이야기는 Dwight McCarter and Ronald Schmidt, *Lost: A ranger's journal of search and rescue* (Graphicom Press, 1998)에 나온다.

9장 살기 좋은 도시에는 가독성이 있다

1 'Psychological maps of Paris', in Stanley Milgram, *The Individual in a Social World: Essays and experiments*, 2nd edition (McGraw-Hill, 1992), p. 88.

2 'Psychological maps of Paris', p. 111.

3 Negin Minaei (2014), 'Do modes of transportation and GPS affect cognitive maps of Londoners?', *Transportation Research Part A* 70, pp. 162–80.

4 'Lost in the City', Nokia press release, October 2008. Available here: https://www.nokia.com/en_int/news/releases/2008/11/27/lost-in- the-city.

5 Peter Ackroyd, *London: The Biography* (Chatto & Windus, 2000), p. 586.

6 이 계획이 어떻게 개발되었고, 이면에 깔린 생각에 대해 더 알고 싶다면, 다음을 보라. Tim Fendley (2009), 'Making sense of the city: a collection of design principles for urban wayfinding', *Information Design Journal* 17(2), pp. 89–106.

7 Kevin Lynch, *The Image of the City* (MIT Press, 1960), p. 4.

8 유니버시티 칼리지 런던의 케이트 제프리는 최근 건축가들에게 공간 신경과학에서 무엇을 배울 수 있는지에 대해 조언하는 논문을 발표했다. Kate Jeffery (2019), 'Urban architecture: a cognitive neuroscience perspective', *The Design Journal*, https://doi.org/10.1080/14606925.2019.1662666.

9 도시의 배치를 '공간 문법space syntax'을 이용하여 이해한 것은 유니버시티 칼리지 런던의 바틀렛 스쿨 대학원 연구회 의장 빌 힐리어Bill Hillier가 처음이었다. 그의 저서 *Space is the Machine: A configurational theory of architecture* (Cambridge University Press, 1996)의 온라인 버전은 여기서 볼 수 있다. http://spaceisthemachine.com.

10 Osnat Yaski, Juval Portugali and David Eilam (2011), 'City rats: insight from rat spatial behavior into human cognition in urban environments', *Animal Cognition* 14, pp. 6554–663.

11 Reported in Janet Vertesi (2008), 'Mind the gap: the London Underground map and users' representations of urban space', *Social Studies of Science* 38(1), pp. 7–33.

12 이곳에서 다운로드할 수 있다. https://www.whatdotheyknow.com/ request/224813/response/560395/attach/3/London%20Connections%20 Map.pdf.

13 이곳에서 볼 수 있다. https://tfl.gov.uk/modes/walking/?cid=walking.

14 이에 대한 좋은 신경과학적 설명이 있다. 익숙한 곳에서는 격자 세포의 발화 패턴에 있는 노드(기억할지 모르겠지만, 노드는 이동 중에 거리와 각도를 추적하는 일을 담당하고 있다)가 가까울수록 환경의 세부에 대한 해상도와 민감도가 높아질 수밖에 없다. Anna Jafarpour and Hugo Spiers (2017), 'Familiarity expands space and contracts time', *Hippocampus* 27, pp. 12–16을 보라.

15 아르샹보의 웹사이트 https://www.archiespress.com에서 그의 지도를 보거나 구입할 수 있다.

16 Ruth Conroy Dalton (2003), 'The secret is to follow your nose: route path selection and angularity', *Environment and Behavior* 35(1), pp. 107–31; Alasdair Turner (2009), 'The role of angularity in route choice: an analysis of motorcycle courier GPS traces', in K. Stewart Hornsby et al., eds, *Lecture Notes in Computer Science*, vol. 5756 (Springer Verlag, 2009), pp. 489–504; Bill Hillier and Shinichi Iida (2005), 'Network and psychological effects in urban movement', in A. G. Cohn and D. M. Mark, *Lecture Notes in Computer Science*, vol. 3693 (Springer-Verlag, 2005), pp. 475–90.

17 Robert Moor, *On Trails* (Simon and Schuster, 2016), p. 18.

18 이 인용문의 마지막 문장은 마이클 본드의 'The hidden ways that architecture affects how you feel', BBC Future, 6 June 2017에서 공개되었으며, 여기서 볼 수 있다. http://www.bbc.com/future/story/20170605- the-psychology-behind-your-citys-design.

19 Heike Tost, Frances A. Champagne and Andreas Meyer-Lindenberg (2015), 'Environmental influence in the brain, human welfare and mental health', *Nature Neuroscience* 18(10), pp. 4121–31.

20 도시에서 녹색 공간이 주는 건강의 혜택에 대해서는 좋은 글이 많이 있다. 예를 들어 E.g. Ian Alcock et al. (2014), 'Longitudinal effects on mental health of moving to greener and less green urban areas', *Environmental Science and Technology* 48(2), pp. 1247–55.

21 Giulio Casali, Daniel Bush and Kate Jeffery (2019), 'Altered neural odometry in the vertical dimension', *PNAS* 116(10), pp. 4631–6을 보라. 3D 공간의 지도화와 관련된 뉴런의 메커니즘에 대한 이해는 아직 완전하지 않다. 인간의 경우에 대한 최신 연구는 Misun Kim and Eleanor Maguire (2018), 'Encoding of 3D head direction information in the human brain', *Hippocampus* (E-publication) DOI: 10.1002/

길 잃은 사피엔스를 위한 뇌과학

hipo.23060을 보라.

22 Ruth Conroy Dalton and Christoph Hölscher, eds, *Take One Building: Interdisciplinary research perspectives of the Seattle Central Library* (Routledge, 2017).

23 Yelp.com의 도서관에 관한 공개 게시판에서 볼 수 있다. https://www.yelp.com/biz/ the-seattle-public-library-central-library- seattle.

24 Bruce Mau, *Life Style* (Phaidon Press, 2005), p. 242, via Ruth Conroy Dalton (2017), 'OMA's conception of the users of Seattle Central Library', in *Take One Building* (2017).

25 Michael Brown et al. (2015), 'A survey-based cross-sectional study of doctors' expectations and experiences of non-technical skills for Out of Hours work', *BMJ Open* 5(2): e006102.

26 Craig Zimring, *The costs of confusion: monetary and non-monetary costs of the Emory University hospital wayfinding system* (Georgia Institute of Technology paper, 1990).

10장 정신이 길을 잃는 순간

1 정상적인 노화가 길 찾기와 위치 파악에 미치는 영향을 종합적으로 요약한 이 글을 보라. Adam W. Lester et al. (2017), 'The aging navigational system', *Neuron* 95, pp. 1019–35. 일각에서는 길 찾기 능력이 젊을 때부터 퇴화하기 시작한다고 주장한다. 〈바다 영웅의 모험〉에 관한 휴고 스피어스의 분석에서는 20대 초반부터 그러한 능력이 퇴화할 수 있다고 추정한다. A. Coutrot et al. (2018), 'Global determinants of navigation ability', *Current Biology* 28(17), pp. 2861–6.

2 James Tung et al. (2014), 'Measuring life space in older adults with mildto-moderate Alzheimer's disease using mobile phone GPS', *Gerontology* 60, pp. 154–62.

3 Wendy Mitchell, *Somebody I Used to Know* (Bloomsbury, 2018), p. 131.

4 T. Gómez-Isla et al. (1996), 'Profound loss of layer II entorhinal cortex neurons occurs in very mild Alzheimer's disease', *Journal of Neuroscience* 16, pp. 4491–4500.

5 가상현실 환경을 이용한 것이다. Lucas Kunz et al. (2015), 'Reduced grid-cell-like representations in adults at genetic risk for Alzheimer's disease', *Science* 350(6259), pp. 430–3. 또 다른 실험 집단은 알츠하이머병에 대한 유전적 소인이 있는 사람

들은 증상이 나타나지 않는다 해도, 길 찾기에서 일부 부진한 측면(이를테면 거리 추적)을 보여주는데, 그 이유는 알츠하이머병이 벌써 내후각 피질의 상태를 악화시켰기 때문일 가능성이 크다. G. Coughlan et al. (2018), 'Impact of sex and APOE status on spatial navigation in pre-symptomatic Alzheimer's disease', BioRxiv preprint: http://dx.doi. org/10.1101/287722.

6   Matthius Strangl et al. (2018), 'Compromised grid-cell-like representations in old age as a key mechanism to explain age-related navigational deficits', *Current Biology* 28, pp. 1108–15. 격자 세포가 머리방향 세포에서 방향 정보를 받기 때문에 머리방향 세포의 손상으로 상태가 악화될 가능성이 있다. 이것은 아직 실험을 통해 검증된 적은 없다.

7   Ruth A. Wood et al. (2016), 'Allocentric spatial memory testing predicts conversion from Mild Cognitive Impairment to dementia: an initial proof-of-concept study', *Frontiers in Neurology* 7, article 215.

8   경로 통합경로적분 테스트의 또 다른 장점(초기 진단이 가능하다는 점에 더하여)은 공간 기억 테스트와는 달리 교육 수준의 영향을 받지 않는다는 점이다. 교육 수준이 높은데 해마의 상태가 악화된 사람은 열여섯 살에 학업을 그만둔 사람보다 포마운틴 테스트 성적이 좋을 수 있지만, 경로 통합경로적분은 교육 수준에 영향을 받지 않으므로 인지 건강 상태를 더 잘 나타낼 수 있다.

9   David Howett et al. (2019), 'Differentiation of mild cognitive impairment using an entorhinal cortex-based test of VR navigation', *Brain* 142(6), pp. 1751–66.

10   Kyoko Konishi et al. (2018), 'Healthy versus entorhinal cortical atrophy identification in asymptomatic APOE4 carriers at risk for Alzheimer's disease', *Journal of Alzheimer's Disease* 61(4), pp. 1493–1507.

11   See Kyoko Konishi et al. (2017), 'Hippocampus-dependent spatial learning is associated with higher global cognition among healthy older adults', *Neuropsychologia* 106, pp. 310–21.

12   Helen Thomson, *Unthinkable: An extraordinary journey through the world's strangest brains* (John Murray, 2018), chapter 2. I highly recommend this book if you have an interest in brains and behaviour.

13   사적인 편지.

14 S. F. Barclay et al. (2016), 'Familial aggregation in developmental topographical disorientation (DTD)', *Cognitive Neuropsychology* 33(7–8), pp. 388–97.

15 Giuseppe Iaria and Ford Burles (2016), 'Developmental Topographical Disorientation', *Trends in Cognitive Sciences* 20(10), pp. 720–2.

16 Megan E. Graham (2017), 'From wandering to wayfaring: reconsidering movement in people with dementia in long-term care', *Dementia* 16(6), pp. 732–49.

17 Megan E. Graham (2017).

18 'Walking About'. Alzheimer's Society factsheet 501LP, December 2015, p. 3.

19 헴스데일의 치매 친화적인 공동체에 대한 정보가 필요한 사람은 다음을 보라. https://adem(e)ntiafriendlycommunity.com/.

20 O'Malley et al. (2017), '"All the corridors are the same": a qualitative study of the orientation experiences and design preferences of UK older adults living in a communal retirement development', *Ageing and Society* 1–26. doi:10.1017/S0144686x17000277.

21 Roddy M. Grieves et al. (2016), 'Place field repetition and spatial learning in a multicompartment environment', *Hippocampus* 26, pp. 118–34를 보라. 이 연구에 대한 상세한 설명은 3장을 참고하라.

22 O'Malley et al. (2017).

23 알츠하이머병 휴양 센터에 관한 정보가 필요한 사람은 이곳을 보라. http://www.niallmclaughlin.com/projects/alzheimers-respite-centre- dublin.

11장 에필로그: GPS를 끄면 얻는 것들

1 예를 들면 Toru Ishikawa and Kazunori Takahashi (2013), 'Relationships between methods for presenting information on navigation tools and users' wayfinding behavior', *Cartographic Perspectives* 75, pp. 17–28; Stefan Munzer et al. (2006), 'Computer-assisted navigation and the acquisition of route and survey knowledge', *Journal of Environmental Psychology* 26, pp. 300–8; Ginette Wessel et al. (2010), 'GPS and road map navigation: the case for a spatial framework for semantic information', *Proceedings of the International Conference on Advanced Visual Interfaces*, pp. 207–14; and Lukas Hejtmanek et al. (2018), 'Spatial knowledge impairment after GPS guided navigation: Eyetracking study in a virtual town', *International Journal of Human-Computer Studies* 116, pp. 15–24.

2   Katharine S. Willis et al. (2009), 'A comparison of spatial knowledge acquisition with maps and mobile maps', *Computers, Environment and Urban Systems* 33, pp. 100–10. 누군가 펼쳐지는 지도를 디지털로 구현하기 전에는, 종이 지도가 기억하기 더 좋다. 그 이유는 단순하다. 종이 지도가 더 크고 주변 상황을 더 많이 보여주기 때문이다.

3   Julia Frankenstein, 'Is GPS all in our heads', *New York Times*, 2 February 2012. Available here: https://www.nytimes.com/2012/02/05/opinion/ sunday/is-gps-all-in-our-head.html.

4   Negin Minaei (2014), 'Do modes of transportation and GPS affect cognitive maps of Londoners?', *Transportation Research Part A* 70, pp. 162–80.

5   Colin Ellard, *Places of the Heart: The psychogeography of everyday life* (Bellevue Literary Press, 2015), p. 208.

6   길 찾기의 사회적 측면을 심층적으로 탐구한 것을 보고 싶다면, Ruth Dalton, Christoph Hölscher and Daniel Montello (2018), 'Wayfinding as a social activity', *Frontiers in Psychology* 10, article 142를 보라.

7   Kostadin Kushlev, Jason Proulx, Elizabeth Dunn (2017), 'Digitally connected, socially disconnected: The effects of relying on technology rather than other people', *Computers in Human Behavior* 76, pp. 68–74.

8   Rebecca Solnit, *A Field Guide to Getting Lost* (Canongate, 2006), p. 14.

9   Henry David Thoreau, *Walden* (Walter Scott, 1886), p. 169.

10 Robert Macfarlane, 'A road of one's own', *Times Literary Supplement*, 7 October 2005. 여기서 볼 수 있다. https://www.the-tls.co.uk/articles/ private/a-road-of-ones-own/.

11 *Walking Inside Out: Contemporary British Psychogeography* (Rowman and Littlefield, 2015)의 티나 리처드슨에 대한 소개에서.

12 정면에 보이는 장면을 바라보는 하나의 시선에 방향을 나타내는 화살표를 겹쳐놓는, 구글 지도의 새로운 기능 'AR'은 기본적인 지도 앱의 큰 발전이다. 이 기능은 강제로 자신을 둘러싼 공간을 쳐다보고 주의를 기울이게 하기 때문이다.

13 독일의 어느 심리학자 집단은 최근 향상된 탐색 지시 내용이 공간 학습과 기

억에 긍정적인 영향을 미친다는 사실을 보여주었다. Klaus Gramann, Paul Hoeppner and Katja Karrer-Gauss (2017), 'Modified navigation instructions for spatial navigation assistance systems lead to incidental spatial learning', *Frontiers in Psychology* 8, article 193.

14 Veronique D. Bohbot et al. (2007), 'Gray matter differences correlate with spontaneous strategies in a human virtual navigation task', *Journal of Neuroscience* 27(38), pp. 10078–83; Kyoko Konishi and Veronique D. Bohbot (2013), 'Spatial navigational strategies correlate with gray matter in the hippocampus of healthy older adults tested in a virtual maze', *Frontiers in Aging Neuroscience* 5, article 1.

15 Konishi et al. (2017), 'Hippocampus-dependent spatial learning is associated with higher global cognition among healthy older adults', *Neuropsychologia* 106, pp. 310–21; Davide Zanchi et al. (2017), 'Hippocampal and amygdala gray matter loss in elderly controls with subtle cognitive decline', *Frontiers in Aging Neuroscience* 9, article 50.

16 Bohbot's team has demonstrated this with video games: Greg West et al. (2018), 'Impact of video games on plasticity of the hippocampus', *Molecular Psychiatry* 23(7), pp. 1566–74.

17 보봇의 인지 훈련 처방에 대한 상세한 내용은 www.vebosolutions.com을 보라. 보봇은 꼬리핵을 훈련하면 늘 학습해야 하거나 빠르게 반응해야 하는 일에서 좋은 결과를 얻을 수 있다고 주장한다. 하지만 꼬리핵에 의존하는 사람은 인지 지도를 만드는 것처럼 해마를 이용하는 일은 잘하지 못하고, 알츠하이머병을 비롯한 기타 정신병학적 장애가 발생할 위험은 높아질 것이다.

18 Martin Lovden et al. (2012), 'Spatial navigation training protects the hippocampus against age-related changes during early and late adulthood', *Neurobiology of Aging* 33: 620.e9–620.e22를 보라.

19 Guy Murchie, *Song of the Sky* (Riverside Press, 1954), p. 67.

옮긴이 **홍경탁**

카이스트(KAIST) 전기 및 전자공학과를 졸업한 뒤 같은 대학원에서 경영과학 석사 학위를 받았다. 영미권 전문 번역가로 활동하면서 《우아한 방어》, 《마스》, 《폭염사회》, 《우주의 지도를 그리다》, 《데이터 자본주의》, 《기억의 세계》, 《투명정부》, 《멈출 수 없는 사람들》, 《공기의 연금술》 등 다수의 과학서를 우리말로 옮겼다.

길 잃은 사피엔스를 위한 뇌과학

초판 1쇄 발행 2020년 10월 15일
초판 4쇄 발행 2023년 6월 15일

지은이   마이클 본드
옮긴이   홍경탁
발행인   김형보
편집   최윤경, 강태영, 임재희, 홍민기, 김수현
마케팅   이연실, 이다영, 송신아
디자인   송은비
경영지원 최윤영

발행처   어크로스출판그룹(주)
출판신고 2018년 12월 20일 제 2018-000339호
주소   서울시 마포구 양화로10길 50 마이빌딩 3층
전화   070-5080-4037(편집) 070-8724-5877(영업)
팩스   02-6085-7676
이메일 across@acrossbook.com

한국어판 출판권 ⓒ 어크로스출판그룹(주) 2020

ISBN 979-11-90030-68-7 03180

만든 사람들
편집 | 최윤경
교정교열 | 안덕희
표지디자인 | [디자인 서-랍] 이유나
본문디자인 | 박은진